国家自然基金（71402137）、教育部人文社科基金（14YJC630143）、陕西省自然基金（2014JQ9369）、陕西省教育厅项目（16JK1522）以及西安理工大学创新团队项目（105-451215006）等课题经费支持

经济管理学术文库 • 经济类

多维接近性对集群企业超本地知识流动与创新的影响

The Influence of Multi-Dimensional Proximities on Cluster Firms' Nonlocal Knowledge Flow and Innovation

向希尧／著

经济管理出版社
ECONOMY & MANAGEMENT PUBLISHING HOUSE

图书在版编目（CIP）数据

多维接近性对集群企业超本地知识流动与创新的影响/向希尧著. —北京：经济管理出版社，2018.8
ISBN 978-7-5096-5867-3

Ⅰ. ①多… Ⅱ. ①向… Ⅲ. ①企业集群—企业创新—研究 Ⅳ. ①F276.4

中国版本图书馆 CIP 数据核字（2018）第 143409 号

组稿编辑：杨国强
责任编辑：杨国强　张瑞军
责任印制：黄章平
责任校对：赵天宇

出版发行：经济管理出版社
（北京市海淀区北蜂窝 8 号中雅大厦 A 座 11 层 100038）
网　　址：www. E-mp. com. cn
电　　话：（010）51915602
印　　刷：三河市延风印装有限公司
经　　销：新华书店
开　　本：720mm×1000mm/16
印　　张：17
字　　数：286 千字
版　　次：2018 年 9 月第 1 版　2018 年 9 月第 1 次印刷
书　　号：ISBN 978-7-5096-5867-3
定　　价：68.00 元

前言 Preface

我国早在20世纪80年代就关注到国外产业集群的强大竞争力，随着政策放宽和外资企业的涌入，在我国东南沿海出现了大量基于国际产业转移和本地产业基础相结合的中小企业集群。进入21世纪，伴随高新区、开发区建设而兴起的各类集群如雨后春笋般在国内各主要城市遍地开花。例如浙江省委政策研究室的调查报告显示，2004年浙江省已经形成了产业集群601个，年产值在10亿元以上的有285个，其中超过100亿元的37个。全省90个县市中，82个县市拥有产业集群。我国产业集群在地理上主要分布于珠三角、浙东南、长三角、环渤海以及中西部的一些中心城市，出现合肥中科系、郑州富士康系、武汉光谷系，西安、成都、贵阳的半导体、电子和光电产业等重要的产业集聚区域。例如，西安市仅西安高新区就计划在五年内打造千亿级半导体产业、千亿级智能终端产业、千亿级高端装备制造产业、千亿级生物医药产业、千亿级金融服务业、千亿级软件信息服务业、千亿级军民融合产业和千亿级创新创业集群。产业集群已经成为我国区域经济的主要引擎和中心城市产业发展的核心载体。

不可否认的是，通过承接国际产业的特定环节或嵌入全球价值链体系而形成的产业集群对区域经济和技术创新带来极大的正向影响，帮助我国诸多行业从无到有、从进口地变为出口地。浙江省2003年产业集群创造的工厂总产值占全省总产值的50%，广东省2003年产业集群创造的产值占全省工业总产值的1/3。温州打火机产业、嵊州领带产业、杭州杭集镇牙刷产业等迅速成为世界相关产品的主要生产基地。经过20多年的迅猛发展，大量以加工制造业为主的产业集群缺乏发展的后劲，面临的主要问题是低端锁定和恶性竞争。马歇尔式产业集群早已不是发达国家集群发展的主流模式，具有全球资源掌控能力的高技术集群取代了传统以外部规模经济、范围经济为主要竞争力来源的旧式集群模式。为了应对集群衰落可能导致的负面效应，地方政府提出了诸多应对措施。较为典型的有招商引资和“腾笼换鸟”。

招商引资的政策主要实施对象是引入国外行业巨头，通过技术引进、人才引进和企业引进等多种方式提升本地集群的技术能力，推动本地集群朝着全球价值链的高端发展。该政策的实施效果喜忧参半。一方面，国际大企业进入会带来本地技术的长足发展，扭转本地企业的同质化竞争的不良市场环境；另一方面，尽管政府希望国际大企业通过研发部门的迁入将核心技术在本地扩散，但实际上大量企业只带来生产线，核心技术秘而不宣，并没有从本质上带来本地集群技术能力的根本性改变，反而使得本地企业彻底沦为处于价值链低端的供应商和加工商。而广为讨论的“腾笼换鸟”政策具有较为特殊的实施条件，其主要实施手段是用新产业置换老旧产业，通过产业再造和产业转移形成新的集群以继续推动地方经济的发展。但是，在产业环境和发展思路未得到根本性改变的情况下，无法对既有集群发展模式进行根本性的革新。通过产业再造形成的新集群同样难以避免同质化竞争、低端锁定的状况，难以解决集群企业如何获得持续竞争优势的问题。

学术界对于集群未来发展模式给出了多种设计，目前较为一致的看法是，集群应该从封闭式的本地生产集合转向开放式的创新实体，需要“超越集群”，实现“双重嵌入”或“超本地拓展”。具体而言，新的集群发展模式与马歇尔式集群具有几个方面的根本不同：其一，集群不再是简单的生产集合而是区域内产业创新的中心，需要集聚的不仅是生产资源，更重要的是创新资源；其二，知识本地溢出与超本地知识互动同样重要，对创新资源的吸纳是本地与非本地相结合的根本动因；其三，网络式、开放式的跨界创新成为重要的创新模式，本地根植性被本地与非本地的双重嵌入所取代。与学术界的研究相对应的是，我国目前的高新区、自主创新示范区改革试点十分关注新型集群发展模式的探索，连片型产业区、跨区联动的产业发展模式已经在国家的几个重点示范区完成了顶层设计并进行了相关推进，同时各中心城市进入二次创业或三次创业阶段的集群也纷纷转向了超本地发展模式。因此，对集群企业超本地创新问题的探讨成为学术界和实业界共同关注的问题，具有显著的理论与现实价值。

超本地创新意味着本地与非本地创新网络的兼容，这对以往的集群理论提出了新的挑战。目前，学术界从基于地理空间单一维度的研究视角转向了结合多维空间的分析。多维接近性学派的理论观点为越来越多的学者所接受，近十年来大量的相关研究在国际主流期刊上发表。目前在国内也已经形成研究的热点，最直接地表现为国家自然基金委认定的30种管理学重要期刊发表的相关文献越来越多，一些研究团队开始形成，例如湖南大学的李琳教授、大连理工大学的刘凤朝教授以及上海大学的赵炎教授等，说明接近性理论特别是多维接近性学派已经引起国内学者的研究兴趣。

结合目前国内外有关多维接近性的研究文献，现有研究大多围绕知识流动、知识共享、合作创新以及网络结构等创新管理领域内的热点问题展开，对产业集群创新问题的分析也已经产生了大量的成果。依据多维接近性理论，集群企业与非本地企业的互动并非源于地域集中，而可以建构于多维（技术、社会、文化、制度以及组织等）空间的距离接近。不同接近性所发挥的效应不同，而且还具有交互效应。相对于经济地理学、空间经济学和集聚理论等传统集群理论，多维接近性理论从企业互动过程出发，从多维空间的接近性程度分析企业间的创新行为，突破了传统理论仅立足于地理因素解释集群创新现象的局限性，能够从更广的视角、更深的层次解析集群企业的创新机理，特别是超本地创新问题。

笔者较早关注了多维接近性与集群企业创新的关系问题，经过十余年的研究，从理论基础、实证分析、社会网络分析等多个方面进行了系统性的深入探讨，并结合专利数据与实地调研数据进行相关问题的论证。本书主要围绕两个问题展开：其一，多维接近性对集群超本地创新存在怎样的影响；其二，多维接近性如何影响集群的超本地知识连接与知识网络。本书受到国家自然基金（71402137）、教育部人文社科基金（14YJC630143）、陕西省自然基金（2014JQ9369）、陕西省教育厅项目（16JK1522）以及西安理工大学创新团队项目（105-451215006）等课题经费支持。

本书深入解析了集群超本地创新的现实背景与理论背景，并系统地回顾了国内外主要理论和相关研究。在此基础上，笔者提出了基于情境的多维接近性与集群企业超本地创新关系模型，并进行了实证检验，论证了不同接近性对集群企业超本地创新的影响。然后，本书结合专利数据，采用QAP多元回归分析了不同接近性对集群企业超本地知识连接的作用，并验证了接近性之间的交互效应。在网络层面上，笔者采用SNA社会网络分析与基于BA模型和NK模型的仿真分析，论证了接近性对集群企业超本地知识网络结构的动态影响。期望本书的出版能够为多维接近性研究体系的完善与集群企业超本地创新发展做出一定的贡献。

目录 Contents

第一章　研究概述

国内外产业集群的发展表明，在充分利用地域集中的规模经济优势的同时，积极获取和整合超本地异质性知识与生产资源能够持续推动集群企业的创新能力提升。由此，“超越集群”（王缉慈，2010）即集群的超本地发展成为集群研究的重要问题。然而，实践发展对既有理论提出了诸多挑战，一些重要的问题如知识溢出的距离衰减与本地化锁定的内在矛盾冲突、产业升级战略选择“腾笼换鸟”还是立足于既有企业的跨区域合作、如何有效解决接近性悖论等尚存在着大量的分歧。为了更好地解释集群的超本地创新实践，理论界提出了双重嵌入、临时地理接近、跨界整合以及多维接近性等诸多建构于不同视角的观点与研究流派，针对不同的问题进行了广泛的探讨。尽管目前已经取得了大量研究成果，但从国内外文献看，尚未能形成统一的分析框架与理论体系，诸多理论分歧也未能得到很好的协调来解决。因此，本书立足于我国产业集群的超本地创新实践特点，通过深入调研，在多维接近性的统一分析框架下对集群企业的超本地创新现象进行探讨。

第一节 研究的现实背景

一、我国集群面临的现实压力与超本地合作创新要求

在经典新经济理论和空间经济学看来，企业的创新绩效与其地理空间分布具

有内在关联（Delgado 等，2014；Chen 和 Lin，2014）。企业的区位选择通常具有地域集中性（Koh 和 Riedel，2014），在邻近的地理空间内实现技术合作是降低创新不确定性的理性选择（Silvestre 和 Dalcol，2009；Carlino 和 Carr，2013）。产业集群作为典型的生产与创新密集区域，其知识交互活动与特定地理空间密不可分。然而，具有地域特点的知识网络在经历了一定时期的发展后，往往会出现创新疲态，表现为技术轨迹趋同（Staber，2009）、知识冗余与网络封闭性以及创新体制僵化等（Sydow 等，2010）。技术能力更多地体现为惯例能力（routine capability）而不是创新能力（innovative capability）。我国东南沿海的诸多产业集群进入 21 世纪后，地域内的知识外部性收益降低，广泛地进入到产能过剩、低价竞争的恶性发展态势中。一方面，企业需要广泛地获取外部资源，其知识获取渠道在空间分布上要保持一定的多样性；另一方面，空间广泛性不利于降低创新过程的不确定性，这样两难的冲突构成了企业创新活动的不同着力点（Singh，2008）。

提升企业自主创新能力是构建创新型国家、实现产业结构优化与升级以及实施创新驱动战略的重要途径。在过去的 10 年里，我国产业集群面临的最大挑战在于摆脱价值链的低端锁定及其引致的集群僵化和创新惰性。在市场竞争和创新压力下，产业集群中的企业纷纷向外拓展知识连接，获取异质性知识，在更大范围内整合创新资源以提升创新能力。

在集群层面，地方管理部门或集群企业所在高新区管委会等机构大力推动集群之间的跨区域对接，以实现科技资源互补与超本地合作创新。例如，湖北十堰的商用车与关键零部件产业集群通过与中关村建立战略合作关系，确定了超本地发展战略，通过共同努力，于 2015 年建成了“北京中关村科技成果产业（十堰）孵化基地”以及“中国（十堰）商用车零部件及装备制造创新中心”两个超本地协同研究结构，以此推动十堰商用车以及关键零部件的技术革新。2015 年，泉州装备制造业集群与河南洛阳的高性能轴承产业集群建立了战略合作关系，在未来将推动两地通过跨区域、跨行业合作实现新一代数控装备的创新型集群的出现。2017 年佛山高新区与中关村国家自主创新示范区建立“互联网 + 智能制造”合作机制，将两地的产业集群企业进行资源互补，通过跨区域引入先进的智力资源，实现佛山本地传统制造业的转型升级。

在企业层面，灵活多样的超本地合作方式使得集群企业的外部创新十分活跃。杨晔、王佳妮（2012）通过对长三角地区500家企业的问卷调研发现，76.62%的企业存在着跨区域技术合作，其中78.56%的企业达到了技术合作的目标。较为典型的例子如柳市低压电器集群的正泰集团。该公司作为本地龙头企业，面临较为严重的本地技术锁定。为了提升创新能力，正泰集团将其研究中心从早先的柳市拓展到上海、北京、美国硅谷等地。上海汽车集群的上汽集团为应对市场竞争压力，着力于寻求外部异质性知识资源，其技术合作伙伴从上海本地拓展到柳州、重庆、烟台、青岛、无锡、美国、日本等地。浙江万向集团在创新压力的推动下，不断延伸其非本地技术知识网络，经过多年的努力其合作伙伴已经从浙江本地延伸到省外，并拓展到美欧，在较大的空间范围内构建了知识网络。通过不断整合跨区域创新资源，企业逐渐发展成为行业的领军企业：晋江鞋业集群的奥康集团通过与意大利等地的鞋企建立知识合作关系，突破了本地知识网络的束缚，拓展了自身的创新知识集，开发出的一系列新产品帮助企业有效地提升了市场份额。以上实例表明，集群企业知识网络的外向拓展对于提高企业自主创新能力，推动我国产业集群向创新型集群升级（王辑慈和林涛，2007）具有重要作用。集群企业通过构筑虚拟高技术集群（高长元和杜鹏，2010）、虚拟知识社区、IPN（Industry Peer Networks）网络（Sgourer 和 Zuckerman，2006）和超本地网络（魏江和徐蕾，2011）等形态各异的跨区域知识交流平台，将知识连接逐渐从集群内部向外部延伸，并分散在不同的地理空间内，去本地化（Delocalization）现象越来越普遍（Courault 和 Doeringer，2008；Labrianidis，2011；Lyberaki，2011）。

但是，集群企业的超本地知识连接构建不一定基于地理接近偏好而形成，其超本地合作伙伴的地理分布也未呈现出明显的空间依赖现象，即地理距离的远近不是构建超本地知识连接的关键因素，集群企业的超本地知识连接既可能在地理上集中，也可能分布在较为分散的地理空间内，由此出现“网络集聚”与“地理集中”相分离的现象。如海宁皮革集群（郑亚莉和潘松挺，2013）、上海浦东新区汽车集群（曾刚和林兰，2007）、北京中关村的IT集群（苗长虹，2011）等，这些集群中的大量企业纷纷与国内外组织建立了稳定的技术合作关系，尽管有密切的知识交流，但其技术合作伙伴散布在世界各地，地理上的延伸范围极为广泛，是典型集聚而分散的网络。

企业技术合作伙伴的分布范围越广，创新资源的异质性程度越强，越有利于发现新的创新机会，但与此同时，分散区间内的学习活动也会增加知识共享与转移的困难。在超本地创新伙伴地理分散的创新环境下，我国集群企业面临着的新问题是如何提高资源整合与跨区域学习协调能力。因此，识别影响超本地知识连接的形成和空间分布的因素并剖析其作用机理是亟待解决的重要问题。然而，现有研究简单地沿用以往集群本地学习相关探讨中以地理接近性为中心的分析框架，未能结合集群企业的超本地学习环境与知识交流特点，对于企业的超本地知识连接形成的推动因素认识不足，也难以解释现实中“分散的集聚网络”现象，存在较大的局限性，对集群企业开展跨地域知识合作的指导性不强。在个体间的知识交互过程中，接近性是重要的基础和影响因素，也是一个多维度概念。不同接近性对个体间知识连接的影响机制不同，其效应发挥对地理空间的依赖程度也存有差异（Cantner 和 Graf，2006；Gilsing 等，2008；Alnuaimi 等，2012）。然而，由于跨区域学习环境与集群本地环境差异明显，地理集中引致的优势学习条件消失，企业需要在新的基础上形成稳定可靠的超本地知识连接。此时，不同接近性的影响和相对重要程度会发生变化，其相互间的作用关系也更为复杂。但是，现有理论对此尚缺乏深入探讨。

因此，面对集群企业跨地域知识交流的环境特点，有必要拓展研究视角，结合多维度接近性分析超本地知识连接构建及其空间分布规律。通过整合多学科视角深化对集群企业跨区域知识合作机制的认识，进而为集群企业构建和拓展超本地知识连接提出有针对性的理论指导。

二、超本地合作组织形式与知识流动

改革开放以来，中国企业特别是东南沿海的大量产业集群企业技术水平的提升与创新能力的提高得益于与发达国家企业的知识交流以及在世界分工合作体系中的嵌入。企业的纵向一体化和纵向分解过程使得大企业集团内部庞大的分工网络以及大量中小企业聚集于价值链条上，并在一定地域内集中的产业组织的出现，由此造成不同形态知识流动网络的形成。全球化的发展以及新兴工业国家的技术追赶，无论是跨国组织的全球网络还是产业集群的本地网络及其跨国延伸网络，随着产业中心梯次转移以及各国在价值链上地位的变动而不断处于变化发展，甚至是解构与重构之中。技术知识经由网络组织的跨国流动与扩散不仅是发展中国家吸收先进知识的重要渠道，同时也是国际经济贸易与分工网络格局深层次变动的反映。近十年来，全球生产布局与知识交流模式发生了深刻变化，企业的生产分布在地理空间的延伸已经成为常态，技术合作伙伴的空间广泛性达到前所未有的程度（Torre 和 Rallet，2005）。我国沿海产业集群在转型升级的压力下，企业对跨国企业全球生产网络、全球研发网络的嵌入程度加深，甚至发生整体的空间迁移。基于技术导向的知识网络在空间分布上从集中走向发散（Menzel 和 Fornahl，2010；Ter Wal 和 Boschma，2011）。

而另一个促成企业网络出现的、更为现实的原因在于随着科学技术的发展和学科交叉的加深，大部分企业依靠自身的知识基础越来越难以应付技术创新要求，企业之间以寻求互补性资源和对提升竞争力有关键作用的战略性资源为目的，通过嵌入到一定的社会网络中，与供应商、相关行业的企业和研究机构甚至竞争者展开技术合作与交流成为了企业进行创新活动的重要手段。对一个具有较高的认同与较强协调机制的网络而言，它在创造与整合知识方面要优于单个企业，因为网络中的知识更为多样化（Dyer 和 Nobeoka，2000）。由此，知识交流伙伴的多元化与网络化已经成为重要的发展趋势。各种形式的网络组织迅速兴起并且对世界经济发展起到日益重要的作用，跨越国界和组织边界的合作创新为我国企业的技术知识积累与创新能力提升提供了机遇。Bathelt 等（2004）指出本地互动固然重要，但建构超本地互动网络更符合集群发展的趋势。

网络组织是介于企业与市场之间的、新的组织形式，不仅给企业提供了资源整合、优势互补的重要平台，它最为重要的功能在于通过基于契约或非契约形式的企业合作，培养企业之间的信任，由此带来群体的认同以及在知识创造与获取方面的协作。在高度信任的企业网络中，随着合作的加深和知识创造的相互依赖，企业之间“原本明晰、固定的边界会逐渐转向模糊化和虚拟化”（张钢和于小涵，2005），知识突破组织边界的流动会更加频繁。我国作为发展中国家，技术基础和自主创新能力相对薄弱，在技术飞速发展、产品升级换代周期变短的激烈竞争环境中，嵌入到国内外企业构成的知识网络中有利于转移和共享创新所需的知识，对于中国企业加快知识积累以及整体研发水平的提高有着特别重要的意义。目前比较典型的大型网络组织主要有依托地理邻接性而发展起来的产业集群、战略联盟以及以分工合作为基础、以跨国企业或旗舰企业（flagship）为核心构建的全球生产网络等。

跨国公司全球生产网络（Globe Production Network，GPN）由跨国企业的内部分公司、子公司间的内部网络以及各个国家当地的知识密集网络构成，使得企业之间能够突破地理空间的局限而形成跨国界、跨区域的庞大知识交流网络，因而对世界经济的发展产生了巨大的影响（Ernst 和 Kim，2002）。GPN 网络中，通常以一个或多个大型跨国公司或旗舰企业为核心，跨国企业在东道国的分公司、子公司以及这些公司的一级供货商、大型转包商为主形成内层网络。在内层网络外，通过进一步的转包与合作将多个国家的大量二级供应商、转包商、装配商纳入进来构成次级网络。次级网络再通过进一步延伸将外围更多的、来自不同国家和地区的各类型企业连接起来形成"核心企业—内层网络—次级网络—外层网络"等多层次的庞大分工合作体系。GPN 的最大特点就是网络成员之间通过高度的知识共享来创造知识，单个企业不再完成整个产品的设计制造，而是将业务大量分包，由专业化的企业协同合作，在统一技术标准下形成最终产品（Ernst，2002；薛求知和闫海峰，2001）。比较有代表性的 GPN 有波音公司的全球生产体系以及丰田汽车集团与供应商形成的庞大的知识流动网络（Dyer 和 Nobeoka，2000）等。

除了 GPN 这样庞大、复杂的知识交流网络以外，还有大量多样化、小规模的企业间知识流动网络，如战略联盟、合资企业、知识联盟、供应链企业联盟等。这些形式多样的知识交流网络随着我国在世界经济体系中嵌入程度的加深，已经广泛大量地存在，而且超本地知识流动网络也越来越多。其主要的推动因素有：一方面，国内一些较为成熟的地方产业集群中的大量中小企业寻求海外市场和国外先进技术知识；另一方面，"走出去"的中国企业以及卷入到国外大型跨国企业全球生产网络的中国企业越来越多。一些大型企业往往同时参与到多个不同形式的知识交流网络中，使得企业之间的知识流动网络交叉重叠，网络形态更为复杂。

对于集群企业而言，利用网络组织加强国际的创新合作是提升自身的创新能力的重要途径，尤其是对于解决目前集群企业对国外先进技术知识的获取与吸收过程中存在的严重不足具有较强的现实意义。改革开放 40 年来，我国企业在吸收先进技术、提升自身技术水平方面虽然取得了较大的进步，但现实情况仍不容乐观：目前我国企业对国外技术的吸收效率不足，总体技术水平仍然较低，根据 OECD（经合组织）的统计，我国 2006 年出口的高科技产品中 88%是由外资企业生产的。OECD 2007 年的报告中通过问卷调查发现，虽然近年来大批的世界 500

强企业纷纷在中国设立研发中心与东道国的企业展开技术合作，并雇用了大批的中国研发人员进行技术开发，然而大部分研发中心与中国企业的合作并没有对中国企业的创新活动起到预期中的作用。其中一个重要原因是企业间的技术差距较大，中国企业的吸收能力普遍不足。学者的实证研究结果表明，中国沿海地区企业间基于地理邻近性与历史氛围所建立的传统制造业中小企业集群大部分集中于低技术领域，企业的创新成果要么由于企业自身的实力不足没有形成规模经济；要么由于技术趋同，不仅造成重复投资，还引起过度竞争（黎继子等，2005；陈佳贵和王钦，2005）。更值得注意的是，一些以亲缘、血缘关系为主形成的企业网络对于外部知识具有很强的排斥性。原先的促进企业网络形成和发展的企业间的强关系反而造成了企业群在技术领域与技术发展路径上的锁定。这在一定程度上妨碍了先进技术从外资企业向中国集群企业的溢出，也对中外企业结成长期稳定的战略伙伴产生了不利影响（陈佳贵和王钦，2005）。尽管国外有实力的企业在中国大量投资设厂为我国吸收引进国外先进技术提供了良好的机会，但我国集群企业在如何实现有效的知识转移方面尚有不足。在此情况下探究超本地知识流动网络的分布特点以及知识流动的主要影响因素有利于我国集群企业提高吸收国外先进技术知识的效率，具有较强的实践意义。

因此，集群企业要提升技术水平、实现产业升级的推动力，有必要深入地认识一些问题。首先，究竟有哪些重要的因素促进或阻碍了企业间的知识流动途径的形成？其次，超本地知识流动网络中的企业间连接与企业间地域上的接近性、技术领域的接近性以及基于人员往来形成的社会接近性之间是否存在显著的联系？哪种接近性是主要的作用？最后，知识网络的结构特征是否在不同接近性的影响下发生改变？在集群企业的知识网络中有着重要影响的网络成员具备怎样的特征？等等。对于这些问题的探索和分析，对于弄清企业间通过社会网络发生知识交流的机制、明晰集群企业的超本地知识流动网络有利于识别主要的技术知识流动路径，尤其是认清对超本地知识流动网络具有显著影响的因素、识别各种对企业间知识扩散有利和不利的条件对集群企业的技术水平的提升和创新活动的开展具有十分重要的现实意义及指导作用。

第二节 相关理论背景

一、集群企业外向拓展过程中知识连接分布特点的相关研究

集群企业通常嵌入在特定地理边界内的特殊知识网络中，其知识连接也往往带有明显的地域特征，因而既有研究大多从嵌入性、关系强度、在知识网络中的位置以及整体网络结构特性等解释集群企业的外部知识连接构建行为。但是，集群学习是一个受到创新环境影响的动态过程（Carrincazeaux 等，2008）。在摆脱集群知识锁定、功能锁定的现实要求下，超本地的跨地域学习越来越重要（Henry 和 Brown，2006）。集群企业的知识交互对象并不局限于一定的地理空间（Bathelt 等，2004；Petrou 等，2009）。企业通过技术人员的流动（Oscar 等，2012）、与跨国企业全球网络战略匹配（Yeung，2009）等方式可以在本地与外界互动中实现有效的知识创造（Massard 和 Mehier，2009）。在这一过程中，集群企业的学习模式发生变化，需要实现群内和超本地知识网络的双重嵌入（魏江和徐蕾，2011），如图 1-1 所示。

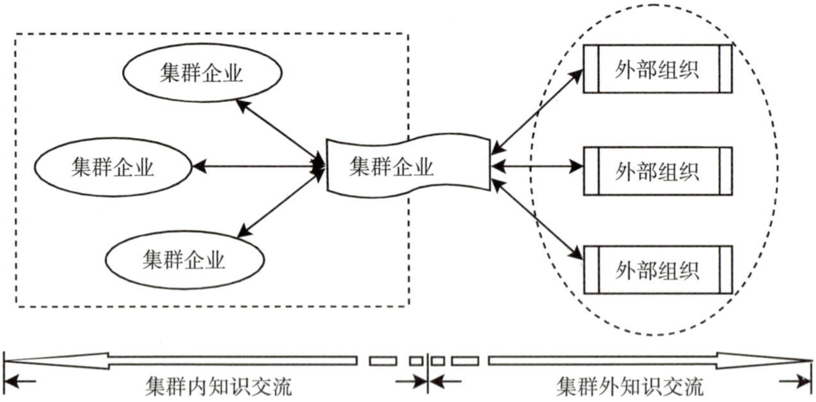

图 1-1　开放创新下集群企业的知识网络构成

形成超本地知识连接是培育具有更强市场开拓能力和开放性的集群企业的重要过程（黄纯和蔡宁，2012）。在与超本地组织的知识合作过程中，集群企业所

面临的学习环境与知识主体间的交互方式更为复杂，学习内容更具探索性，影响因素也更具多样性，不能完全由传统地理经济学、区域经济学的基本观点加以解释。其突出表现是，集群企业的知识网络空间形态发生变化，从封闭式网络转向可渗透性网络并最终形成开放式网络（郭劲光，2008）。大量超本地知识连接基于新的业务和社会关系得以形成，集群本地化因素的影响力削弱，由此导致集群企业的超本地知识连接可能出现“网络集中”与“地理分散”并存的现象，即在集群企业的自我中心网络中连接距离较近的节点，其地理距离则有可能较远。在现实中，集群企业的超本地知识连接并未呈现出由近及远、依地理距离向外逐次拓展的明显趋势（曾刚和林兰，2007；苗长虹，2011），而是表现出空间上的跳跃与不连续。除此以外，并非所有的集群企业都参与到超本地创新合作关系的构建中，一些特殊的位置上的企业如守门人往往具有连接集群内外部知识网络的重要功能（龚凤祥和郑淮，2014）。守门人知识网络的超本地拓展沟通了集群内部的知识内聚网和外部跨国企业的知识内聚网（吴义爽和蔡宁，2010），使得集群本地知识网络从整体结构上发生变化。网络中的节点间距离与实际地理距离差异越来越显著，基于地理空间邻近的传统知识连接渠道对整体网络的结构影响越来越小。

超本地知识连接的区位分布对于集群企业的创新活动以及集群的技术升级均有重要的影响。若集群企业的超本地知识连接过于分散则有可能造成与集群本地企业的技术联系或知识共享不足，不仅增加了企业协调与整合知识资源的成本，形成“遥远邻居”（distance neighbor）现象（Bathlt，2005），也会影响新技术的本地扩散，甚至出现企业外迁（汤临佳和池仁勇，2012；朱华友等，2013）。而作为集群整体而言，相互之间的分散状态不仅影响了资源的互补，而且对于我国集群企业参与全球竞争极为不利。我国沿海大量集群在空间分布上的分散状况使得彼此间的产业链难以整合，由此长期在全球产业链中处于低端位置，技术水平整体较为低下，很大程度上阻碍了我国制造业水平的提升（郑勇军和汤筱晓，2006）。

现有研究试图从集群本地学习的研究视角来探讨超本地知识合作问题，但遇到较大的挑战。在传统经济地理学的视角下，企业在地理范围内的集聚是诱发知识主体在社会空间（本地化社会关系网络的形成）和技术空间（产业链、价值链上的分工）汇聚的重要基础。因此，在其分析框架中，地理距离是主要的因素。

然而在跨地区知识合作中，地理接近性的作用完全有可能被其他接近性所超越（Marrocu 等，2013；Hong 和 Su，2013）。其原因在于，以往文献通常以地理空间的接近为主要出发点，将经济作用机制和社会作用机制限定在一定区域内的密切交互背景下展开。然而，在超本地知识连接构建过程中，以往研究所强调的本地化因素，如交易成本、要素集聚、溢出与外部性收益（Keller，2002）等影响力相对微弱，因而难以被视为主要的解释变量。

既有文献强调地理空间尺度的影响，未能结合超本地知识合作情境的特殊性。实际上，知识依附的传播通道是建构于不同空间的。空间经济学将可见“区位”或“物理空间”等同于知识交流空间，否定了知识附着的其他传播通道的存在。知识传播的根本在于人与人之间的互动，这种互动发生空间的优势会随着外部环境、人际交流工具和平台形式的变化而改变。在集群企业与超本地组织的知识合作中，知识互动并非依赖特定地理空间展开，因而知识交流的通道不能完全由地理尺度测度。越来越多的研究表明，地理接近性只是影响个体间构建知识连接的诸多维度接近性因素之一（Capello 和 Faggian，2005；Argouslidis 和 Indounas，2010）。知识主体之间存在着多个维度的接近性，且不同的接近性对个体间的知识共享的作用机理具有明显差异。因此，在认识集群企业的超本地知识连接形成与空间分布问题时，有必要首先厘清发生知识交互的企业间的不同接近性对其知识交流及知识连接偏好的影响。

二、网络视角下的企业间知识流动

在经济全球化与通信技术高度发达的当今世界，社会主体间的生产和交易活动深深地嵌入到各种形态复杂的网络中，网络组织在社会经济活动中的重要作用使得经济学和管理学研究领域内的学者越来越重视网络视角下的组织间知识交流问题。网络组织不同于一般组织形态，其知识交流行为往往涉及多个个体并存在一定共同遵循的内部规范。具有较高知识交流效率的网络组织通常以拥有共同目标和高度信任为主要特点，网络成员之间的知识交流渠道较为丰富，知识扩散速度快。企业间的知识交流往往是群体行为而非个体行为，因此知识的受益范围更广。Nonaka（1994）在观察组织内部的知识创造与交换活动时，将组织与个体间流动的知识分为显性知识（explicit knowledge）与隐性知识（tacit knowledge）两类。这两类知识由于载体不同，传播路径存在较大差异。前者可以通过公开资料、文件、使用手册等文字化的文献资料获取，后者则主要通过人际交流进行传播。Nonaka 的论述是目前研究知识流动机制的主要理论基础，但他的观察主要限于组织内部，关注了知识流动的形态与途径却忽略了知识流动的机制，特别是影响组织间知识流动的主要因素。网络组织作为较为特殊的组织形态，信任是企业间展开合作以及网络整体运作的基础，而网络中的知识交流因网络成员间连接分布以及网络结构特点而产生不同的效应。

网络视角下观察组织间知识流动的议题较为广泛，而且融入了多学科、多领域的理论观点与研究手段。目前占有主导地位的是基于社会网络理论的研究，这一部分研究从分析范式划分大致可以分为两个方向：

一是以社会资本理论为基础的关系视角，注重对研究对象的关系网络的考察，从个体间的关系强度、权力地位、网络位置、信任等外部环境因素考察组织间知识流动的方向、强弱和效率。关系视角的核心理论源于一些社会学大师对社会关系中影响资源流动的人际间关系强度、网络中存在的结构空洞以及基于人际互动而积累的社会资本等概念和影响机制的探讨。关系视角的主流观点认为建立强关系可以积累社会资本，从而促进技术知识在不同组织间的转移（Krackhardt，1992；Andrews 和 Delahaye，2000），而建立弱关系可以获得更新颖的非冗余技术知识，这些技术知识依靠沟通结构洞的“中间人”在不同的、关系紧密的网络间传播（Granovetter，1973；Burt，1992，1997）。强关系提高了知识流动的频率，网络成员的相互依赖加深，抬高了网络外部成员的进入门槛，对外部资源的交换减少，容易引致关系网络的闭合性和知识的冗余性。在强关系网络中，具有较高地位的中心节点（core node）占有更多的网络资源，因而追求好的企业绩效就需要在网络中拥有更高的地位和权力。那些已经取得较高网络地位的成员在网络的扩展过程中更倾向于复制现有关系模式，加剧了网络对外部资源的排斥。弱关系理论的观点则截然相反，将研究视角转向处于不同群体间的连接纽带，认为关系密集区域的信息会随时间而趋向于陈旧冗余，处于不同群体间的节点由于知识的异质性与多样化而得益（Granovetter，1973；Hansen，1999）。因此，弱关系网络中的资源获取不依赖于连接数，而强调节点的网络位置，沟通不同关系群体的、处于结构洞的节点最有可能获得有价值的知识。网络视角下的关系主义涉及的研究议题是围绕着知识流动机制展开的，尽管观点有所不同，但究其本质大致沿着“关系数量或质量—资源获取优势—企业业绩或创新绩效”的思路开展相应研究。

因此，企业间的关系连接与知识获取高度相关，不同的关系连接是知识流动模式的内在决定因素。

二是以社会网络结构特点为分析基础的结构视角，探讨一定网络结构下的技术知识流动的效率和影响因素。网络视角下的结构主义更侧重对网络整体环境的观察，将网络节点的行为抽象为一些简单的规则，探讨由此派生出的复杂网络结构特性。网络的拓扑结构不仅影响知识流动效率，而且一些特定的结构反映了网络成员不同行为模式。结构视角感兴趣的是网络成员的行为规则如何影响网络结构，而网络结构又如何对知识和传播起作用。网络的局部拓扑结构与整体结构特征决定了网络成员的知识获取路径分布特点，因此网络成员能否占据更有利的知识获取路径对其业绩具有重要意义。近年来，随着复杂网络研究的兴起以及一些具有独特网络性质的网络如小世界网络（small world network）与无标度网络（scale-free network）的发现，复杂网络的研究在多个学科领域成为了研究热点。现实中的社会网络结构是非常复杂的，大量研究表明，真实网络很多都具有小世界效应和无标度性（Albert 和 Barabási，2002；Newman，2003；Watts 和 Strogatz，1998），在不同的网络结构下，知识扩散效果经由的路径以及不同节点对网络资源的控制力有很大差异，由此所表现出来的传播特性也不同。在创新管理研究领域内，现实中的区域内与区域间的具有小世界特性的合作创新网络被一些实证研究发现和讨论（Fleming 和 Marx，2003；Fleming 和 King，2007），与此同时，有些创新合作网络却呈现出无标度网络的性质（Inoue 和 Souma，2007）。尽管结构视角能够很好地探查这些网络结构所展现出的不同特性，但在解释其内在形成机制方面力有不逮。这使得研究的视角不得不重新回归到关系主义的理论观点上，从行为人相互间联系的发生基础去寻找可以解释的依据。

以上两个研究方向从各自不同的角度解释了技术知识在社会网络中扩散的机制问题。虽然研究目的与研究手段各有不同，但本质上二者是网络视角的一体两面，前者关注微观个体的行为发生、发展与资源流动的机制问题，后者从更宏观的层面关注整个网络的结构以及结构对资源配置的影响问题。结构视角始终以关系理论的主要观点作为解释问题的基本点，而网络个体间关系的关注同样不能忽略网络整体构成以及由此带来的行为特点。

三、网络视角下的区域内知识集聚与跨区域的流动：接近性的影响

随着世界经济体系的不断完善以及各主要国家经济的开放程度的提高，集聚于一定区域内以及跨区域的网络组织及其知识流动机制不仅在现实实践中受到政府决策部门的重视，同时也是理论界关注的重要问题。尽管组织间网络的形态不一，影响知识流动的具体微观影响因素也有所差异，但网络机制对知识交流发挥作用大多来自于网络成员之间不同类型的接近性。

知识流动网络中的企业间互动遵循其内在规则，社会主体在地理空间、社会关系、技术相似性等方面的接近性都会产生影响并由此出现不同的知识流动模式。地方化的产业集群以及密集合作网络如丰田的供应链、硅谷的高科技企业集群等，在减少交易成本、培养成员间的信任等方面具有无可比拟的优势，由此减少了知识在组织间流动的障碍。从结构主义的角度观察，密集合作产生的知识流动网络在一些区域如硅谷产生了有利于知识传播的小世界网络（Fleming 和 King，2007），由此更加强了知识的本地化集中（localized），知识传播带来的收益随着地理距离的延长而递减（Keller，2002）。但是，知识的地理集中程度在不同的区域存在明显的差异（Almeida 和 Kogut，1999），知识的地理集中趋势不是普遍现象（Inoue 等，2007）。企业之间跨越国界的知识交流与合作创新呈现出明显的上升趋势（Ma 和 Lee，2009），其中知识的价值（Cantner 和 Meder，2007）、技术相似性（Almeida 和 Kogut，1999）、人员流动所建立的社会关系网络（Balconi 等，2004；Singh，2005）等因素有着重要影响。实证研究表明，东亚地区在近十年来的区域内知识流动是由本地知识交流与国际知识扩散共同推动的（Hu，2009），而诸如日本、韩国以及中国香港的跨国企业与中国企业的知识交流过程中关系资本、在网络中位置带来的资源控制、由网络成员间共同目标和语言带来的认知资本以及网络结构资本对网络学习效果具有显著正向影响（黄中伟和王宇露，2008）。因此，尽管不同学科领域的研究者采用不同的数据与分析手段试图揭开不同接近性因素对社会网络中的知识流动模式的影响机制，却往往出现不尽相同甚至截然相反的结论：一方面，知识在关系密集网络内部形成集聚，本地化现象在许多研究中得以证实；另一方面，跨越国界、跨越组织边界的网络组织大量出现，引致了国际间日益密切的知识溢出和创新知识扩散。

由此产生了一系列问题亟待解决：超本地知识流动网络中不同接近性如何发

挥作用？地理距离是否在通信技术发展的今天仍然起主导作用？不同的接近性如何影响网络的形成以及知识流动效率？不同的接近性如何使网络呈现出不同的结构特点？

四、既有研究的局限性

现有研究围绕着集群超本地创新与知识互动问题尽管已经形成了一定成果，但一些重要的问题在既有研究体系下仍未得到解决，具体表现在：

其一，既有研究对超本地情境因素认识不足。当集群企业展开超本地合作，建立社会关系和嵌入非本地关系网络时，企业所面临的环境因素与集群本地完全不同。那么，在超本地创新过程中，集群企业所处的特殊情境特征、具有关键影响的接近性因素及其作用基础与影响机制、超本地关系构建与维持的基础及其对创新的影响、地理接近性在超本地创新过程中是否还具有显著影响以及地理接近性与社会接近性之间的关系等问题在现有研究中几乎处于空白。现有研究在集群企业超本地创新机理的研究方面也未能形成较有应用前景的理论模型。相关文献不仅结论相互冲突，而且对于多维接近性理论体系的开发远远不足。

其二，尚未有研究将不同接近性纳入同一理论模型来分析其对超本地创新与知识网络的影响。大部分研究致力于探讨一些具有典型集聚特点的知识网络的形成与演化或者从地理接近性、社会接近性和技术接近性的其中之一为出发点展开研究。基于一些特殊网络的研究结论往往缺乏一般性，而将不同接近性分开讨论的研究则不能将三种接近性的影响程度加以比较且容易忽视这些接近性内在的相互影响，因而不足以揭示影响超本地知识流动网络中节点连接与网络整体结构的主要影响因素和基本作用机制。

其三，在研究视角上，大部分研究仅从单一的关系视角或网络结构视角展开，对上述研究问题都难以完满回答，只探讨关系就忽略了网络中知识交流的整体特性。而仅分析网络结构特点，则难以了解超本地知识流动发生的动机以及影响其流动效应的主要原因。企业之间的知识交流不是点对点的简单双向或单向行为，在超本地交流日益频繁的时代背景下，企业知识网络突破地理上的界线，规模巨大的跨区域、跨国家、跨行业的网络将越来越多的企业纳入在内。由于业务与技术合作关系，大部分企业纳入到不同类型的网络中，依托社会网络的组织形式，形成纵横交错、错综复杂的知识交流与转移渠道。企业的网络位置、关系强度以及网络整体结构特点对于企业获取外部知识都有着重要的影响。目前，以社会网络为理论基础的研究，并没有把关系强度、网络位置与结构特性的理论结合为一个整体，由此不能在有效识别知识流动路径的基础上分析网络的连接与结构。在实证方法上，大部分的研究对于社会网络的分析工具运用较少，传统的统计分析工具使用较多。对涉及关系数据以及有高度相关性的变量之间内在联系的分析颇有不足。因此，有必要结合关系视角和结构视角两个方面一步步深入剖析以寻求其内在的决定因素和作用机制。

其四，在社会网络中，企业是经济意义上的独立个体，而非社会意义上的独立的经济体。基于企业是独立个体的假设来开展研究容易脱离企业所处的社会网络背景，忽略网络背景下的企业间互动模式对知识交流路径的分布与网络总体知识资源流动方向的影响。因此，把企业放进网络整体创设的环境下，从企业在网络中的地位或角色出发，认识知识流动路径的分布特点能够避免研究视角的狭窄对企业间整体互动模式的忽视。同时，可以充分利用社会网络研究的成熟分析工具来分析探讨超本地网络中的知识流动问题。这样，研究的层面深入到微观机制的探讨，观察更为细致的知识交流机制问题以分清重要因素与辅助因素，从而能更好地把握我国集群企业通过超本地创新获取知识的途径与效率。

第三节 研究内容

一、多维接近性对集群企业创新的相关研究进展与趋势分析

本部分着力探讨接近性主要概念和维度划分，分析既有研究从单一维度接近性到多维度转向的原因和理论发展路径；论证不同维度接近性之间的异同，并提出既有研究在接近性维度与概念界定中存在的问题；总结多维度转向过程中，不同研究流派对多维接近性与企业创新之间的关系以及接近之间的交互关系的主要论点；通过深入剖析既有研究的理论分歧，提出整合多维接近性理论的途径。

在许多实证研究中，地理上的接近性被证明是影响知识扩散的重要因素。企业之间由于在地理空间上邻近，知识倾向于在一定的区域内集中，如硅谷的半导

体产业集群、意大利萨索洛—菲瑞纳的瓷砖生产集群以及布伦塔河鞋业生产集群等。本书需要进一步了解的是，超本地创新过程中的企业间技术知识交流是否也受到地理空间上的接近性的正向支持。集群企业间的技术知识交流不仅仅通过传统的投资建厂、商品贸易等形式进行，还以合作研发的形式培育技术人才和共同参与创新活动，由此加深了人员之间的交流。技术人才的相互合作不仅有助于企业之间的社会关系强度提升，而且可以通过各自的社会关系网络将知识扩散。这样，一定程度的社会关系有助于不同区域间的企业产生知识交流，并引致区域间的知识流动。社会接近性可能也会影响超本地知识网络中的企业间知识获取与扩散。除此以外，对技术知识的理解、评价和吸收是企业间产生知识交流的动机所在，而且最先发现新知识的价值并采取行动获取和吸收的企业往往在技术领域方面较为接近。因此，技术相似性也是知识交流过程中不可忽略的重要因素，具有相同或相似技术背景的企业能够更好地吸收技术知识，从而更有可能打破区域边界的壁垒，展开持续的知识流动。

归结起来，这一部分主要关注既有研究对以下问题的探讨：①在集群企业的超本地创新过程中，其构建的超本地知识网络受哪些接近性的影响；②不同接近性发挥作用对知识链接形成的影响机制如何；③不同接近性相互间的关系。

二、基于情境的多维接近性对集群企业超本地创新的作用模型构建与实证分析

接近性是网络成员之间节点连接得以形成的主要影响因素。网络成员间的互动是在不同的基础上进行的，不同的接近性发挥作用的机制是不同的。一般而言，存在三种主要的接近性：地理接近性、社会接近性与技术接近性。地理接近性是社会主体在地理空间上的邻接性；社会接近性则是基于社会交往双方关系嵌入程度引致的社会主体间的关系紧密性（Boschma，2005），属于社会关系范畴的概念；技术接近性主要指知识交流双方在技术领域方面的接近程度。然而集群企业的本地与超本地创新活动所处的情境条件具有显著区别，在探讨接近性与企业创新内在关系时，必须依据集群企业所处的情境特点并在识别接近性作用机制的基础上加以分析。

企业知识交流总是在一定的条件下展开。超本地情境是集群企业进行超本地创新的重要环境基础，为企业知识交流与合作创新提供了特殊条件。以往用于分

析集群企业创新合作的主要理论如经济地理、空间经济和集聚理论等，其研究重心在于企业集聚区域内的知识交流特点与驱动机制。然而对于超本地创新活动而言，企业间主要的知识互动发生于集聚区域以外的各类平台，企业或人员交流频次远远低于本地集聚区域内的知识交流。在超本地创新情境下，不同接近性对技术知识流动与知识连接形成的影响机制不可避免地会发生相应变化。目前，理论界有关地理接近性是否存在显著影响的争论越来越激烈，同时多维接近性学派有关多空间接近驱动创新的理论影响越来越大。集群企业究竟如何在不同接近性因素驱动下进行超本地创新成为亟待解决的理论问题。因此，在企业实践发展和理论研究范式变换的背景下，有必要在深入解析超本地情境特点的基础上，通过实证检验来明确不同接近性对集群企业超本地知识交流与知识合作的影响，并析出不同接近性的独立效应与复合效应，从而为集群企业的超本地创新实践提供理论指导。

本部分从多维接近性学派的核心思想出发，通过赴南京、西安等地实地调研，在问卷调查和深度访谈的基础上，对集群企业的超本地合作情况进行分析。研究的主要问题为：①检验不同接近性对超本地情境下集群企业创新的独立效应；②观察接近性之间的交互效应，实证检验超本地情境下社会接近性对集群企业创新的影响，并论证技术接近性的调节作用；③实证检验超本地情境下地理接近性对集群企业创新的影响，并验证社会接近性的调节作用。

三、多维接近性对超本地知识网络连接的影响——基于专利数据的研究

不同接近性会影响集群企业超本地创新过程中的二元合作关系。多维接近性学派认为，互动个体间在不同空间上的接近性程度会影响双方的互动水平。从知识流动的角度观察，不同接近性会影响集群企业与超本地创新合作伙伴的知识连接。既有研究大量采用专利数据来析出组织间的知识连接渠道，使用的指标包括专利引用（施引与被引）、专利合作以及专业研发等。专利数据在国外研究中被大量用于分析组织间的知识合作问题。但由于国外对专利间的施引与被引信息记录相对完备，而我国专利数据库中缺乏相关信息，加之专利合作只是企业间知识合作的一种类型，因此在国内研究中被认为是“噪声”较大的指标。但是，专利合作相较于其他合作方式相对较为持久，代表了组织间较为稳固和深入的创新合

作方式，结合专利发明人的流动信息则可以在很大程度上反映组织间由个体流动形成的知识交流。除此以外，采用专利信息能够更准确地确定企业间的合作关系，由此成为构建知识合作网络的有效基础。因此，本书通过专利数据构建集群企业的超本地知识网络，并借用整体网分析技术研究多维接近性对网络连接的影响。

本部分基于社会网络分析方法，结合国内外主要的专利数据库，通过专利引用、共同申请与共同发明人等多种信息收集整理有关我国集群企业及其外部合作伙伴的合作信息，生成集群企业的超本地知识流动，并以矩阵形式表示多维接近性变量与知识连接变量，采用 QAP 多元回归分析，主要研究：①不同接近性对超本地知识网络中节点连接的影响；②分析超本地知识网络中，社会接近性对地理接近性效应的中介作用；③研究技术接近性对其他接近性变量的调节作用。

四、多维接近性对超本地知识网络结构的影响——社会网络分析与仿真分析

接近性不仅影响集群企业的创新效果，而且从社会网络的视角而言，由于不同接近性形成了网络节点连接规则，即集群企业及其合作伙伴的知识互动关系，从而会在网络整体层面上影响集群企业间超本地创新网络结构特点。网络结构是关系互动在网络整体上的表现形式，它在一定程度上反映了知识资源和知识渠道的分布。拥有较多知识交流渠道以及较短路径的网络相对于知识交流渠道稀少且链条较长的网络而言，具有更高的知识交流效率。在结构分析中，网络的集聚性、中心性以及知识传播路径分布的均衡性通常被认为是影响网络成员之间交换和吸收知识的重要因素。观察网络的集聚性实际上是反映知识交流渠道的密集程度，或者更为具体地，分析网络中存在的节点连接较为密集的群体以及该群体占总体的比例，由此判断多少网络成员依靠较为密集的相互间连接来获取和扩散知识。网络的中心性指标是判断网络中是否存在拥有明显较多知识交流渠道并且对相当数量网络成员的知识获取具有显著影响的重要个体，而知识路径分布的均衡性则是探讨拥有最大连接数的网络成员与具有最小连接数成员的知识获取路径的差异以及网络所有成员在获取知识的渠道数量方面的层级现象是否明显。通过对这些指标的观察可以展示网络的知识路径分布特性，但本书的研究并不止于此，我们更需要了解的重要问题是，在渠道分布形成过程中，不同的接近性具有怎样

的影响，即对网络结构产生改变的推动力来自于人员交往、技术接近还是仅仅在地理空间上邻近？将结构分析和渠道连接的内在推动因素结合起来有助于深入地认识接近性对网络结构的影响。

因此，不同的网络结构对知识流动具有差异化的效应，论证主要在以下几个方面展开：①识别节点连接形成网络的内在规则；②探讨网络中的知识流动路径分布特点及内在驱动因素；③采用社会网络分析方法对比分析不同接近性影响下的知识网络结构特点；④借鉴 NK 模型，模拟生成集群企业的知识网络，采用关系导向和技术导向为网络连接构建规则，演化模拟不同接近性参数变化时，集群知识网络结构变化规律。

第四节
研究意义

一、理论意义

（1）通过对比集群企业本地与非本地情境差异，基于多维接近性构建超本地创新情境下不同接近性对集群企业超本地创新的影响，弥补以往研究对情境因素的忽视，从新的视角完善超本地创新研究框架，同时也拓展了多维接近性理论的应用空间。

（2）立足于多维接近性视角，剖析接近性对集群企业超本地知识连接的影响，在多学科基础上形成理论模型，突破了单一维度接近性视角的局限性，有助于明晰不同接近性之间在影响超本地知识连接过程中的相互作用关系。

（3）通过揭示多维接近性的共同作用对超本地知识连接分布的影响机理，综合多个维度解析集群企业的超本地知识交互与空间因素的内在关联，有助于推动对于开放创新背景下集群企业知识创造与学习过程的深入认识。

二、现实意义

（1）通过厘清不同接近性的效应差异及其内在相互作用关系，剖析集群企业突破地理边界、经由不同空间维度上的相似性建立外部知识连接的途径。基于多种接近性相结合的分析视角，明晰促成超本地知识连接形成的多样化手段，为集群企业探索提高跨区域知识共享效率的可行策略提供理论依据。

（2）在明确集群企业拓展超本地知识合作伙伴的主要连接规则基础上，帮助集群企业探索拓展超本地知识连接分布范围的有效路径，从而从新的视角提出加强知识获取、有效整合超本地创新资源的策略。

（3）通过揭示集群企业的远距离知识互动机制，为相关管理部门制定鼓励集群企业跨区域知识创造的积极措施，引导企业构建多样化知识网络从而丰富集群企业的知识资源集合、打破技术锁定，推动企业技术升级提供理论指导。

本章小结

我国集群企业的超本地合作是摆脱既有技术路径依赖，获取非冗余知识并重构本地知识体系，从而应对低端锁定的现实挑战。从政策角度而言，推动集群本地与超本地创新体系的结合较之“腾笼换鸟”的策略更具有可持续性，同时也使得地方政府的决策者更容易探索出一条可行的集群升级路径。从理论上而言，超本地创新与作为分析集群创新性为特点的主要基础——集聚理论的基本观点存在着内在冲突，而现实中的研究观点也出现了大量分歧。随着多维接近性学派的兴起以及社会网络分析方法的完善，借助多维接近性理论可以通过构建统一多视角的分析框架来解决集群企业超本地创新研究中的一系列分歧。本书首先系统地回顾多维接近性与集群创新的相关研究进展，其次构建基于情境的多维接近性对超本地创新的影响模型，并通过层次回归和调节效应检验加以分析。在此基础上，采用专利数据构建集群企业超本地知识流动网络，采用 QAP 回归方法分析不同接近性对超本地知识连接的独立效应与交互效应。同时，通过社会网络的可视化分析并借助 BA 模型和 NK 模型，分析接近性对不同形态的超本地知识网络结构特性的影响过程。

第二章 相关理论与国内外研究综述

第一节 知识类型与超本地流动途径

一、基于 SECI 的知识交换过程

（一）知识类型及其相互关系

集群企业与超本地合作伙伴之间的知识交换是超本地创新的重要内容，很大程度上决定了创新成效。因此，有必要首先对超本地创新过程中所传递的知识类型及其转移途径进行了解。

与一般的信息、数据等不同，学术界从多个维度出发对知识的内涵有着不同的认知。Polanyi（1958）立足于人类认知角度将知识看作一种认知过程，是在寻求新知识过程中对问题的解决。Huber（1991）和 Nonaka（1994）都认同将知识看作是一种得到确证的、可以增加社会个体有效开展行动的能力的信念（justified belief）。但是，Nonaka 更强调动态地认识知识的含义，Nonaka 和 Takeuchi（1995）主张将知识界定为个人不断修正自有认识，向“真理”（truth）逐渐接近的动态过程。对于纷繁复杂的知识界定，Alavi 和 Leidner（2001）在其文献综述中将主要知识概念归为 5 类：①知识是一种存储于头脑中的才智（mind），是个人从经验、学习研究中获得对事物的理解以及通过观察、发现和探索所收获的所

知（knowing）在个体头脑中的一种存在状态；②把知识看作是一种客观存在，认为知识是一种可以储存和操作的事物；③认为知识是运用技能的过程（Zack，1999）；④将知识视作获取信息的条件；⑤从能力角度出发，认为知识是可以影响未来行为的一种能力，这种能力并不针对某种特定行为，而是使用信息的能力。

与知识的多种定义相对应，划分知识类型的标准也存在大量的不同观点。如可以划分为个人知识与组织知识、简单知识与复杂知识、技术知识与管理知识等。不同的类型划分，引致了不同的知识管理研究分支。目前，从创新与知识扩散角度广泛采用的是 Polanyi 提出的显性知识与隐性知识的划分。Polanyi（1959）将人类的知识划分为两类：一类是可以用文字、语言、图像、公式等表达外显的知识；另一类是内隐的、难以使用语言表达、难以记录和记载甚至不与特定场景相结合就难以意识到的知识。前者称为显性知识（explicit knowledge），后者称为隐性知识（tacit knowledge）。

显性知识是那些可以记录于文档、可以编码化（codified）的、能用语言表达的知识。这类知识可以存在于组织的文件、说明书、图像、手册、数据等之中，容易为人所知，也可以通过事物为载体传播或者通过交谈、学习等人际交往的方式在不同的个体间扩散。与显性知识不同的是，隐性知识的扩散要困难得多。Nonaka（1995）认为隐性知识具有两个层面的缄默性：一是技术层面，即产生于生产实践的技能和诀窍，不能用言语表达；二是感知层面，即个人潜移默化中领悟到的同时又觉得理所应当，甚至无法觉察其存在的一些意识、情感、观念和心智模式等。隐性知识既内化于个人的大脑中，表现为个人的诀窍、心智模式、意识、信念等个人认知，也存在于群体的知识累积过程中，固化于生产流程、规范、惯例中成为组织、团体或个体处理问题和学习新知识的基础。Polanyi（1959）特别强调个人知识的“默会维度”，隐性知识本质上是对事物的“理解力”（understanding）。他认为任何显性知识都有其内在的隐性根源，内隐知识在认知上具有优先性。在他的后批判哲学体系中，隐性知识被认为在人类认知的各个层面上具有基础性、决定作用的知识维度，“代表了获得和认识知识的终极能力”（邓线平，2009）。这些不可言传、难以编码化的知识最显著的特点是，一旦与相应的情境相结合或得到相应环境条件的支持就能在个人或组织的生产活动、学习行为中产生难以替代的促进作用。Li 和 Gao（2003）认为，Nonaka 所区分的隐性知识与 Polanyi 给出的含义存有不同。遵循 Polanyi 对知识的原始界定

(Polanyi，1958，1962)，他们提出隐性知识（tacit knowledge）与隐含知识（implicit knowledge）是存在差异的。隐性知识是个人难以言传的“主观意识”（elusive and subjective awareness），它可能是存在于头脑中的一种感觉或一种景象，需要与相应的情境或社会环境条件相结合才能表现其有用性。但是，隐含知识是可以用言语表达、可以书面化的，但需要与一定的情境相结合才能够使用。概而言之，他们认为只有纯粹的难以表达并具有情境依赖性的隐性知识才是纯隐性知识（real tacit knowledge），隐含知识不能作为隐性知识对待。

尽管知识的类型与存在状态存在差异，但在概念上的区分并非等同于在研究中将二者作为截然不同的两个事物处理。Polanyi 的研究体系中不仅肯定了隐性知识在人类认知方面的优先性，他同时也强调显性知识与隐性知识的内在统一。而 Nonaka 对知识创造螺旋的经典论述则从理论上进一步肯定了两类知识内在的高度统一。Nonaka（1995）认为两类知识是相互依存、相互渗透和互相补充的，是认识事物的两个方面而不是两种绝对独立的事物。他指出，理解显性知识通常需要以一些潜移默化的规则为基础，而这样的规则有时会暗含于个体的隐性知识之中，因而在认识理解显性知识的过程中，隐含于显性知识之中的隐性知识也得到了认识。

因此，隐性知识与显性知识并不是截然对立的两类事物，简单的二分法不利于从本质上认识这两类知识，也不利于观察知识在不同状态转化的动态过程。实际上，知识的显性与隐性特性在许多研究者看来是既有区别同时又密切联系的两个知识维度，知识是在这两种状态下动态发展的连续谱系（continuous specturm）(Leonard-Barton 和 Sensiper，1998)。显性知识为新的隐性知识的形成创造了条件，而隐性知识不仅是产生新的显性知识的源泉，还为用于解读、表达显性知识的规则提供了基础（Lundvall 和 Johnson，1994），从而有利于显性知识的吸收和传递。以知识可表达性作为知识类型划分标准的静态观点有时会造成含义模糊和重叠现象，从动态视角观察知识的转化与流动才能够更准确地把握知识的本质。

（二）知识创造的 SECI 螺旋

Nonaka 对于知识的动态过程学说构成了创立知识创造 SECI 螺旋上升过程的基础。Nonaka（1994）提出知识转移和创造是一个不断动态往复的过程，大致可分解为四个阶段：社会化（socialization）、外化（externalization）、组合化（combination）和内化（internalization）(见图 2-1)。

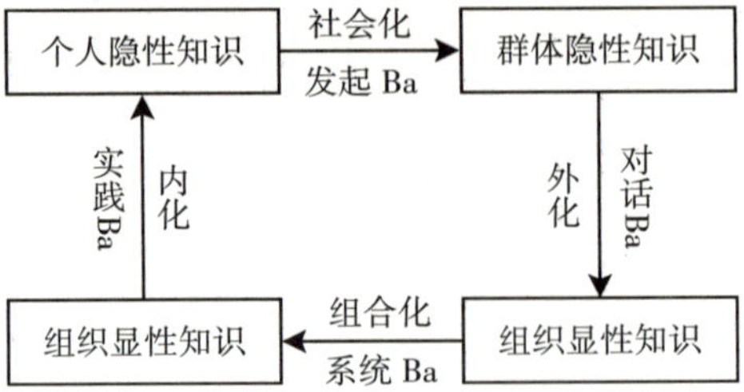

图 2-1 SECI 四个阶段中的知识转换

在社会化（socialization）阶段，个人拥有的隐性知识通过与组织内其他人员的分享、体验、模仿和交流，把原本处于个人头脑中的具有高度情境依赖性或还处于一种模糊意识状态、难以述说、只能意会的技艺、经验等在人际间传播。“干中学”（learn by doing）是主要的隐性知识社会化途径。不同的个体对于知识的理解只有通过实践、操作，以“师傅授徒弟”的方式在不断的模仿和体验中完成。经过群体的分享后，在有意识的激励与引导下，个体在群体中开始反思和审视自身所拥有的隐性知识。个人觉察到但未能编码化或者根本尚未意识到的隐性知识在群体启发下得以识别并在群体中讨论。来自相同或不同技术背景的个人通过持续对话和集体反思，逐渐将不清晰的知识用语言或文字表述出来。这样，个人的隐性知识在不断持续的集体思考和讨论中明晰起来，由此进入到知识螺旋的外化（externalization）阶段。

在群体交流中得以明晰化的个人隐性知识转化为显性知识，但对于单个个体而言，个人知识主要来自于自有知识基础和技术背景，与自身的经历高度相关。在知识外化过程中，经过人员之间的讨论、思考与思想的碰撞，来自于不同个体的知识经过组织的引导与协同发生组合化（combination）。这一过程中分散的知识元素被条理化，在组织规则、惯例的作用下发生合并，创造出新的知识，此时的知识主要以显性状态存在，供组织内的个体共享。经由组合化（combination）阶段，散乱芜杂的个人知识经整合成为新的组织知识。新知识可以记录在组织的手册、操作指南、文本、说明书等文档中，也可以通过口耳相传的形式清晰地表达。新知识的产生并不意味着知识创造过程的结束，组织中的人员在获得新的明晰知识后转化为自身的个人知识，并且在生产实践中产生新的隐性知识，即知识螺旋的内化（internalization）阶段。该阶段既是一轮知识创造过程的结束又是下一轮知识创造过程的开始。由此，知识在螺旋向上的转化过程中不断被创造出来。

在不同的阶段，显性知识与隐性知识在个人和组织层面上相互转换（knowledge conversion）、融为一体。Nonaka 观察知识转化的视角为分析知识溢出渠道提出了研究的范式。人际交流是知识创造和转移的主要渠道，知识溢出的过程实际上是隐性知识和显性知识通过人际交流相互转化以及螺旋式上升的过程，知识的溢出过程也是不同类型知识的转化升级过程。Nonaka 所提出的知识转移过程，尤其是显性知识与隐性知识这两类知识的相互转化过程，实际上揭示了知识溢出路径的多样性。知识在不同主体间的溢出不是简单的点对点的单线连接方式，而是经由人际交流在错综复杂的关系网络中通过多样化的溢出渠道进行的。知识拥有者的社会关系网络是获取和扩散知识的天然的理想平台。通过网络，个人之间、个人与组织之间以及组织之间不同层面的知识交换构成了一个统一完整的知识交流体系，而且在其中隐性知识与显性知识不断地相互转化而个人知识与组织知识则持续地相互交换。因此，可编码的知识和不可编码的知识溢出的渠道在知识溢出网络中同时存在。但是，其溢出的渠道存在差异，在研究中应该识别和区分这两类知识在不同的知识载体间流动所经由的路径。

在 Nonaka 所述的知识螺旋中，外化（隐性知识转化为显性知识）和内化（显性知识转化为隐性知识）是知识螺旋持续进行的两个关键阶段。外化的重要性体现在只有将个人头脑中的知识通过语言文字等形式表达给更多的个体，才能与组织内、组织外的人员自身的知识产生碰撞、相结合并产生新的想法。而内化是将组织新创造出来的显性知识吸收到自身的知识体系中，通过扩展个体的知识面、增加其技能并重构自身的知识体系从而为下一阶段、新起点上的知识螺旋的开始做准备。

从知识存在的角度来看，知识创造归根到底是由人员进行的，组织本身并不能产生知识，但组织为人员的知识创造各个阶段的进行提供了必要条件的环境。组织为人员通过互动进行的知识创造活动提供了规则、驱动力和导向，从而使得知识的创造过程遵循一定的规则、沿着一定的技术路径，并能够促进知识创造的各个阶段有效开展并循环上升，形成向上的知识创造螺旋。因此，在广义角度，由不同组织构成的组织网络或不同组织人员形成的人际关系网络都是知识创造得以开展的组织形式。若更广泛的组织能够提供有利于知识螺旋的规则和环境，那么就能使得知识创造活动突破组织边界，从组织内延伸到组织间。即使广义的组织形式只能提供知识螺旋其中部分阶段的有利条件，知识也可以因此在组织间流动。

二、不同类型知识的流动途径

（一）不同类型知识的组织间交换

由“Ba”（场）的界定可以看到，SECI过程实际上也是知识交换、知识扩散的过程，作为隐性知识重要载体的个人的知识社会化、外化活动并不局限于组织内部的人员之间展开。在隐性知识的社会化（socialization）阶段中，知识交换不一定在组织内的人群中发生，Nonaka（2000）等提出显性知识与隐性知识进行转换的场所是在不同类型的“Ba”中进行的。其中，个体间经由面对面人员接触而分享隐性知识的场所称之为“发起Ba”（originating Ba）。“发起Ba”主要为隐性知识的社会化（socialization）提供环境条件。这样的“发起Ba”可以是同事之间交换知识的场所，也可以是与同学、朋友、家人等社会关系网络中的不同组织中的人员参与构建的分享各自经验、感觉和心智模式的平台。进入知识创造的外化阶段时，分享和讨论个人隐性知识的群体在“对话Ba”（dialoguing Ba）中将隐性知识以可表达、可记述的方式明晰化，而“对话Ba”中的个体同样可能来自不同的组织。同理，Nonaka等所述进行知识组合化的场所“系统Ba”（systemising Ba）以及将明晰的组织知识并内化成为个人隐性知识的“实践Ba”（exercising Ba）都是从人员的社会互动角度界定的，组织间不同类型的知识交流与知识创造则有可能来自或产生于这些由不同组织人员参与的、不同形式的“Ba”。

综合以上分析，Nonaka（2000）提出的“Ba”理论以及不同类型知识的不可分性为研究和解释组织间知识流动提供了微观理论基础。从“Ba”的初始界定看，“Ba”是人际间知识交流发生的场所，它是“使用、创造和使用知识的、共享的环境”。尽管“Ba”被视作知识交流的平台，但它不完全是实体存在的场所，还可以是虚拟的空间或精神层面的交往空间。“Ba”存在的非实体性大大地拓展了知识扩散的空间范围，知识经由不同类型的“Ba”可以很轻易地跨越组织甚至地域边界。除此以外，组织之间由正式合作关系带来的显性知识与隐性知识交换则意味着SECI螺旋中已经组合化为组织知识的显性知识和隐性知识可以经由组织层面的合作而得以扩散。

（二）显性知识与隐性知识组织间流动的条件与途径

从认识论角度而言，显性知识与隐性知识是内在一致并相互依存的，孤立地看待一种形态的知识对于理解和观察知识流动过程是没有意义的。但是，不同类型的知识由于其存在状态与自身特性需要依赖一定条件并借助不同的途径才可以完成在知识主体间的扩散。在知识扩散的过程中，不同类型知识的扩散过程与传播效率还是存有差异的。因此，在坚持两类知识内在一致性的同时，也要认识其在传播过程中的差异性。在知识连续统一的谱系中，处于两端的知识类型，即完全的显性知识和绝对的隐性知识代表了最容易和最难以扩散的知识。

对于完全以显性状态存在的知识而言，它可以通过文本或以语言、对话等形式传播。由于此类知识的表意性强、编码化程度高，因而并不要求知识主体之间的直接接触，通过购买、引进、公开出版物、获取专利说明书、讲座等途径可以在不同知识主体间扩散。显性知识流动需要的条件是对知识源的搜寻、系统地学习与消化吸收，知识搜寻成本占扩散成本的主要部分。另外，以文本、数据、科技资料等形式记录下的知识往往具有系统性，对特定情境的依赖程度很低，受众较广。因此，此类知识的扩散路径较多、传播范围较广而且速度很快。

而绝对的隐性知识的转移更强调社会环境因素，隐性知识的载体之间的知识交流需要相互通过反复地交换意见、反思，不断总结和启发，才能将知识清楚、系统地为他人理解并掌握。因而 Nonaka 等（2000）指出，只有与关键的人员在相应支持体系作用下，隐性知识才能在不同个体间传播，其中的相应支持体系指的是人员认知和行为开展时所共享的环境。隐性知识主要在关系紧密的个体间传播，如师徒、同事、合作伙伴等。正如 Leamer 和 Storper（2001）所强调的那样，相互信任和相互了解的程度对新颖、复杂知识的创造、扩散有重要作用。有关隐性知识的讨论一直是知识管理研究领域的热门话题。Gertler（2003）在他的经典文献中对隐性知识创造、认识和转移过程进行了梳理和总结。他认为现有的知识管理研究中存在着有关隐性知识的三个问题：第一，如何创造隐性知识；第二，如何寻找和评价隐性知识；第三，如何更广泛地传播隐性知识，即在组织和人员间的复制与共享。对于第一个问题，他将观察隐性知识的创造过程主要研究归为两个维度：①个人维度，该视角强调对人力资源的投入。由于隐性知识是高度个人化的知识，因而培养技能娴熟的工人对产生此类知识十分重要。②社会维度，该视角将隐性知识的产生归因于组织内的工人在共同的社会、组织和文化环境中的互动、合作与社会交往。对于第二和第三个问题，即隐性知识的寻找、认知与传播，他强调隐性知识只能在共享类似环境的人员与组织间转移。人与人之间的面对面（Face to Face，F2F）接触是隐性知识流动的充分而非必要条件，隐性知识的创造与扩散需要具备一定的制度基础（institutional foundations）：人员之间的相互信任与技术知识背景的相似性有助于通过可以相互识别的特定技术“语言”来理解和认识隐性知识。这样的制度条件在一定的经济区域或社会网络中形成稳定并具有持续作用的、相互认同的理解和分析解决问题的规则、惯例等，从而产生独特的、有利于隐性知识传播的技术背景与社会环境。这样的制度因素往往不为人所觉察，却具有显著的影响，它能够限制或引发人的行为选择、对技术知识的运用和创造等活动（Maskell 和 Malmberg，1999；Gertler，2003）。因此，Gertler（2003）认为地理接近性、相似文化不是左右个人或企业间创造、分享隐性知识的因素，制度接近性（institutional proximity）即共同的规则、惯例、价值观、愿景等产生于相同制度条件下的因素才具有决定性的影响。

正因为隐性知识对其所产生和运用的情境依赖性，Maskell 和 Malmberg（1999）强调一些社会资产如本地独特的制度环境与人际关系只有在本地企业中才能分享，区域内对隐性知识的共享进一步强化了内部无形能力与无形资产的累积，因此企业倾向于在那些隐性知识丰富且共享程度高的区域投资。Allen（2000）则对此提出质疑，他认为紧密的社会接触与远距离的互动有助于知识突破组织、产业的边界而在不同区域的、不同部门的企业之间传播。

一项技能的成功运用取决于一系列个人可见而其他人不可见的规则。由于知识可分解为不同的知识元素，难以用语言系统地表述。此类知识的学习需要通过近距离的观察、模仿、纠正和复制等互动行为在人际间发生转移。隐性知识既有可能产生于个人的生产实践之中，也可能产生于群体在解决实际问题的过程中。因此，隐性知识的产生背景不仅具有高度的情境依赖性（context-specific）和因果模糊性（casual ambiguity），而且还具有一定的社会性。其社会性表现在两个方面：①隐性知识产生于集体机制之中，一部分隐性知识是在群体学习的过程中得以积累。②隐性知识产生的情境依赖性，造成知识的学习与转移需要个体间具有高度相似的技术背景、技术路径与社会背景、文化习惯、组织惯例等。所以，隐性知识的社会性源于知识创造的集体参与、知识理解吸收的共享规则、习惯等社会因素。

相对于显性知识而言，隐性知识在创新研究中引起了更多的关注。由于其通常内在于组织流程、惯例、规则以及个人头脑之中，其传播与转移过程更为复杂。隐性知识满足 Barney 的资源学说（Barney，1991）所强调的稀缺性、价值性、难以复制和模仿等特性，因而是组织提升和维持自身竞争能力重要知识资源。在创新研究中，隐性知识被视作创新活动最为重要的基础和资产。Maskell 和 Malmberg（1999）指出，组织要创造出独一无二的能力取决于隐性知识的产生与运用。

知识尤其是隐性知识的创造、分享与扩散对特定知识基础、制度条件和社会文化背景等非市场化因素的要求引起了研究者对如何有效地进行知识转移与扩散的研究兴趣，引起了对知识跨区域流动的不同观点与广泛的讨论。这些研究大致可以分为三类：①强调区域内的制度因素与文化背景；②关注人员之间与组织之间的社会交往关系导致的不同行为模式及其对知识流动的影响；③从对知识的理解吸收入手考虑知识本身的情境依赖性、模糊性、路径依赖性等特性对共同技术知识背景的要求。以此为基础观察知识在不同社会主体间流动所需的基本要素或影响因素，由此产生了大量有关地理接近性、社会接近性以及技术接近性对知识流动影响的探讨与实证研究。

三、超本地知识流动过程

在以上分析中，我们对知识创造过程中的知识转换机制进行了详细论述。依据知识创造过程，可以看出创新不同环节中只是在组织和个体层面上发生不断转换与扩散。Nonaka 所提出的企业知识创造螺旋是针对单个企业而言的，其模型本身并没有反映出组织外部的知识如何进入存在知识交流的两个组织的知识创造过程中。但他所提出的“Ba”的概念则给出了有关外部知识通过组织间的知识交流进入组织内部并参与到组织间知识创造循环中的理论上的解释。我们从这个基本过程出发，综合 Nonaka 的知识螺旋模型与“Ba”的理念，将其模型扩展为超本地情境下的企业间的知识扩散与知识创造过程，具体如图 2-2 所示。

图 2-2 中，集群企业与非本地合作伙伴的知识创造过程仍然由 Nonaka 所述的“社会化—外部化—组合化—内化”四个阶段构成，但两家企业并非完全依赖内部知识基础，它们通过组织与人员层面的知识交流将获取的外部知识引入到各自的知识体系中并以以完成知识创造过程。其中较为重要的两个阶段是在个人隐性知识通过“发起 Ba”群体中分享时，不同组织的人员可能会依托各种关系而参与其中，成为群体的隐性知识。当然，群体隐性知识并不意味着所有人会分享

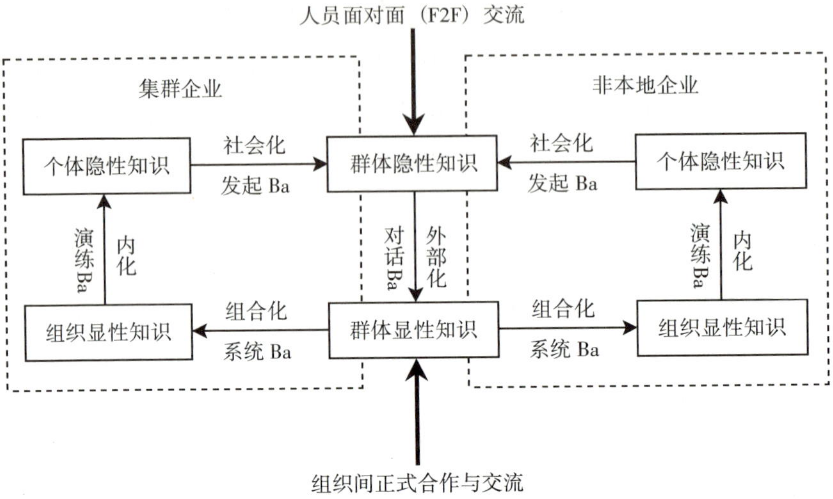

图 2–2　超本地知识创造与知识流动过程

到个人的隐性知识，而是那些有意识的获取者可以通过“发起 Ba”来得到其需要的知识。例如，Nonaka（1991）在研究中所举的松下电器的例子，松下电器的软件专家 Tanaka 向大阪国际饭店的面包师通过师傅教徒弟的方式学习到其独特的拉面团技术从而帮助企业开发出能够制作美味面包的机器，该技术作为不同组织成员的个人隐性知识经过 F2F 的交流方式跨越组织边界进行传播。进入到 Tanaka 的组织后，与组织内的其他成员的个人知识相结合进入组织内部的知识创造螺旋之中，进而产生新的知识。这一阶段中的组织间知识交流主要依托人员间社会关系而进行，是以人员为载体的隐性知识通过人际交流而扩散的过程（魏欣仪，2005）。

来自不同组织的个人知识在群体中的分享使得集群企业及其非本地合作者之间建立了隐性知识的流动渠道，获得这些隐性知识的个人会在各自的企业中与部门内外的其他人员交流，由此进入知识创造的下一个阶段，即隐性知识的显性化阶段。在这一重要阶段中，若集群企业和非本地合作伙伴建立了正式的合作关系，那么个人隐性知识同样会在集群企业和非本地合作伙伴两家企业的人员参与下的“对话 Ba”中通过群体的启发和持续探讨转化为显性知识后为不同组织所获取。在这一过程中，会产生两种情况：一是不同组织的人员共同参与了知识的显性化活动，知识在显性化尚未完成时已经开始了在集群企业与非本地合作伙伴之间人员的传播；二是知识已经完成显性化过程，来自其他组织的成员轻易地通过组织间正式合作扩散这部分知识，成为各自人员的显性知识构成部分并进入组织知识创造的组合化阶段。按照 Nonaka 的论述，与“发起 Ba”不同的是，“对话 Ba”中的成员交流大多数是在有意识的引导下通过持续地启发、思考与交换意见而得以完成。人员之间无意识的零星交谈尽管有时可以获得部分显性知识、隐性知识的溢出，但难以完成隐性知识的显性化。“对话 Ba”的这一特性造成该阶段的知识交流更有可能在正式的组织合作中得以完成。

因此，在集群企业与外部合作者的知识流动过程中，重要的两个阶段是在组织和个人层面的互动所创建的交流平台中完成的。图 2-2 只描绘了企业间知识流动过程，现实中的组织知识交流可能存在多个参与者，造成“发起 Ba”“对话 Ba”中的知识扩散渠道更为复杂。企业之间的知识交流路径经由与其他参与者的社会互动而与其他组织的知识路径相连接得以延长，从而构成错综复杂的知识交流网络。网络的形成扩展了单个节点的知识获取渠道，而整体的知识扩散路径分布特点在一定程度上决定了网络中的知识流动效率。网络分析的关键在于弄清组织或个人如何获取来自不同组织的个体和群体的显性知识与隐性知识，并通过群体的外化创造新的知识并扩散，即来自不同组织的个人分享隐性知识形成新的群体的隐性知识并进入各自组织的知识创造螺旋中，以及获取和认知不同组织的显性知识并与自身显性知识相结合形成新的知识作为知识创造螺旋下一阶段得以开展的基础。人与人之间直接接触形成的知识流动路径以及组织间正式合作形成的知识扩散渠道是组织获取知识创造不同阶段知识的正式和非正式、直接和间接、公开和非公开的渠道，这些渠道在整体层面上的分布特点直接影响了企业知识积累和新知识的产生。

相对于本地情境下的知识流动过程，集群企业在超本地创新互动中驱动构设各类“Ba”的条件不同，运行机制也存在着较大差异。在集群本地的互动中，“Ba”的出现具有天然优势，组织与个体层面的知识交互、从组织内部到组织外部（群体层面乃至集群整体层面）依托密切的分工合作关系和本地化的社会文化氛围与社会关系网络能够迅速在组织内外部形成（特别是成熟集群）。而超本地情境下，集群企业对外部环境的适应性、知识异质性与复杂程度都影响了构建和运行不同“Ba”的基本条件。因此，如何解释超本地情境下的知识交互与创新过程需要借助其他的理论加以分析。

第二节

多维接近性影响知识流动与创新合作的理论基础

一、多维接近性界定与概念维度划分

接近性（proximity，在国内研究中也翻译为邻近性）是经济地理和空间经济研究中极具发展潜力的重要研究领域。其理论渊源较为久远，在经济学具有空间距离特征后，经济主体的集聚性已经被视作经济活动重要的约束变量。早在劳恩哈特（Launhardt）的工业布局论和韦伯（Weber）的工业区位论中就提出了工业布局和产业集中这两个区域经济学中的基本问题，经艾萨德（Isard）、克鲁格曼（Krugman）等的完善和补充，地理距离作为重要的解释变量引入到主流经济学中，使得经济学分析不再是“没有空间维度的空中楼阁中”（Isard，1956）进行的。地理距离的引入开启了基于空间尺度的成本与集聚体关系研究的兴起，并由此促使接近性理论得以发轫于空间经济学、新经济地理学对集聚经济体的认识和探讨，并且在相当长的时间内几乎与地理接近性成为同义词。

目前，接近性研究在很大程度上已经摆脱了集中于地理空间的单维度特征，其应用领域得到了极大的拓展，成为了经济地理研究、创新研究和知识管理研究等方面的谈论热点。通过在 Elsevier 期刊库搜索主题词和关键词“proximity”和“innovation”，发现 2004 年 1 月~2015 年 1 月共计 15889 篇相关的论文发表，图 2-3 对检索期内论文数超过 100 的经济与管理类期刊进行了总结。

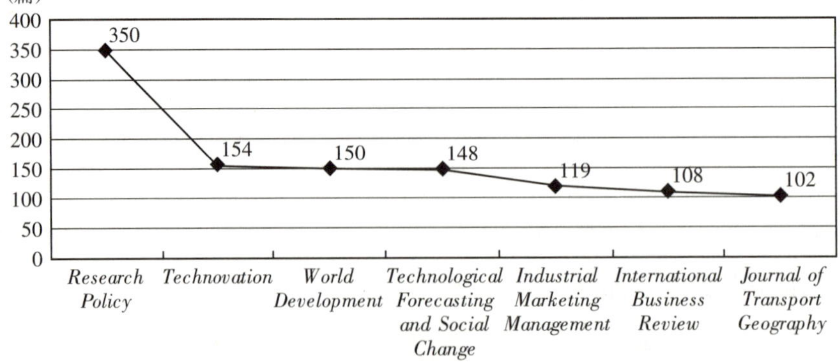

图 2-3 Elsevier 库中发表相关论文的主要期刊

图 2-3 中，*Research Policy* 上发表的相关文献最多，其中主题词中词频最高的是“创新”有 59 篇，然后是“知识”有 24 篇，表明接近性研究主要涉及的是有关创新管理和知识管理的研究。

与以往研究不同的是，近年来脱胎于新经济地理学和空间经济学的接近性理论融入了更多的学派，如新经济社会学的社会资本理论、制度经济学的制度与惯例理论、学习理论中的吸收能力理论以及组织理论等，极大地扩充和丰富了其理论内核，完成了从单一维度的理论向多维度综合的理论体系的研究转向。在法国多维接近性学派的推动下，接近性研究逐渐发展成为一个跨学科、多领域交叉的重要分析视角。特别是围绕着知识溢出本地化（Localized Knowledge Spillover，LKS）现象，传统上所强调的地理接近性对于知识溢出、技术合作的关键影响（Binz 等，2014），引起经济地理学、新经济社会学、制度经济学以及创新经济学等多个领域研究者的广泛讨论。伴随着集群迁移、解体、价值链的空间断裂和片段化以及生产分工体系在全球范围内出现分散的集中趋势等经济地理现象的出现，经济集聚地区的出现被认为是一种阶段性的产业现象而不是持续性的经济现象。由于地理接近性对现象观察的片面性，需要一个多维度的接近性视角来消除单一接近性视角的偏误（Mattes，2012）。在创新区域区位变迁、网络结构动态变化以及集群升级等多个领域形成讨论的热点。接近性研究框架得到了进一步扩充，分析焦点从“接近性有用”（proximity matters）转向“哪一类接近性有用”（which types of proximity matters）及其相互作用（Huber，2012），由此使得研究视角出现多维度接近性相结合的发展趋势。

综合起来，现有文献有关接近性的探讨依据其理论延伸的时序大致可以视作集中于前后承继的三个方面：①接近性类型（或维度）及其作用；②有关地理接近性影响的讨论；③不同接近性之间的相互作用关系。然而在现有研究体系下，接近性类型存在着较大争议，即使是同一种接近性，如组织接近性、社会接近性等，学术界对其含义也存在着不同理解。另外，理论研究朝多个方向混乱地延伸，相互借鉴较少，在关键问题上存在持久的争论。在相对零散的理论基础上要搭建相对成熟的理论框架为时尚早，成为接近性研究发展的主要阻碍因素。由于大规模实证数据收集较为困难以及现有研究方法的局限性，国内外文献的研究对象主要集中于某些具有地域集聚特点的产业区，特别是产业集群（Delgado 等，2014）。分散空间下的接近性研究与地理集聚地区的接近性研究未能在同一理论框架下形成统一，进一步催生了接近性与地理空间接近的概念混同。尽管随着社会网络分析方法的推广，一部分研究者也开始关注接近性在跨区域知识溢出中的作用（Agrawal，2008；Emanuela，2012），但整体上研究领域较为狭窄。

接近性指的是个体之间在特定方面的“邻近”或“相似”，包含两类：一是主观认知的接近如社会接近性与技术接近性，强调个体基于客观距离之上的主观感受，是一种感受到的“距离”接近（Torre 和 Rallet，2005）；二是客观真实的接近如地理接近性，而且特指实际空间距离上的邻近。Torre 和 Gilly（2000）以及李琳和韩宝龙（2011）指出，接近性是一个多维度（multiplicity）概念，地理接近只是其维度之一。荷兰学者 Boschma（2005）在广泛梳理相关文献的基础上，把接近性归结为 5 个维度，如表 2-1 所示。

表 2-1　接近性的主要维度

接近性维度	含义	主要理论来源	作用
地理接近性	企业间地理空间距离的邻近程度	经济地理学；区域经济学	降低知识扩散成本
技术接近性	企业之间技术/知识基础的相似程度	吸收能力理论，认知理论	提高吸收知识的能力
制度接近性	企业之间在规范个人或群体之间互动方面的规则（rules）、惯例（routines）、习惯等方面的相似性	制度经济学	协调组织合作，促进知识互动
组织接近性	关系在组织内和组织间被共享的程度	组织管理理论，广义上还包括认知理论和社会学理论	控制知识创造过程中的机会主义和不确定性
社会接近性	企业的社会嵌入程度	嵌入理论、社会资本理论等	建立信任，促进知识转移，扩大知识资源集合

资料来源：依据 Boschma（2005）的研究整理而得。

接近性维度的多样化是研究者观察个体间相似性的空间尺度多样化发展的结果，表明现有研究对于接近性的认识从以往简单地等同于平面空间的“点—线距离”转向依据基于交互和协调的“无形距离”加以识别。尽管不同接近性的内涵界定及其对知识流动的作用机理不同，但“交互”和“协调”是研究者界定接近性概念的主要出发点。

目前，除了 Boschma 总结的五个接近性维度外，其他学者也提出了诸多不同维度的接近性概念以及一些工具性界定，使得接近性称谓各异，难以有效地区分不同维度接近性，具体表现在以下几个方面：

首先，组织接近性概念缺乏精确描述。Mattes（2012）认为，组织接近性在狭义上可视为一种组织间的内部化程度。在广义上，Torre 和 Gilly（2000）从依附逻辑把组织接近性视作相同的关系空间，而依据相似逻辑将组织接近性看作具有相近的惯例、规则、习俗和法律规则等。在前一种界定中，组织接近性与社会接近性并没有本质区别，而从相似逻辑出发的界定则类似于制度接近性。目前大部分研究沿用了以上两种界定（李琳，2014；Nam，2015），在不同文献中出现了组织接近性与制度接近性、社会接近性的相互混淆。由于概念界定的差异，学者们在实证分析中所选取的指标各异，研究结论难以统一，阻碍了现有研究沿着同一接近性维度深入探讨。因此，在既有文献中，组织接近性并非独立于“社会”和“制度”之外的、新的空间维度，处于中间模糊地带，使其概念缺乏鲜明的特点和与其他维度接近性的区分度。

其次，社会接近性概念范围模糊。在狭义上，Coenen 等（2004）指出，社会接近性可理解为社会关系的密切程度，在广义上则可认为是基于社会关系及其相伴生的规制、习俗等社会环境等因素所形成的社会行为模式的相似性。在实际研究中，采用狭义上的社会接近性概念则低估了行为主体的社会行为模式的产生基础，违背了社会理论中关系及其衍生环境的不可分性。而采用广义上的社会接近性概念有可能与制度接近性和组织接近性相混同。大量研究所界定的组织接近性掺杂了社会关系因素，而制度接近性产生基础如规制和惯例等既是社会互动的结果，也是社会行为的结果，属于广义上社会接近性的范畴。Migu'elez 和 Moreno（2014）指出，现有研究并没有从根本上厘清组织接近性、制度接近性、文化接近性和社会接近性的概念范围。

最后，认知接近性与技术接近性的概念层级不明晰。认知接近性概念的提出可以避免以往研究有关知识属性显性或隐性的二分法所引致的观察对象的分离（Torre 和 Gilly，2000）。通过一个连续变量来描述个体知识吸收能力的相似性，有助于简化研究模型。Wuyts 等（2005）将认知接近性界定为个体主观认知的类同。这一概念在很大程度上模糊了认知接近性与技术接近性的差异。技术接近性主要描述知识交流双方的已有知识基础或先验知识对知识互动行为的影响，而认知接近性强调的是一种建构在知识相似性基础上的主观意识，包含了技术接近性和认知能力两个方面，混杂了接近性的客观性与主观性内涵。而实际上，共同的知识基础和吸收能力两个维度的接近性并没有占据同等重要的地位，Huber

(2012) 认为前者的重要性程度要高得多。因此，这两类接近性是否存在相互从属关系尚不明晰。

接近性概念界定的混乱与维度重叠在一定程度上也反映出接近性研究多维转向后的杂乱无序。为了尽可能抓住接近性研究的主要演进轨迹，本书主要从地理接近性、社会接近性和技术接近性三类相对而言界限较为明晰的接近性展开相关问题的探讨。

二、有关知识流动趋势的地理空间学派主要观点

接近性的作用从根本上体现为降低知识流动的阻碍和创新不确定性，而不是知识收益最大化。从这一点出发，可以避免囿于新古典经济学基本假设来观察接近性影响的局限性，可以融入多学科理论来加以认识。基于新古典假设的经济地理学理论认为外部性是发生集聚的重要引力因素（Ibrahim，2009），其中空间接近性（即地理接近性）及其创设出的社会接近性、技术接近性（Carrasco 和 Miller，2009；Dominicis 等，2013；Breschi 和 Lissoni，2001）是形成外部性并影响经济效果的重要因素（Kabo 等，2014）。这类假设下的理论认识是目前探讨集聚经济、空间经济相关问题的基石。其优点在于可以直接借用新古典经济学的模型进行理论与实证分析，然而研究者们也认识到，以新古典基本假设和模型作为研究基础具有较大的缺陷，即基本假设脱离现实，理论包容性较低。从现有研究趋势看，从经济地理学角度出发的相关研究已经出现了较多分歧（Torre 和 Rallet，2005），接近性研究角度的多维化趋势越来越得到理论界的广泛认同。随之而来的是多学科理论的交融，这是目前接近性研究不可回避的问题。基于不同学科理论，接近性与知识流动之间的关系存在着差异化的解读。

从新社会经济学的角度而言，接近性是一种心理感知，在知识互动过程中自发为破除流动障碍服务。知识流动依赖于知识主体间的关系作为渠道而得以发生。关系的强弱、关系渠道的稳定性与通达性则受到各种接近性所创设的条件的影响（李琳，2014）。而从现代演化经济学角度，接近性更不是知识主体用以获取最大化经济收益的工具，而是演化适应过程中的与其他个体进行匹配，适应于群体环境的推动因素。在这两类理论框架下，接近性对知识流动的影响并非以计算经济收益为前提，因而不一定集中于研究其在知识流动经济效果方面的作用，而要从多个角度加以审视，特别是有关接近性作用的时间与空间范围问题。

（一）知识流动的地理集中现象及其经济学解释

经济地理学家对知识地方化现象的讨论由来已久，其探讨的核心问题是作为知识载体的社会主体在一定地域内的集中能否促进区域内的知识流动并与区域外的社会主体在知识流动效率方面产生明显差异。许多学者将区域内更集中的知识流动归因于外部性。由于区域内的社会主体更容易发生知识溢出，知识在有限地理空间内的流动成本较低，区域内社会主体间基于市场、契约的组织或人员间正式合作产生的知识流动以及非正式形式的知识扩散较之区域外的社会主体更为频繁。外部性很大程度上依赖于主体间的直接接触，处于较为接近的地理空间内便利了社会交往的开展，由此导致外部性更容易产生在区域内的成员之间。因而知识的外部性导致知识流动的地理集中趋势（knowledge localization）。

新古典经济学家们早在 20 世纪 60 年代就产生了有关外部性的观点交锋，早期的新古典经济学家将知识作为弥漫在空气中的公共产品，认为知识流动是无须成本的。在以往的研究中，知识或技术作为内生变量被纳入到经济增长模型中。在阿罗和罗默的增长模型中，知识被认为是一种公共物品。它的边际效率是递增的，是推动经济增长的重要源泉。Malecki 和 Varaiya（1987）在柯布—道格拉斯（Cobb-Douglas）生产函数中引入代表集聚经济的变量 D^{α}，其中 D 代表城市集中或集聚对产出的影响，当 $\alpha>0$ 时意味着存在集聚经济。在他们的研究中，经济活动在空间上集中是技术知识地理累积并传播的主要因素。经济活动的地方化促进了区域内的技术交流，从而对生产率的提高产生正的效应。从这一分析思路出发，技术知识的转移拥有明显的本地累积特征。考虑地理距离越远的知识接收者要付出更多的成本以获取知识，知识转移传播距离所引起的经济成本引起了经济地理学研究者的关注。知识的空间分布，即地理距离作为重要的解释变量引入到增长模型中，较为著名的有 CH（Coe-Helpman）知识转移模型（Coe 和 Helpman，1995）和 LP（Lichtenberg-Pottelsberghe）模型（Lichtenberg 等，1996；Lichtenberg 等，1998）。在新古典经济的假定中，地区内企业的隐性知识（tacit knowledge）是不会转移的，只有可明示的知识才能发生扩散。创新性知识由于具有一定的累积性，其产生和扩散有可能会局限于一定的地理空间内。

Coe 和 Helpman（1995）提出 CH 模型用以测度 R&D 投入对生产率的影响，他们使用贸易流测度知识转移强度，模型假定进口商品和服务较多的国家可以获得相对多的由知识转移带来的收益。他们的研究发现，国内的 R&D 投入比国外的 R&D 投入对生产率的贡献更大，由此间接证明了知识转移在地理上的本地化（localization）特征。CH 模型以一个行业的 R&D 投入与另一个行业的生产率之间的关系作为知识转移的佐证，很快被其他学者用于测度国家间的知识转移并结合地理距离因素分析其对国家间知识转移的影响。Keller（2002）在其代表性研究中，利用 14 个 OECD（Organization for Economic Cooperation and Development）国家 1970~1995 年制造业的相关数据，估计了 G-5（法国、德国、日本、英国和美国）国家的 R&D 对其他 9 个 OECD 国家的生产率的影响。他测算了 G-5 国家间的地理距离，通过实证研究发现了知识转移收益随地理距离的延长而产生衰减的趋势。他的研究结果表明，国际间知识转移的收益衰减一半的距离约为 1200 千米。地理接近性（geographical proximity）为知识扩散提供了有利条件，具体表现在：空间内相关产业的邻近使得本地的劳动力市场储备了丰富的有经验的劳动者；企业可以低成本地获得生产经营的物质资源和生产要素；由于地理空间的邻接性所形成企业集群（cluster）中知识容易溢出，有助于新知识的创造并保持地方的竞争优势，进而使得不同区域的经济增长率存在差异（Porter，1998）。

知识扩散成本是造成知识流动地理集中的一个重要因素，然而从知识存在的形态看，作为组织知识的重要部分的隐性知识（tacit knowledge）通常内化于组织的规范、惯例（routines）（Nelson 和 Winter，1982）与生产流程之中，需要面对面的接触，经过“干中学”（learn by doing）的方式传播。而隐性知识又是知识创新活动不可或缺的重要影响因素（Gertler，2003），它是组织知识中不易被传播的重要组成部分。因此，创新活动、组织学习容易在一定的地区内形成集中。而由于历史偶然因素、历史事件、文化习俗、路径依赖等原因形成的稳固的组织群体，如产业集群、供应链联盟等进一步限制了隐性知识转移的组织边界与地理边界，强化了知识地理集中现象。

尽管经济的全球一体化使得区域间的知识交流日益频繁，但是一部分研究者提出经济全球化的发展并没有减弱知识地方化（knowledge localized），反而使得区域的专业化程度越来越高（Scott 和 Storper，2003；Morgan，2004），知识在一定地理空间内的集中趋势没有在经济全球化的浪潮中消退。知识的地理集中引致了不同区域创新能力的差异，原因在于同一地域内的企业和机构拥有复杂的社会经济关系，同时也不存在文化、语言、社会习俗差异等带来的知识交流障碍，有利于创设集体学习和创新的环境。经历长时间的技术知识积累与技术轨迹的发展深化，知识的地方化使得区域在特定技术领域的创新绩效高于其他区域。因此，地理空间上的接近性依然是重要的创新影响因素。

CH 模型是较为典型的研究知识转移的经济学模型，反映了从经济学视角研究距离因素的主要分析范式，即从知识转移的经济收益出发，使用宏观经济数据，研究层面主要集中于国家之间的知识转移情况。由于模型建立在一系列假设之上，变量多采用宏观数据加以测度，对技术转移衡量的精确性尚有待考察。经济学的理论虽然解释了有关知识转移的一般趋势，但在知识转移过程中社会行为方面，经济学的研究视角没有给出具体的描述。

（二）知识流动地理集中的机制：基于专利数据的研究述评

在知识流动微观机制的探讨方面，大部分研究集中于有关地理空间内知识转移效果的实证分析。通常使用的实证数据来自于问卷调查，由于样本收集和数据可靠性的限制，对地理距离的研究难以在较大的空间内展开（Ibrahim 等，2009）。而且人际间的交流方式太多，在测度上找不到较好的衡量指标。因而无论是经济学的研究视角还是现有管理学领域内的研究，对知识转移过程中地理距离因素的作用机制还存在着较多的模糊认识，并且缺乏较好的研究指标，而专利引用指标的提出则在一定程度上弥补了这些缺陷。

Jaffe（1993）在研究中首次提出将专利引用作为替代知识流的研究指标。他假定专利 A 引用了专利 B，表明专利 B 是专利 A 的知识基础，专利 A 的研发受到了包含在专利 B 中的知识的启发。因此，专利 A 对专利 B 的引用代表了知识从专利 B 流向专利 A。利用专利引用指标，他检验了知识流动的地方集中效应。具体的做法是从美国专利局的数据库筛选了不同时间段的两套样本：一是 1975 年的 950 项专利以及截至 1989 年底的 4750 条引用，二是 1980 年的 450 项专利以及截至 1989 年底的 5200 条引用。专利间的引用关系可以反映知识转移的方向和强度。使用这些专利引用数据，Jaffe 发现了知识转移的地理集中化趋势。当地理距离较远时，知识转移受到了明显的影响。在 2000 年的研究中，Jaffe 等使用 G-5 国家 1963~1993 年授权的专利及其引用数据，包括被引用专利（cited patent）150 万项，1977~1994 年的引用专利（citing patent）120 万项，500 万条引用与被引用关系，将专利作为知识的替代、专利引用作为知识流的替代。其用专利引用的可能性近似表示有用的知识流的可能性，而引用频率作为刻画引用可能性的指标，研究了美国、德国、英国、法国和日本等国家间的知识跨国流动情况，统计回归的结果再次证明了知识流动具有本地化集中的特征（Jaffe 等，2000）。Thompson 和 Fox-kean（2005）改进了 Jaffe 在 1993 年的研究方法，他们认为 Jaffe 研究中的控制样本的技术分类过于宽泛，即 3 位数的技术分类不能完全契合观察样本的技术领域。来自不同技术领域的专利可能本身就来自于不同的技术集中区域，由此会扩大与观察样本在地理集中性方面的差异，从而带来偏误。因此，他们在研究中采用了与 Jaffe 大致相同的样本，但在控制样本的选取上使用了更为细分的、7 位数的技术类别。其研究结果与 Jaffe 的稍有不同，知识转移的本地集中化特征没有那么明显，但这种趋势是存在的，从而在一定程度上佐证了 Jaffe 研究工作的可信性。由于数据获取和指标测算相对容易，专利引用数据展现出广泛的应用前景，Jaffe 的研究为以后的研究者分析地理接近性对知识流动的影响提供了一个有力的工具。

Maursth 和 Verspagen（2002）采用欧洲专利局（EPO）1979~1996 年的专利引用数据，以国家间的专利引用为被解释变量，地域间的地理距离和专利所属技术类别为解释变量，研究了欧洲区域内的知识流模式。他们发现，在地理空间上较为接近的国内或国家间的区域之间发生了更多的专利引用，地理距离对知识流动有着显著的副作用。Gomes-Casseres 等（2006）将运用专利数据的实证研究深入到企业层面，他们在 NBER（National Bureau of Economic Research）和 MERIT（Maastricht Economics Research Institute in Technology）开发的 CATI（Cooperative Agreements and Technology Indicators）数据库中选取了 1975~1999 年的 7000 个引用与被引用企业对（包括 3000 对左右非联盟企业对、3000 对左右联盟企业对，975 对自引企业）分析企业联盟的组织形式对知识流动的作用，发现企业间地理上的接近性可以明显地促进知识流动。

尽管 Jaffe 使用专利引用替代知识流的实证方法引起了多个领域研究者的兴趣，但该方法存在一定的局限性。专利引用主要反映企业之间显性知识的流动路径，而实证研究表明区域内编码化的显性知识能够很容易地为区域外的社会主体获取，区域内、区域外的企业在此类知识的获取方面没有明显差别（Ibrahim 等，2009）。因而，以 Jaffe 的方法研究知识流动的地理集中趋势有可能会对研究结论的有效性产生不利影响。

Ibrahim 等（2009）通过收集美国 USPTO 数据库中 2000~2003 年的远程通信设备（telecommunications equipment）专利，将专利强度与企业相结合来识别技术集群（clusters）。一共识别了248家通信设备企业形成了18个技术集群。以此为基础，他们使用调查问卷对165名发明人进行了实证调研。他们在研究中将集群中的知识分为4类：本地个人的隐性知识、未编码化的显性知识（un-codified explicit knowledge）、已编码的显性知识、本地群体知识（collective knowledge）。其中，群体知识是指难以探查来源，作为集群成员可以获得并从中受益的知识。研究发现，本地个人隐性知识对发明人影响较为显著，但这些知识并不是通过正式的会议交流和与同事的非正式讨论得以流动的。他们认为这说明曾经共事（ex-coworkers）所形成的人际关系可能在发明人离开集群后仍然保持并发生知识交流。另外，集群之中技术人员之间更容易获得处于初级阶段的显性知识（未编码化的显性知识），与知识原创者的直接接触有利于集群中的人员对知识的深入认识和了解。但是，集群本地与集群中的企业在本地群体知识的获取方面有显著区别，说明地理区域在集体知识的累积方面具有无可比拟的优势。除此以外，集群中的成员更有可能无意中获得知识（unintentional knowledge）。因而，他们认为处于一定的地理空间内有利于知识在不同主体间溢出。对于区域内的企业而言，由于隐性知识对创新活动有重要的影响，同时具备高度个人化以及对社会环境的依赖。对于企业而言，要保持自身的知识资源和创新能力，企业不仅需要培养、吸引和合理配置优秀的技术人员，而且由于技术能力较强的员工具有潜在的高流动性，所以企业还需要保留自有人才（Florida，2002）。而保留与吸收优秀人才在很大程度上取决于企业、城市以及区域的社会环境特点。从人员获取与流动的社会过程看，具有鲜明地方色彩的本地劳动市场对技术人员的跨区域流动具有阻滞作用，由此提升知识流动的地理集中倾向。

由此可见，尽管地理接近性在大量的研究中成为了一个重要的解释变量，它对知识流动的影响也被学者们利用不同来源的数据所证实，但地理接近性本身并不是一个令人满意的解释变量。Inoue等（2007）以日本专利库1994年1月至2003年12月的4998464项专利为数据来源以检验地理距离对企业间连接的作用。他们界定的企业间连接是基于专利申请人的共同合作关系。通过对企业连接的距离分析，频率峰值出现在10千米、130千米、250千米、400千米，由此地理距离不是企业之间创新合作的合理解释变量。他们认为，决定企业联系的不是地理距离，而是连接不同地域的时间，那些交通时间较短的城市之间的企业容易产生连接。地理上的远近对知识流动的影响主要反映在企业、人员以及资源的集中。Storper 与 Venables（2004）指出，企业和人员之间的面对面（Face to Face，F2F）交流是地理接近性影响知识交流的最根本途径。知识中最难以发生转移的隐性知识可以在具有相似性或有相同基础的社会主体间通过面对面的交流活动而发生转移（Gertler，2003）。因此，地理接近性对知识流动的促进作用主要从两个方面得以体现：一是更快和更低成本地为地理邻接的企业提供创新所需的知识（Breschi 和 Lissoni，2001）；二是提供了企业之间面对面的交流渠道，地方化的劳动力市场在一定程度上限制了技术人员的流动区间。具有地方特色的社会环境有助于复杂知识、隐性知识的传播并将知识限定在了具有特定文化、社会习俗以及组织惯例、规则的特定区域内。

三、基于社会网络理论的社会接近性作用基础

随着通信技术的发展以及跨国企业在世界各地经济触角的不断渗透，区域间的知识流动日益频繁。跨国公司在东道国的分公司、子公司沟通了不同经济地理区域，跨区域的技术合作与人员跨区域的流动打破了地理空间的知识封闭性。跨国企业在不同区域的分支机构，尤其是合作研发中心使得以人员为载体的国际间知识流动得以在固定的组织框架内以及稳定组织制度下常态化。在空间地理学者看来，支持知识流动地理集中性的几个主要支柱包括：知识外部性、劳动力市场的本地化、隐性知识产生与学习的情境依赖性所产生的传播区间的局限性均受到经济全球化、通信网络化等现实经济与技术发展的冲击。在通信手段发达、交通便利的现代社会，地理邻近性所引致的企业和人员间的紧密接触可以克服空间的障碍在不同的区域间发生，地理接近性作为知识流动的解释变量，其是否有足够的解释力目前仍然是研究者争论的焦点。一部分研究者们开始寻求从知识转移的重要途径——人际交流方面出发来观察知识拥有者和接受者之间的社会接近性对知识转移的影响。

（一）社会网络理论的基本观点

社会网络理论是研究组织间知识流动的重要理论基础，其基本思想内涵源于 Granovetter 对社会个体行为的经济学研究中低度社会化（undersocialized）和社会学研究中过度社会化（oversocialized）的批判（Granovetter，1978）。经济学研究中通常假定研究对象是相互独立、依照经济利益最大化而行事的行为个体，行为人被视为不相干的个体，他们的经济活动以自身的利益最大化为目标。而一部分

社会学家在研究中则过于强调社会连接对人的约束作用，将个人视为屈从于群体共有的规范体系的社会个体。由此，Granovetter 提出人的行为是镶嵌在真实的、正在运行的社会关系系统之下。社会关系对人的行为产生影响的关键是人与人之间的信任。信任根植于人际关系网络并随时间以及人际交往的情感积累而逐渐形成重要的具有约束力的社会机制，即人际关系派生出的义务和对声誉的追求形成人与人在交往时的善意或者真实信任，可以替代制度因素对防止欺诈和约束社会主体的行为。

有关信任在社会网络中关键作用的深入理解主要源于 Williamson 和 Granovetter 两位经济学大师的争论，他们的透彻认识是目前的大部分相关研究进行理论分析的起点及主要依据。Williamson 以交易成本为基础，在研究市场与科层组织在交易行为的效率时，从环境不确定性、交易频率和资产专用性三个维度探讨了决定经济活动的组织结构形态的内在机制（Granovetter，1975；Granovetter，1992）。他认为当环境不确定性、交易频率和资产专有性均较低时，市场是有效的协调经济活动的组织结构，反之当上述三个因素处于较高水平时，科层组织可以有效地安排交易活动，而三个因素处于中间水平时，中间层级的网络组织是有效的组织形态。Williamson 在阐述环境不确定性时，将人的机会主义和有限理性归结为造成交易成本产生的重要因素，这些因素引起交易的不确定性，需要通过订立详细、明确的契约或采用科层组织的严密规章制度加以控制或避免。Granovetter 则对此提出质疑，他认为 Williamson 过多地强调市场和科层组织中的法律、规则等制度的刚性约束力，在对经济活动的参与者之间关系的认识上产生了低度社会化（undersocialized）的错误（Granovetter，1985），即 Williamson 沿用了新古典经济学的假定，认为经济主体之间是独立互不相关的，各自按照经济最大化原则行事。Granovetter 认为，经济主体间的所有交易行为是镶嵌在社会网络中的，人与人之间的经济行为是相互影响的，能够产生信任的社会连接有助于降低交易成本（Granovetter，1985，1992）。他所指的信任是由人际关系带来的“真实信任”（real trust）（罗家德和叶勇助，2007），这种信任产生于人与人之间的互动过程中的相互了解以及对声誉的追求和维护。

Granovetter 与 Williamson 争论的焦点之一在于信任是否是降低交易成本的有效手段或者信任是契约或制度，Williamson 在强调完善严格的制度是约束人的机会行为和降低避免交易风险的有效手段时，也不否认信任的作用。但他所认为的信任是计算信任（calculative trust），即信任是一种防止对方欺诈行为的质押品，这样的信任不是来自于人的情感，而更多地体现了人对利益得失的算计。Granovetter 所说的信任则是产生于长期互动所形成的基于广泛认同、互惠和包含感情因素在内的一种善意，此类善意在交易活动中不需要制度约束就可以发挥作用。正是由于社会主体之间真实信任的存在，社会连接所沟通的经济主体在相互的交换活动中，其行为不仅受到制度的刚性约束，还需要遵守社会群体共同伦理规范、习惯习俗和处事原则。市场与科层组织的行为协调机制在他看来均没有脱离社会关系网络中存在嵌入性。尽管科层组织内的人际关系网络可能比市场中公司之间的网络要密集，但在两种形态的组织中，人的行为是嵌入到其社会关系网络中的。社会连接的原因多种多样，组织内外的个体所处的社会关系网络通常基于不同的关系内容在连接上相互重叠，由此在个人和组织间构成错综复杂的社会连接。社会关系的普遍性使得无论组织形态存在多大的差异，社会网络中的一些基本原则总能突破组织的界限发挥其影响力。因此，社会连接形成的关系网络及关系网络的结构是观察社会主体间互动行为的不可忽略的因素。Granovetter 对社会连接及其产生的信任的界定和阐述是理解企业或组织网络中各种经济行为及社会主体互动特点的关键钥匙，深刻理解了 Granovetter 思想体系的这一重要基石，就不难理解目前网络视角在多个学科领域的兴起并看到其在解释组织间经济活动中的巨大潜力。Granovetter 和 Williamson 之间的争论尽管源于经济学领域内一些核心问题，但其理论意义已经远远超出了经济学的范畴，涉及了社会学、组织理论、创新理论等一系列学科的研究议题。Granovetter 对社会连接的重视以及构建新的研究范式的努力有力地促进了社会学研究领域的丰富成果与经济学、管理学的现有体系相结合。当 Granovetter 的论点从组织形态与个人行为之间关系的争论拓展到更多领域内的研究议题时，社会网络理论较强的解释力与潜在广泛应用前景得到了充分的体现。本书所研究问题的基本理论出发点也源于此，既然信任源于人际间的社会连接，那么了解网络中社会主体间的知识流动行为，以社会连接作为分析的出发点是合理的。

社会网络理论从社会个体之间的关系网络出发来认识知识流动的途径，认为个体间的关系强度决定了经由相互连接而流动的知识的数量和质量。在社会学研究中，人与人之间的关系强度（tie strength）主要由四个方面的特征来界定，即时间（the amount of times）、情感强度（the emotional indensity）、相互信任（mutual confidence）和互惠（reciprocal services）（Granovetter，1973）。社会网络中的个体往往通过相互之间的紧密关系以获取资源和积累社会资本（Coleman，1988；Walker，1997；Tsai 和 Ghoshal，1998），因而在社会网络中的强关系（strong ties）个体会倾向于将关系复制下去，形成相互连接的封闭网络。关系资源成为了如 Bourdieu 和 Wacquant（1992）所言的"社会资本"，即个人或组织通过拥有基于熟识或相互认同关系的持久网络中所增加的有形和无形资源的总和。由此，知识会在社会资本较多的企业间流动并且出于维持和复制现有关系模式的目的，强关系的企业之间的知识流动会更为持久。

Granovetter（1973）指出，在社会网络中，自我中心网（ego network）中拥有强关系（strong ties）的个体倾向于将相似的人连接在一起，共享相似或冗余的资源，尽管占有较多的网络连接，可以创造局部的集中区域，但却会造成网络整体的分裂（fragmentation）。而作为网络"边缘"的节点却有可能拥有较多的"弱连接"（weak ties），这些弱连接起到了"桥"（bridge）的作用，将不同的区域联系起来，个体通过这些"桥"融入到整个群体中。更重要的是，经由强关系会传递大量重复冗余的信息，而弱连接由于沟通了不同的群体，能够带来新颖的、非冗余的信息（Granovetter，1983），有利于避免在网络中的过度嵌入所带来的锁定（Granovetter，1985）。Burt 进一步发展了 Granovetter 的弱关系理论，提出了"结构洞"（structure holes）的概念，即非重复关系人之间的断裂或不连接（disconti-nuities）。在社会网络中，某些个体与一部分成员有连接，而与其他成员无连接，如同在网络中出现了洞穴（Burt，1992）。结构洞将不同的群体分割开来，群体间的连接由处于中间位置的"中间人"（broker）完成。他沟通了不同群体，同时将不同群体的非冗余信息在群体间传播（Burt，2005，2007）。结构洞理论的提出主要是基于"如何将信息资源更有效率地搭在网络中传播"的关注。与弱关系不同的是，Burt 强调结构洞存在于凝聚力冗余和结构对等冗余之外的关系人之间，即关系人不存在由于强关系带来的重复连接和由结构对等带来的重复关系（罗纳德·伯特，2008）。正是由于位于结构洞的个体与其他个体不存在冗余连接，因此，处于结构洞位置的个体通过沟通不同的群体，可以拥有高度的信息利益和控制优势。

强关系与弱关系以及结构洞的探讨起初围绕着求职、个人在网络中的权力地位等社会学问题展开，随后由于其广泛的适用性以及社会资本概念的提出，大量研究以关系强度理论为基础关注企业之间的知识流动。强关系成员之间往往具有长期的合作关系，相互较为信任，而且在相互的交流中通常会投入较多的精力，因而更有可能共享相互间的知识。Hansen（1999）认为，强关系所带来的信任使得不同部门人员的复杂知识，尤其是隐性知识得以扩散，而弱关系则会促进简单知识或显性知识的转移。Yli-Renko（2001）指出，企业从合作伙伴处获得的知识数量取决于社会资本的三个方面：企业间社会关系的层次、企业间基于互惠和相互信任的关系质量、由节点连接带来的网络连接的层面。因而，通过提高社会互动的频次、范围和深入程度可以带来更多的外部知识。Reagans 和 McEvily（2003）则认为，隐性知识并不一定只在强关系群体成员内部流动，当处于结构洞位置的个体一方面沟通了不同群体，另一方面又与某一群体的成员具有强关系时，隐性知识可以跨越结构洞而在不同群体间扩散。Levin 和 Cross（2004）通过问卷调查，发现知识接收双方基于能力的信任（competence-based trust）与基于互惠的信任（benevolence-based trust）是关系强度与知识转移之间的中介变量。其中，在隐性知识的流动过程中，接收双方基于能力的信任（competence-based trust）具有关键的作用，而基于互惠的信任（benevolence-based trust）对于显性知识和隐性知识的流动均有促进作用。无论知识接收双方的信任程度较高还是较低，弱连接相对于强连接均可以带来更有用的知识。Cho 等（2005）研究了不同强度的社会关系对网络扩张的影响。他们发现强关系的个体倾向于保留现有网络结构，从而维持其从现有网络结构中所获得的既有利益，因而一个预先存在的社会网络同时也会成为知识转移的限制因素，其固有的关系模式限制了对现有网络的改变。强关系会导致网络成员锁定（locking）在既有的社会关系中。

从社会关系角度出发观察企业间知识流动的研究利用了社会网络分析中的有关人际关系与资源流动的研究成果，从更为微观的企业以及个人层面分析知识流动过程中源于知识接收双方的交往密切程度和知识本身特性的影响。强调企业之间的社会交往和相互信任程度以及企业在沟通网络中的位置，不同程度的关系强度适用于不同类型知识的流动。结合知识本身的特性，大部分研究赞同强关系对于隐性知识的流动更有效，弱关系能够为企业带来异质性知识，有利于企业的知识积累与创新。基于关系的研究视角将企业作为其所在社会网络的一部分，而不是将企业作为独立的个体。因而，企业在网络的嵌入（embedness）程度在基于关系的企业间知识流动研究中占有重要地位。

（二）社会接近性的测算及指标体系的演进

社会网络理论为基于社会接近性的分析提供了坚实的理论基础。社会网络理论强调了人际关系的亲疏程度对知识传播速度和广度的影响，因而目前基于社会接近性角度的研究都认同知识传播过程中的行为主体间的社会关系远近是影响知识流动的重要因素。但目前尚并没有统一清晰的、有关社会接近性具体含义的界定，大部分研究基于具体研究问题从不同方面加以理解，其指标选取各不相同。这些指标在反映人际关系的接近性方面的效度存在着差异，因而表现出不同的优点和局限性。

在一些较为粗略的界定中，Hussler（2004）在实证研究中用文化距离来表征不同国家间的社会关系的紧密程度，MacGarvie（2005）采用语种（language）区分不同地域社会接近性的差异。Agrawal（2008）用种族背景来近似描述社会接近性差异。他们界定社会接近性的视角是较为广义上的社会文化背景，采用的实证指标可以在一定程度上反映知识流动过程中不同行为主体的社会关系，但多为间接关系。其一般假设是文化背景相似的社会主体之间关系会较为紧密，社会接近程度较高；反之社会交流较少，则社会接近程度较低。由于他们在研究中缺乏对这些潜在假设足够清晰的说明，而且社会接近性在回归分析中并不是主要的解释变量，因而这些指标作为社会接近性的近似替代在效度上没有保障。除此以外，他们使用的研究变量多为虚拟变量，只有 0 或 1 两种取值。在实证分析中，这样的研究指标取值较为粗糙，不能精确地刻画各个行为主体间的社会接近性程度的差异。

为了更为准确地描述个体间的社会接近性，一些研究者寻求从具体的合作关系入手来选取实证指标。Balconi 等（2004）采用专利数据中的共同发明人信息（co-invention），即发明人之间共同参与一项专利发明活动的经历来描述发明人之间的社会关系，作为社会接近性的测度基础。他们认为，以专利数据为基础来观察社会接近性有较好的适用性，原因在于许多发明创新是团队合作的结果，因而在专利文献列出的共同发明人（co-inventor）是有着较密切知识交流关系的社会主体。他们假定存在共同研发经历的发明人之间存在着紧密的社会联系，相互之间可以交换创新有关的知识。基于该假设，发明人之间的社会关系就可以通过专利数据中所包含的共同发明（co-invent）信息来刻画，Balconi 等在研究中提出的从具体的社会关系来刻画社会接近性的实证分析指标是较为实用的，但他们没有给出有关测算社会接近性的具体计算方法。

同样以专利发明人之间的合作或曾经的合作研发的经历作为测度社会接近性的基础，Singh（2005）提出在回归分析中用社会网络研究中的测地线距离（geodesic distance）表示社会关系的接近程度。如果两个发明人有过合作研发的经历，则二者之间的社会距离为1；若两个发明人没有直接的合作经历，但他们有一个共同的合作者，那么将二者之间的社会距离界定为2，以此类推。他还在研究中构建了表征社会关系的邻接矩阵（adjacency matrix），专利发明人之间有过合作经历的在矩阵中社会距离取值为1，其他取0。如此，邻接矩阵每一行取值之和表示该行所对应的网络节点的出度（out-degree，即该节点指向其他节点的连接次数），每一列取值之和表示该列所对应节点的入度（in-degree，即其他节点指向该节点的连接次数）。Singh所提出的、描述社会接近性的指标计算方法为构建较为清晰的知识交流主体间的社会关系网络给出了更为精确的测度方法。

在进一步的研究中，Warburg（2005）提出了多步专利引用（multi-stage patent citations）计算方法。他将专利间的连接方式分为四种：直接连接、间接连接、引证配对（bibliographical coupling）和共引，具体给出了基于每一种不同连接方式所产生的社会距离的计算公式。例如，测算两项专利基于直接连接的距离时，一项专利若同时引用了数项专利，则这项专利和其引用的每一项专利的接近程度要除以引用专利的数量（1/n）。相比于Singh的计算方法，Warburg更全面地观察了知识交流主体间的多种交流方式。但是，他以专利引用关系作为测度社会关系的基础。实际上，专利引用在反映知识交流主体间社会关系方面存在明显的局限性。在现有研究中，社会接近性测算指标的选择仍然是一个需要深入探讨的问题。

（三）社会接近性对知识流动的影响及其与地理接近性的关系

在大部分实证研究中，社会主体间的知识交流受到相互间社会关系的正向支持作用。存在较为密切的社会关系的个体间更容易相互交流知识，而且只要相互间的社会关系得以维持，那么这些社会主体会在较长的时间内保持知识交流关系。

Agrawal（2006）的实证研究对此提供了证据，他在美国USPTO（United States Patent and Trade Office）数据库中选取了授权给北美地区国家的55664项专利和专利引用数据，这些数据以授权年份被分为1975年、1982年和1990年三组“发明人—专利—专利”引用观测值，共992362个。在分析中他将发明人与其参与的发明联系起来（inventor-patent pair）作为分析的样本单位，用专利引用（patent citation）作为知识流的替代，研究专利发明人所在地和原有所在地（离开后）的专利引用情况。Agrawal 发现，一项专利的引用多来自于专利发明人所在地，其次来自于发明人原先所在地的专利引用。这说明科研人员基于合作经历建立的社会资本在促进知识转移过程中具有重要作用。他还发现即使是在合作者彼此分开后仍然保持着社会关系并成为传播相互间知识的有用渠道。因此，同处一地所培养起来的社会关系对跨技术领域和跨地域的知识转移特别重要。Soreson 等（2006）以 1990 年 5 月和 6 月在美国注册的 17264 项专利数据为样本验证了社会接近性对知识转移的重要作用。他们结合知识本身的特性特别指出，具有中等复杂程度的知识特别依赖于社会距离较接近的专利发明人之间的交流而得以扩散。Sternitzke 等（2007）从 WPINDEX 和 DPCI 中各自选取了一套专利引用数据样本，使用 UCINET 软件建立了以光电子技术领域主要专利的发明人及申请人为网络节点的社会关系网络。通过对图中节点中心度等指标的测算，证实了与知识源社会距离的接近有利于获取创新所需的知识。

在讨论接近性因素对知识流动的影响的研究中，地理接近性和社会接近性之间的关系也是讨论的热点。综合目前的主要研究，学者们采用不同的指标和样本数据所得出的结论存在着较为明显的差异，其基本观点可大致分为两类：一是认为两种接近性的关系是互补的，在知识流动过程中一类接近性可以作为另一类接近性的补充而起作用。二是认为两种接近性的作用是相对独立的，相关程度低，相互影响较小。

前一种关系在一些学者的实证研究中给出了证据。Breschi 和 Lissoni（2004）收集欧洲专利局数据库中意大利发明人申请专利的信息，根据专利中共同发明人的数据，建立了 EPO-INV 数据库。该数据库记录了意大利籍专利发明人在欧洲专利局（European Patent Office，EPO）1978~1999 年申请的专利及专利引用数据，由共同发明关系代表发明人之间的社会关系。以该数据库提供的丰富数据来源，他们分析了社会接近性与地理接近性之间的关系。研究结果表明，发明人之间的社会接近性很大时，地理接近性很难解释专利引用的模式。相反，社会接近性提高了地理接近性的作用，特别是当发明人之间的社会接近性程度较高时，在其他条件相同的情况下，有着社会连接的专利组（patent pairs）相互引用的概率 3 倍于引用没有社会关系专利的可能性，地理上接近使得专利组相互引用的概率会提高 3.6 倍。尽管地理接近性在许多研究中作为重要的中介变量，但它并不是引致知识流动的必要条件，社会网络的身份认同有助于克服由于地理空间上距离较远所带来的知识流动障碍。Breschi 和 Lissoni 还发现，发明人之间存在社会交往同时地理上分离的专利间发生引用的可能性 30 倍于没有社会交往同时地理上分离的专利之间引用的可能性，而发明人之间没有社会交往同时处于同一地理区域的专利间引用的可能性是发明人不存在社会交往且地理上相隔较远的专利间引用可能性的 9 倍。Singh（2005）也得出了大致相同的研究结论，他采用美国 USPTO 的专利引用数据，发现社会接近性和地理接近性在一定程度上是具有相关性的。社会关系较为接近与地理空间上的接近有内在关联，社会接近性有助于降低地理上相隔较远所产生的对知识转移的不利影响。Breschi 和 Lissoni 在 2009 年的研究也证实了这一结论。他们采用欧洲专利局（European Patent Office，EPO）1978~2002 年授权给美国申请人的属于有机化学、医药、生物技术等技术领域的专利数据，组成了由 3700 项施引专利—被引专利组（citing-cited patent pairs）构成的研究样本，并将之与从相同技术领域中随机选择了相同数量，但没有发明人合作关系的专利构成控制样本作比较，以检验发明人之间的合作关系对知识流动的本地集中的影响及其产生机制。与 Singh 相似，他们在研究中将发明人合作关系作为社会距离的近似替代，有共同发明经历的社会距离为 1，通过间接关系的为 2，以此类推。在实证分析中首先构建了发明人的社会关系矩阵，测算出所有 63188 位发明人之间的社会距离，并由此代表专利间的社会距离。他们将基于不同发明人关系的专利分为三组：①施引专利（citing patent）与被引专利（cited patent）有共同发明人，则称为基于发明人流动的专利（mobility patent）；②施引专利（citing patent）与被引专利（cited patent）的发明人有合作关系，则将两项专利称为基于发明人合作的专利（co-invention patent）；③施引专利（citing patent）与被引专利（cited patent）的发明人没有合作关系，则为无连接的专利（non-connected patent）。以施引专利与被引专利同处一个地域的概率为因变量，以发明人不同类型社会关系产生的专利间社会距离为自变量，他们的回归结果表明，发明人离职在不同企业间流动是解释知识流动的主要因素，而在合作发明网络中较近的社会关系是较为次要但显著的影响因素。随着社会距离的增加，专利引用发生在同一地域内的两项专利之间的概率迅速下降。因此，他们的主要研究结论是发明人离职使得不同企业的研究团队得以连接，而发明人主要在本地流动，因此造成了知识流动也主要集中于一定的区域内，发明人流动的本地趋势是引致知识流动地方化的主因。这一研究结论与 Zucker（1998）、Florida（2002）、Mowery（2004）的结论基本一致，他们也认为本地劳动力市场使得人员流动限制到一定区域内，由此产生知识流动的地理集中现象。应该说，Breschi 和 Lissoni（2009）的研究提供了有关地理接近性与社会接近性关系的直接证据，即地理接近性对知识流动的作用是通过本地人员间的社会关系网络起作用的。

以上实证研究尽管检验理论假设的样本数据和使用的实证指标不同，但都认为地理接近性与社会接近性之间存在着互补关系。其中，地理接近性发挥的影响部分来自于“纯粹的”距离因素，但也可以通过引致社会接近性而影响知识转移（见图 2-4）。一部分学者倾向于将社会接近性作为直接的影响因素，而地理接近性所产生的影响在一定程度上则需要通过社会接近性这一变量解释。

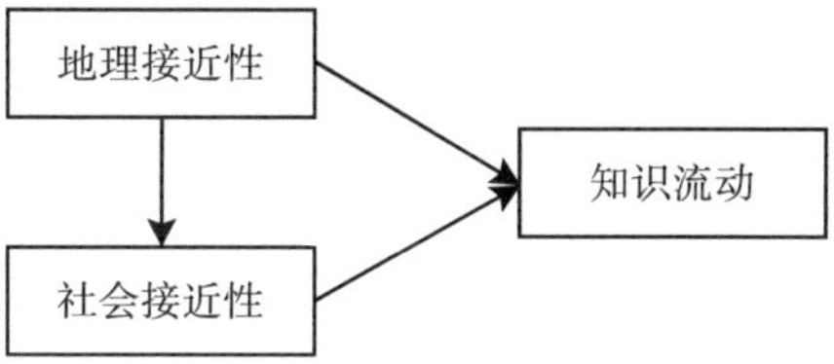

图 2-4　地理接近性与社会接近性的互补模型

与认为两种接近性存在互补关系的观点不同的是，认为两种接近性相互替代的观点更倾向于将地理接近性和社会接近性作为两个独立的解释变量进行分析。Hussler（2004）以 1979~1996 年的欧洲专利局数据为样本，研究了欧洲国家间的知识转移模式。他发现地理接近性与社会接近性的相关性不显著，地理上相邻的国家间存在着较多的知识交流，造成这一现象的原因更可能是其他的因素如技术接近而非个人间的社会关系的接近。Agrawal 等（2008）采用一个虚拟变量种族区分社会接近性程度，同时以存在引用关系的专利发明人所处地域是否相同作为区分地理接近性的虚拟变量，以观察社会接近性和地理接近性之间的交互作用。他们的样本数据由 USPTO 2001~2003 年获得授权的、19612 项印裔专利发明人的专利及其专利引用信息。他们发现，当专利发明人居住地相同且属于同一种族时，“专利引用”是真实引用的可能性显著增加。当专利发明人居住地相同而属于不同种族时，他们之间知识流动的可能性增加了 24%。而属于同一种族的发明人，当居住地也相同时发生引用的可能性却只增加了 2%。这说明地理空间上的接近与社会关系的接近都会促进知识流动，但二者是可以相互替代的。居住于同一个地区对于社会关系接近的发明人而言不会显著地影响知识流动的可能性，而社会关系疏远的发明人若居住于较为接近性的地区则可以更多地发生知识转移。由此可见，地理接近性和社会接近性可以作为两个独立的解释变量，它们可以直接对知识流动产生影响，而每个变量不能经过对方产生间接影响。如图 2-5 所示。

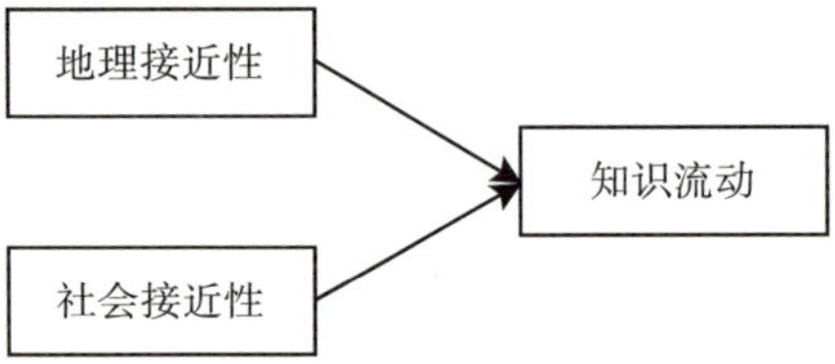

图 2-5　地理接近性与社会接近性的替代模型

有关社会接近性和地理接近性之间的关系方面，目前仍有着不同的看法。从实证研究的方法看，可能的原因有两个：一是各自选取的表征社会接近性的指标不同，因而在效度上存在着差异。二是使用的数据库有所不同。一般而言，EPO 的专利引用更多地反映了发明人的"真实"引用，而 USPTO 的专利引用中则包含了更多的法律强制性引用和专利审查人添加的引用（Breschi 和 Lissoni，2009）。

以上研究主要观察了知识流动的主体间的社会互动过程，知识从知识源流动到初始的知识接收者，再通过初始的知识接收者流动到更多的社会主体。在此过程中，知识的流动方式依据渠道的不同既可能以就近感染的方式扩散，也可能出现跳跃式的长距离（主要是地理空间上的距离）传播。对于接近性因素的研究立足于社会主体间的交流过程，有关地理接近性和社会接近性的探讨存在着共同的基础。

第一，有关地理接近性的分析从空间距离的角度出发，探讨知识拥有者的地区分布对知识流动的影响。而社会接近性的观察角度着眼于知识流动的具体渠道，即社会主体间存在的多样化的知识交流方式以及社会主体间的关系强度。两种接近性所关注的知识载体的相关信息均可以从专利引用数据中得到充分反映。

第二，地理上的接近降低了知识流动的难度。地理接近性对知识转移的作用表现为通过集聚来缩短知识流动的距离，降低了交流成本并有利于丰富知识流动渠道。知识在流动过程中的损耗和扭曲可以通过建立多样化的知识获取路径在一定程度上得到弥补，从而降低知识在流动过程中有可能会发生的偏差，地理距离的负面影响也是基于同样的路径而发挥作用。但是，即使在地理相隔较远时，利用现有的通信手段在很大的程度上可以缓解地理距离的阻碍作用，因而将地理接近性单独作为一个解释变量难以深入地揭示知识流动的内在机制。社会接近性则可以直接反映社会主体间的知识交流程度，从情感、疏密程度和信任等因素探讨知识流动发生的原因、条件、可能性和程度等。相对于地理接近性对自然因素的强调，社会接近性则考虑了更多的、有关知识拥有者本身的特性以及知识交流的社会性本质。因此，在研究中结合两种接近性就可以弄清楚各自发挥作用的机制以及相互之间的内在关联。

综上所述，两类接近性是通过改变知识交流主体间的交流方式和交流强度而对知识流动产生影响的。在知识从知识拥有者转移到知识接收者的过程中，接近性因素在知识转移过程中通过产生更多的噪声或降低噪声来影响知识在不同主体间转移的效果。以专利引用作为知识流的替代变量可以量化分析人际间的知识流动，且可以为测度地理接近性和社会接近性对知识流动过程的影响程度提供展开实证研究的基础。因而，只要保证了专利引用对知识流动的替代效度，地理接近性和社会接近性对知识流动的作用过程就可以比较清晰地揭示出来。如图 2-6 所示。

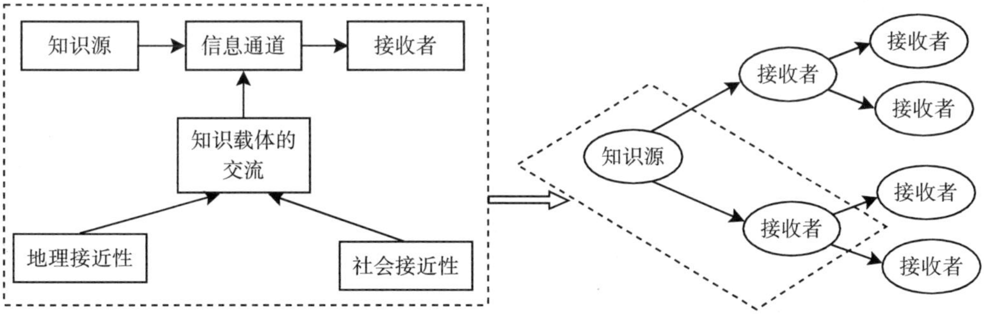

图 2-6　基于专利引用的研究分析接近性影响的研究模式

四、技术接近性效应的理论分析基础

（一）技术接近性对知识流动的影响

地理接近性与社会接近性均是从知识交流主体间的关系入手展开研究。从知识本身的特性看，知识尤其是隐性知识在复杂性、可复制性等方面存在较大差异，知识特性同样对其在不同主体间的交流产生影响。一般而言，知识在有着相近技术知识背景、共享同样的技术语言、有着相似的惯例和规则以及有过成功的合作经历的社会主体之间更容易传播。按照 Nonaka 的知识创造四阶段划分，隐性知识在人员间的共享只是知识创造的一部分，共享本身并不带来新的创新能力。还需要对知识进行吸收、内化，即将获取的外部隐性知识通过企业内部人员的互动以及与现有规则、惯例、流程的结合显性化并在新的研究开发与生产实践中最终内化为企业人员的新的隐性知识。

Cohen 和 Levinthal（1990）提出了吸收能力的概念，即企业基于原有相关的知识基础而产生的评价、吸收和应用新知识的能力。知识是一个累积的过程，原有的知识体系是新知识的吸收理解的基础，它决定了企业的学习绩效（learning performance）。当新知识与组织现有已掌握的知识具有内在关联并且拥有这些知识的个人在组织内能够充分有效地沟通时，组织对新知识的学习绩效才是最高的。他们所说的吸收能力体现在对新知识评价（value）、吸收（assimilate）和应用（apply）的整个过程中，获取这种能力的前提条件是企业的内部研究开发活动，即企业首先需要具备相应的知识基础和必要技能，才能够更为敏锐地发现新知识的价值、更快地吸收利用并从运用中获益。吸收能力的获取也是累积性的，通过在长期的生产实践中探索总结得以形成，具有高度的专业化（domain-specific）和路径依赖特征（path-dependent）。

外部知识在进入组织内部时，有可能与组织和个人现有知识体系相契合，但由于其新颖性，也会不可避免地与现有知识体系产生一些冲突。找准契合点并解决冲突的关键在于对外部知识的准确理解，在充分认识新知识的基础上将其整合到组织现有知识体系中以创造新的技术知识。这一过程中，Grant（1996）认为组织现有的相近知识和先前的经验有助于组织成员产生和运用可理解的共同语言来表达及解释新知识，从而实现知识的整合。Grant 的论断在一些实证研究中得到证实。Escribano 等（2009）收集了一个由 2265 家西班牙企业组成的样本进行实证研究，他们发现企业已有的知识基础在无意识的知识流动（involuntary knowledge flows）对创新绩效产生影响的过程中具有正向的调节作用。他们的研究特别指出，在技术快速变化（turbulent knowledge environments）以及知识产权保护较强的环境中（strong IPR protection），企业外部的知识流（knowledge flows）数量较多且质量较高，此时吸收能力对新知识的吸收和应用以及最后对组织创新产生积极影响方面的促进作用更为明显。简兆权等（2008）以我国 128 家高科技企业为研究样本，实证检验了吸收能力对知识整合以及组织创新绩效的影响。他们的研究结果支持了 Grant 的观点，即吸收能力对知识整合具有显著的正向作用，而知识整合则显著地影响了组织的创新绩效。邓颖翔和朱桂龙（2009）采用珠三角企业数据研究了吸收能力与企业创新绩效的关系，他们发现吸收能力对内部创新资源与企业创新绩效之间具有中介作用，吸收能力是企业吸收外部知识资源并转化为自身创新成果的重要影响因素。

大量实证研究的结果证实了技术接近性对新知识的理解、吸收和运用具有正向的影响。因此，从吸收能力的角度考虑，知识资源更有可能最先由技术领域接近并具有长期相关的技术实践活动经验的人员或组织发现而得以有效利用，由此可能产生技术知识更倾向于流向技术领域较为接近的社会主体的趋势。这也符合组织认知的特点，即组织或个人在创新活动过程中，更倾向于选择那些熟知的技术领域内的“新知识”，因为这些知识更容易理解和把握。技术接近性对知识流动造成的影响既有主观意愿造成的选择倾向性的作用，也有来自于对技术知识价值的敏感性等客观因素的影响。

技术接近性对知识流动的作用不仅表现在组织或个人层面，在国家和区域层面上同样表现出相似的趋势。Hu 和 Jaffe（2003）采用美国 NBER 数据库 1963~1999 年韩国、中国台湾和日本在美国申请的专利数据研究了南北国家之间的知识扩散模式问题。他们将专利引用作为知识流的替代，发现韩国更倾向于知识结构较为接近的日本获得知识，中国台湾则无差异地同时从美国和日本获取技术知识。他们的研究结论为国家间的技术相似程度与知识流动之间的相关关系提供了实际证据。Hussler（2004）对欧洲国家间技术知识流动模式的实证研究进一步证实了 Hu 和 Jaffe 的发现。他采用 1979~1996 年的 EPO 专利数据将欧洲国家间的技术距离作为自变量之一，知识流动为因变量，该变量由专利引用刻画。他发现欧洲国家之间的知识溢出随着技术距离的增大而显著地减少，说明技术接近性有助于增加国家之间的知识流动。Hu（2009）基于美国 USPTO 数据库 1963~2004 年授权给东亚国家和地区（中国、韩国、中国台湾、中国香港、马来西亚、泰国和新加坡）的专利及其引用数据，分析了东亚国家间以及与美国、日本和 G-5 国家（法国、德国、英国、意大利、加拿大）的知识流动。通过测算国家间的技术相似性，发现东亚国家与美国、日本的技术相似性最高，其中，韩国与日本的技术相似程度最高，其次为美国，最后是 G-5 国家。对于东亚国家之间的技术相似性程度，以韩国为参照，中国台湾和新加坡与之最为接近；以中国台湾为参照，新加坡与之最接近；中国、中国香港与美国最接近，其次是日本、G-5 国家、韩国。他们研究发现东亚国家之间的技术相似性有助于相互间的知识溢出，在 40 年的时间内，东亚国家之间的知识在区域内流动趋势增强。从相对引用可能性（引用概率与相对专利数的比值）看，韩国与新加坡对中国台湾专利的引用强度高于美国专利；中国台湾对韩国专利的引用强度高于美国和日本的专利；中国与马来西亚对韩国、中国台湾的专利引用强度高于美国、日本。在电子与计算机相关的技术领域，中国更多地引用了韩国和中国台湾的专利，而非美国和日本专利。可能的原因在于：①中国的整体技术水平较低，更容易吸收韩国与中国台湾的技术知识。而美国、日本的技术更为先进，在吸收方面具有一定难度。②韩国与中国台湾最近十几年来已经成为世界级的创新者，拥有大量的专利技术，相关产业发达，技术力量雄厚。同时与中国的语言、文化、历史等方面的差异较小。因此，Hu（2009）的研究证实了技术相似性与知识流动可能性之间存在相关关系。

（二）技术接近性与地理接近性、社会接近性的关系

尽管技术接近性在组织吸收外部知识方面的正向作用在知识管理研究领域中得到越来越多实证结果的支持，但几乎所有的研究者都没有忽略外部环境因素的影响。在这些研究中，技术接近性既直接对知识流动产生影响，也会对地理接近性与社会接近性对知识流动的影响产生调节作用，从而具有间接影响。

Allen（2000）在研究隐性知识的转移过程时指出，比共同的社会文化环境或处于共同地理区域更为重要的因素是知识交流双方自身知识体系的接近性，相似的技术背景有助于对隐性知识的认知、外化和吸收内化。Cowan 和 Jonard（2003）通过仿真研究了不同网络结构下吸收能力的作用，他发现，小世界网络在系统中个体对知识的吸收能力较低时对知识增长有最大的效应，当所有个体的知识吸收能力很强时，随机网络的结构是最优的。他们还发现，技术接近性与社会接近性具有内在联系，技术趋同的个体之间同时具有较强的社会关系不利于创新活动的长期开展。对于一定的创新网络而言，最具有战略意义的是沟通不同技术群落的捷径（shortcuts）而不仅仅是个体间较短的连接路径。Peri（2005）通过分析 1975~1996 年欧洲和北美 147 个地区之间的 150 万项专利以及 50 万项专利引用数据，实证检验了地理距离、技术接近性对区域间知识流动的影响。其研究

结果表明，地理距离对知识溢出具有阻碍作用，而技术差异较为明显的地区更容易在长期内发生知识流动，技术的差异在长期内的影响更为显著。技术先进地区会传播到落后地区，而且传播的地理距离会随时间而延长。Peri在研究中尽管将地理和技术方面的接近性作为变量放入到了回归方程，但他考虑的是地理距离、技术差异两个自变量分别对因变量的影响，没有深入探讨自变量之间的相互影响。

三种接近性的内在关系，尤其是技术接近性对其他两种接近性发挥作用的影响在一些学者的研究中被引入回归模型中加以探讨。Hussler（2004）在探讨欧洲国家间知识流动模式时，对地理接近性、社会接近性和技术接近性之间的相互关系进行了分析。他的实证结果表明，欧洲国家间地理接近性与社会接近性之间的关系并不显著，即地理上较近的两个国家间若存在较多的知识交流，那么其原因更可能是技术领域上的接近而非相互间的社会关系。技术接近性可以调节地理接近性对知识流动的影响。Ronde和Hussler（2005）在另一篇文章中对地理区域内基于社会接近性、技术接近性与地理接近性的效应及相互关系做了较为完整的研究。他们利用专利作为创新产出的替代变量，对法国制造业进行了实证分析。发现对于区域创新体系而言，建立并维护外部连接比发展自身能力更重要。在一定区域内，产业的多元化有助于区域创新能力的提升，而区域间的同行业企业间的关系网络对创新绩效的提高同样有着重要的意义。区域内特定产业的企业创新水平取决于企业之间合作网络化的程度，而不是企业自身的能力。相同区域内技术接近的企业与不同区域的技术同行都有助于区域内相应行业创新能力的提升，但总体上，同一区域、不同行业的企业对区域创新绩效的影响高于不同区域、同一行业的企业的影响。Ronde和Hussler还发现，在区域内部，不同行业的企业比同行业企业对企业的创新水平的影响更大，因而强调区域高度专业化会对创新能力的提升产生消极影响。他们的研究结果区分了社会接近性、地理接近性与技术接近性对企业创新的不同作用，肯定了技术接近性对于创新尽管有正向的促进作用，但也隐含了产生技术同质化进而将区域发展固定于特定技术路径的风险。

由此可见，技术接近性与地理接近性、社会接近性是具有内在的紧密联系的，技术接近性对其他两种接近性起到了重要的调节作用。在实证研究中将三个变量单独进入方程，而不考虑相互间的影响容易忽略对知识流动有重要影响的因素，从而难以完整、全面地认识三种接近性对知识流动的作用机制。

第三节

接近性研究的多维度转向：理论分歧与协调

一、基于地理接近性的主要研究观点影响及其理论缺陷

一直以来，地理接近性对知识流动影响是接近性研究的焦点，相关研究成果十分丰富。大量研究认为地理邻近的个体在知识外部性（Coe 和 Helpman，1995；Lichtenberg 和 Pottelsberghe，1998）和本地化劳动力市场（Fleming 和 Marx，2006）的作用下降低了扩散成本，通过相对频繁的面对面交流推动缄默知识的转移（Storper 和 Venables，2004）并获取更高的合作收益（Kabo 等，2014）。由此，知识流动具有显著的地理集中趋势（Jaffe 和 Trajtenberg，1993；Thompson 和 Fox-Kean，2005；Ibrahim 等，2009；Alnuaimi 等，2012）。

地理接近性还催生了一些本地独特的便利因素，如社会风俗、语言、亲缘血缘关系等。这些因素使得知识交流的个体之间容易培育信任，加重背德行为的社会成本，从而有助于互动关系的维持，促进个体间展开知识合作（Balland，2012）。同时，在积累循环因果作用和路径依赖的影响下，特定区域内会随之形成稳定的技术轨迹，由此也会进一步诱发技术资源的地方集中，使得知识交流更为频繁和地方化。由此，地理接近性对知识流动的影响可以归结为降低扩散成本、抑制不确定性和合作风险以及减少知识网络治理成本。

随着研究的深入，大量学者对地理接近性的作用提出质疑：

其一，信息通信技术（Information Communication Technology，ICT）的普及与跨区域合作的空前活跃对传统地理接近性学派提出了严峻挑战。Torre 和 Rallet（2005）研究认为，地理接近性本身不能为组织的合法性（legitimacy）提供直接支持，也不能解决和协调区域中出现的组织间冲突和紧张（tensions）。Moodysson（2008）基于瑞典生命科学地区医药谷（Medicon Valley）从事生物技术器械的企业与研发团队数据，发现本地在研发合作中很少见，大部分互动知识创造的出现是自发的、无规律的，并嵌入于全球化的固定专业知识社区（globally configured professional knowledge communities），只有具备相应资格的人才能获取。通过进一

步深入访谈，他发现奇怪的现象是尽管大部分技术人员在一栋大楼或很近的地方办公，彼此间接触频繁，但并没有出现有效的知识转移，而知识互动恰恰发生于遥远距离的不同国家的技术人员之间。他总结到地理接近并不天然形成友谊，因而也不是促成知识转移的必然基础。跨区域合作中地理距离的阻碍作用有时并不明显（Bercovitz 和 Feldman，2011；Buenstorf 和 Schacht，2013），因此知识的地理集中可能是结果而不是动因。

其二，人员流动与频繁差旅所形成的“临时地理接近”（temporary geographical proximity）在一定程度上可以替代永久地理接近（permanent geographical proximity）的作用（Rallet 和 Torre，2009；李琳和梁瑞，2011）。临时地理接近借助现代通信技术可以使得处于不同地理空间内的个体进行频繁、反复地沟通，而且这种沟通成本随着信息通信技术的提升而大幅下降，沟通效果则显著上升，从而弱化了个体间知识交换对地理空间距离的依赖，推动知识溢出在经济地理的多个圈层之间展开，而并不局限在特定地理范围内（Migu′elez 和 Moreno，2014）。部分学者甚至提出了地理已死（Cairncross，2001）的激进观点。

从表面上看，研究者质疑的焦点集中于地理接近性对知识流动的影响程度和作用机制。但从更深的层面看，既有研究的争议归根结底来自于对以往基于单一空间尺度与静态分析的研究传统的否定。一般而言，接近性在多大范围内对知识交流产生影响与个体所在知识网络的边界紧密相关。然而知识网络的边界并不等同于实际的物理空间，会随着知识交互驱动因素的变化发生伸缩转变，表现为本地集中或跨地区的复杂空间尺度特征。网络边界扩张或伸缩不仅取决于个体之间的地理邻近关系，还受到社会关系的紧密性、技术空间的结构相似性等因素的影响。以往研究从单一地理接近性视角出发，忽略了其他因素的作用，具有明显的局限性。与此同时，既有研究漠视现实网络的衍生与动态演化过程，将关注焦点局限于特定地理区域，而不能随着知识网络的扩张弹性地对待接近性作用边界。除此以外，现有研究将网络固定在特定地理空间中，忽视了知识网络在多维空间延伸的事实，无法消弭目前有关地理接近性作用的争论。总之，由于传统地理接近性视角存在单一性和静态性缺陷，亟须在后续研究中进一步加以完善。

二、多维接近性视角对地理接近性作用分歧的协调

针对传统地理接近性的研究局限，研究者们开始将不同维度的接近性纳入到

研究视野中，期望在统一的多维接近性视角下来解决现有研究的冲突。

从国内外研究的发展趋势看，地理接近性越来越多地作为一种客观环境因素存在（Carrincazeaux 等，2008；Petrou 和 Daskalopoulou，2009），其影响所涵盖的地理范围会在其他接近性影响下发生动态变化，即接近性之间存在着相互作用，是一个存在紧密内在关系的作用系统（Massard 和 Mehier，2009）。基于多维接近性视角，知识交流行为的地理分布特征是不同接近性交互作用下的演变结果。而发生分布范围变化的原因主要是不同接近性因素作用能力的相对变化以及在外部因素作用下引致的不同接近性交互作用效果的改变。不同接近性通过各自迥然不同而又相互影响的作用机制影响个体间的知识交换。通过整合多维接近性视角可以从摆脱了地理空间局限的情况下总结一般规律，为相关研究模型走向动态化、系统化提供了可能。

然而，接近性之间的关系十分复杂，在研究中常常观测到的是多种接近性共同作用下的“总和效应”，而难以区分单一维度接近性的“独立作用”。由此，厘清接近性之间的相互作用机制就成为了十分重要的研究内容。

三、多维接近性分析基础：基于过程的知识流动成本分析

接近性的多维转向在冲击原有研究传统、拓展研究视野的同时，由于理论来源不同以及实证结果的差异，其研究发展路径较为杂乱。现有研究从不同接近性角度出发来观察知识流动机制，均有所侧重，也各有不足。基于地理接近性的研究注重知识外部性，却不能解释信息化下的跨区域知识交互机制；立足于社会接近性尽管强调的知识交互活动中的个体社会因素（Jonghoon 等，2011；Huber，2013；Yan 等，2013），但将知识流动的依附力量固化在社会关系上，忽视了其他渠道；从技术接近性出发的研究则关注知识的理解和吸收（Escribano，2009；Chinho，2012），然而对跨行业知识交流、知识来源多样化与异质性知识整合解释力不够。

尽管不同接近性的研究立足点存在差异，但追根溯源仍然可以看到其共同基础，即开展知识互动所必要的“空间”紧密性，或者从可度量的角度而言，也可以理解为对知识流动成本的降低。具体作用过程如图 2-7 所示。

不同接近性均能有效地控制知识流动的成本。地理接近性通过提供较小的互动空间，有助于缩短知识传递的环节，降低由于时间、空间距离带来的传递成

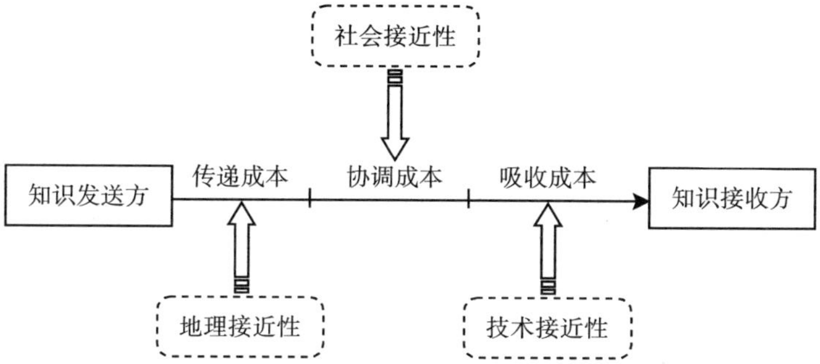

图 2-7　多维接近性对知识流动成本的影响

本。社会接近性通过非正式约束形成行为规则，有利于特定行为方式重复进行。在强化信任的基础上，降低协调双方行为的成本以及有可能引致冲突后果的成本。技术接近性有利于将隐性知识最大限度地以可理解的方式表达和传递，减少了知识黏滞性和来自接收双方主观认知不一致所产生的传递成本，有利于解决知识多样性与互补性现实冲突，从而降低互动双方的认知成本。因此，现有研究对不同接近性与知识流动关系的认识上具有共同的立足点，即知识转移成本。在实证分析中采用的人才流动、运输成本、面对面交流频次、关系强度、信任、技术相似性、多样性等变量均可被视作描述多维接近性作用机理的浅层次上的解释变量，通过归结在知识流动成本这一接近性的主要作用目标上将之统一起来。多维接近性研究完全可以在识别共同分析基础的前提下搭建统一的理论框架。

四、不同接近性对个体间知识流动的相互作用

将多维接近性统一起来对于深入探讨接近性的相互作用具有重要的意义。大量文献认为，不同接近性存在着相互作用（Albino 等，2007；Broekel 和 Boschma，2012），这是目前接近性研究力图突破的难点。综合既有文献，主要观点大致如图 2-8 所示。

具体而言：首先，地理接近性会强化社会接近性在本地知识获取或溢出过程中的正向作用。研究认为，个体在邻近空间内获得近距离交流机会相对较多，有利于相互熟识，更容易结成相对牢固的非正式社会关系。社会互动的频率还会受到内嵌于地理环境中的设施、机遇等因素的影响（Sharmeen 等，2014）。这种社会关系的接近受到了地理邻近的强化（Carrasco 和 Miller，2009；Dominicis 等，2013），会形成具有地域特色的文化、惯例和习俗，并在路径依赖下产生区域网

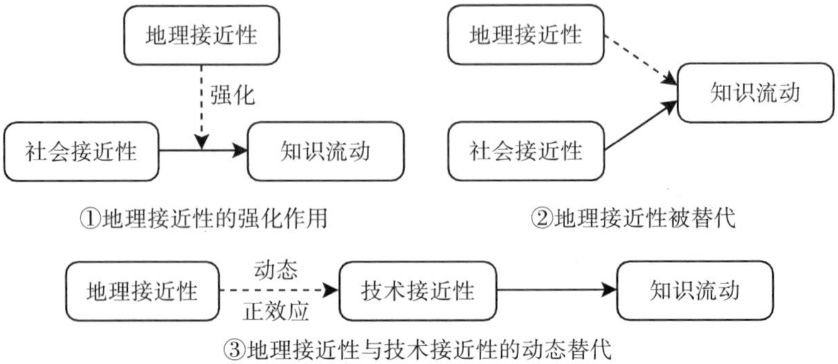

图 2-8 多维接近性相互作用的主要观点

络效应（Martin，2010），因此在一定程度上赋予了社会关系的不可复制性。具有本地特性的社会接近性对于知识溢出和知识获取的影响更强。上述观点基本上延续了新经济地理学的主流理论，在现有文献中占据主导地位。

其次，社会接近性对其他接近性效应的强化。基于社会接近性视角的研究立足于个体间的社会互动来观察知识交流行为，认为个体间的关系强度和相互信任程度能显著地影响企业之间的知识交互。个体因社会空间的邻近能形成更为稳固而持续的社会关系（Agrawal 等，2006；Sorenson 等，2006），而知识的流动渠道则衍生并内嵌于关系网络中（Sternitzke 等，2007；Ceci 和 Iubatti，2012）。社会接近性与技术接近性的效应（倒“U”形关系）相叠加时，会产生不同的综合效应。同时，社会接近性还可以在一定程度上弥补地理接近性缺失对知识流动带来的不利影响，从而对空间分散网络中的知识互动行为产生关键作用（Nam 等，2014）。持有上述观点的研究者不局限于观察具有明显边界特征的特定地域（territory），而是通过综合个体互动的自然、社会与技术等多环境因素，将个体知识互动行为回归到其社会属性上加以讨论。随着社会网络分析方法的广泛使用，这一部分研究近年来在国外主流期刊上越来越多见。

最后，地理接近性与技术接近性存在动态替代性。Wuyts 等（2005）认为，当知识主体的技术接近性程度较低时，地理接近性通过促进技术接近性的产生与积累从而提升个体间知识交流的效率。但当技术接近性程度达到一定程度后，技术接近性与临时地理接近的组合就会替代物理空间上的接近。一部分研究者认为，技术接近性在某种程度上被视作地理接近性的派生物（Breschi 和 Lissoni，2001）或解析地理接近性作用的深层次因素。即使是在地理接近并且同处于同样的社会背景中时，企业的技术接近性差异也会导致不同的创新绩效（Gebreeyesus 和 Mohnen，2013）。地理接近性对技术接近性还可能具有一定的替代作用，即技术多样性程度越高，地理距离越近，知识交流越有效（Huber，2012）。因此，这类观点尽管强调地理接近性的作用，但也认为通过地理接近性可以直接解释个体之间的知识互动行为。技术接近性与地理接近性之间存在着复杂的内在关系。

以上三类观点沿着不同逻辑路径试图将不同接近性整合进一个多维度分析框架中，虽然研究视角与分析对象差异明显，甚至略显杂乱，但可以看出地理接近性在大部分研究中仍然是关注的焦点，而其他类型接近性的作用也得到了重视。既有研究开始区分地理邻近引起的知识互动与不完全依赖于地理空间的社会互动对知识流动所产生影响之间的区别。同时，接近性对不同空间范围内知识流动的效应也有所不同。现有研究越来越倾向于从分析“哪一类接近性起主导作用”转向探讨“多种接近性的综合效应及其作用机理”（Broekel 和 Boschma，2012），试图阐明不同接近性在多维接近性框架体系中的位置、作用以及作用效果的动态演化规律（李琳和韩宝龙，2011）。

但目前有些核心问题仍未能得到解决，如接近性相互作用的基本条件、作用效果所依赖的环境与影响因素以及不同接近性的独立效应形成综合效应的基本过程等。大部分实证研究表现出高度的环境依赖性。不同学者的观点相互冲突，缺乏有关规律性、一般性的研究成果。

第四节 基于多维接近性分析框架的重要研究方向

多维接近性视角突破了传统基于单一维度接近性的研究局限，不仅保留经济地理学和空间经济学的基本理论架构与研究范式，还融入了来自社会网络、创新管理、组织管理、制度经济学等多个学科的最新理论成果，并可以结合整体网络分析工具，在网络、群体和二元个体等多个层面展开研究，拥有极强的适应性和广阔的应用前景。

一、多维接近性框架下 LKS 理论重构

知识主体之间在创新过程中需要取得接近性和异质性的微妙平衡（Mattes，2012），以推动双方的知识得以有效整合。知识溢出的本地化（localized knowledge spillover，LKS）现象通常被认为是地理接近性影响下知识同化的结果，同质化到一定程度上甚至会出现“技术锁定”现象。但是，从多维接近性视角来看，上述结论可能只是片面的观察结果。个体对于外部知识的搜寻、解码、传递和吸收主要建立在拥有相近的技术知识和一定的亲密及信任程度基础上。前者有助于减少认知上的障碍，后者有利于减少知识流动过程中的风险和阻碍。这两类接近性无论对于地理上相邻或者相隔较远的知识主体而言都具有不可或缺的重要意义。那么问题在于地理接近性究竟是造成技术接近、社会接近的原因，还是个体间由于技术接近和社会接近并在特定区域发生知识交换且通过累积效应形成的结果。对这一因果作用链的解析需要重新思考解释 LKS 的既有理论。

具体而言，在特定地理区间上，应重点观察地理接近性与其他接近性之间的共生或衍生关系。而在跨区域研究中，不应该简单地把地理接近性排斥在理论模型外，有必要探索长距离知识传递过程中地理距离与其他接近性因素交织在一起所产生的综合效应，并判断接近性内部作用的动态效果。通过动态视角建构多维度接近性模型可以更加客观准确地认识现代通信条件下，LKS 与跨区域知识转移的两类现象同时出现的原因，并识别知识转移空间转换的基本条件。由此将知识转移空间作为一个连续谱（continuum）对待，解决“地理已死”和“地理决定论”两种观点的分歧。

二、多维接近性与知识网络分析：关系视角与结构视角的动态整合

关系与结构是社会网络理论的两个重要视角。关系视角主要解释二元互动过程中个体间的关系属性特征对双方知识交流活动的影响，而结构视角则通过个体所处网络的密度、连通度和集聚程度等结构特征分析知识可得性与流动效率等问题。知识网络中任何能够有效转移知识的个体间连接关系都必须依赖于某种特定的共同基础来达成知识互动，进而通过特定行为规则（基于不同侧重点的偏好连接）在网络整体层面上形成或改变结构特性，关系和结构之间存在着微妙的内在联系。但是现有研究在探讨结构因素的作用时，通常将知识互动的效果归结为位

置、结构优势与资源分布特点，忽略了引致结构性因素形成的动因（Balland，2012），未能充分认识结构和关系之间的联动机理。

多维接近性理论为连接微观层面的关系理论和群体层面的结构理论提供了新的分析视角和研究工具。首先，接近性理论本身建构于对二元互动过程的观察，但并不脱离对互动环境因素的观察，是一种将互动环境与互动行为相结合的理论，其理论架构适用于从个体到群体的跨层面研究；其次，不同接近性为解释连接偏好提供了理论基础，从而为分析关系与结构之间的内在关系提供了多样化的分析视角；最后，接近性研究的实证分析工具能够处理关系数据，进行相关分析和回归检验，在结合 UCINET、CITESPACE 等整体网络分析工具的基础上，深入揭示网络多层面互动规律。

多维接近性理论可以将网络分析的关系与结构视角结合起来，从而推动相关研究从"关系/结构—绩效"的分析模式转换到"关系—接近性—结构—绩效"的分析路径上，并使得研究层面从结构本身进一步深入到引致网络结构动态演变的内生因素及其行为模式层次，由此加深对网络中知识流动机制的认识。

三、多维接近性与知识网络空间迁移：对网络动态变化机制的解析

随着全球分工协作格局的变动与国家间产业转移的加快，知识流动网络的空间迁移越来越常见。网络迁移通常由网络解体与网络重构两个前后衔接的部分构成。在信息化和全球化的推动下，本地网络与全球网络紧密契合，催生出整体上空间分散而又关系密集的独特网络形态。然而，面对"分散集中"的知识网络的独特现象，现有研究对其驱动因素、网络迁移模式以及网络结构变化规律等问题仍然认识不足，难以把握新经济背景下本地知识网络外向型发展的基本规律。

基于多维接近性视角，知识网络空间分布变迁与不同接近性作用变化有关。个体选择集聚在特定地域并非偶然的过程，其中社会接近性和技术接近性具有关键的作用。当社会接近性或技术接近性不能有效地引致交易成本降低时，需要借助地理接近性，在多种接近性综合作用下形成明显的技术知识集聚区域。而当社会接近性或技术接近性可以显著地降低知识交流过程中交易成本时，地理接近性的作用会随之降低。直到地理接近性对交易成本的降低程度已经无足轻重时，个体会在其他接近性的作用下继续开展知识互动，但此时个体的地理区间分布会相对比较分散，出现跨区域知识网络。因此，多维接近性为解决知识网络的空间重

构与延伸规律提供了更为适宜的理论分析视角。在未来的研究中，有必要深入揭示不同接近性共同作用下的知识网络结构演化机制，为产业集群升级、跨区域协同发展等实践活动提供有效的政策支持。

综上所述，知识互动在多维接近性的作用下呈现出复杂的作用结果与演化机理。既有研究从单一的地理接近性视角走向了多维接近性相结合的综合视角，不仅顺应了网络化创新模式的发展要求，也为弥合知识网络的关系视角和结构视角提供了理论基础。总体上，国内外相关研究仍然停留在起步阶段，没有在统一的理论框架形成方面取得实质性的进展，还有大量的理论问题需要进一步深入探讨。同时，由于关系数据的自相关性、接近性指标选取的精确性有限以及网络边界模糊多方面原因，实证研究面临着诸多困难。国内外的现有经验研究结论差异明显，尚缺乏有价值的重要研究成果。因此，多维接近性研究无论在理论还是实证方面还存在大量问题有待于进一步深入讨论和证实。

第五节 多维接近性研究中的社会网络分析方法

一、社会网络分析基本范式与特点

传统的统计研究强调研究样本的随机性并要求样本之间相互独立，从而保证结论的一般性。但这种实证研究通常脱离了社会个体存在的环境，而单纯以不具有相互关系的独立个体对待会损失很多有用的信息，由此受到许多社会学家的诟病。从社会学角度看，人是存在于一定社会背景下的社会人，个人行为受到人际关系网络的影响。人的社会关系以及由此引起的互动模式是社会网络分析的基本出发点和主要内容，它具有四个特征：结构性思想、系统的关系数据、图形、数学和计算模型（Freeman，2008）。

社会网络分析（Social Network Analysis，SNA）是以社会网络理论为基础，综合数学、统计学、物理学、计算机科学等多学科的分析工具，以社会网络中节点连接（ties）为基本研究对象，关注社会成员的关系模式、社会网络结构、网络形成与动态演化等社会现象的分析方法体系。社会网络分析的理论基础发轫于

20世纪30年代，成熟于60~70年代，其中最为重要的思想主要有Granovetter的弱连接理论（Granovetter，1973）、Burt的结构空洞理论（Burt，1992，1987）以及以Lin Nan为代表的社会资本理论（Lin，1982，2001）。社会网络分析的研究工具则起源于图论和社会计量学。经历了70多年的发展，多学科、多领域的理论观点与分析工具被融合进SNA的研究方法中，促成了SNA的理论基础和研究工具的逐渐成熟和完善，并最终形成一套完整的、独具特色的研究方法体系，在越来越多的研究领域内被广泛应用。目前，社会网络分析在国外知识管理研究领域内的应用尚不足20年，已经产生了大量基于SNA的实证研究（Newman，2003；Borgatti和Foster，2003；罗家德，2005），一系列重要文献发表于国际权威期刊上并引起广泛的关注。近年来，我国学者也开始重视社会网络分析，一些专著形式的研究成果（刘军，2004，2009）将社会网络分析的整套研究方法系统地引入。同时，我国研究者对于社会网络分析的关注不再单纯集中于基本理论，社会网络分析工具越来越引起学者们的关注。在国内主要学术期刊，如《情报学报》《科学学研究》《科学学与科学技术管理》《管理学报》等国内重要学术期刊上，出现了相当数量的基于社会网络分析的方法讨论文献（田颖杰和李南，2001；赵黎明和高杨，2002；邓丹等，2005，2006；张少龙等，2007；冯锋和王凯，2007；彭爱东，2008）与实证研究（刘立和王耀德，2003；胡一竑等，2008；邵云飞等，2009；段异兵和孔妍，2009；康宇航和苏敬勤，2009；向希尧和蔡虹，2009）。但总体上，我国基于SNA的实证研究尚处于起步阶段，分析手段较为单一，研究内容尚未深入到知识管理研究领域较深层次的难点和前沿问题之中。

（一）社会网络分析的基本范式

社会网络分析方法是社会网络理论与社会网络工具紧密结合的、完整的分析方法体系，被认为是连接社会学宏观与微观理论的分析工具。SNA通过数理模型、可视化技术、结构分析指标体系与统计量化研究将微观层面的基于连接（ties）的互动与宏观层面的社会网络结构形态相关联。它分析的基本出发点是个体间的关系，认为社会主体的行为受到关系网络的共有价值和规范系统的影响，同时个体行为又会反作用于社会网络，改变网络构成和关系模式。也就是Grannovette（1973）所说的“它提供了一个有效的连接微观与宏观研究的纽带。小规模的互动通过网络转化为较高层面的网络形态，与此同时，网络结构形态又反过来影响微观团体和个人”。

与将社会个体作为独立个体对待的常规统计研究不同，社会网络分析将社会个体还原到其所处的社会环境中，通过观察个体间的相互联系来解释各种社会现象，即“它提供了‘交互’的视角，倡导的不是单向的‘因果分析’，而是双向的交互作用，是一种结构主义视角下的量化分析”（刘军，2009）。因此，社会网络分析研究范式是从“关系”，而不是个体属性出发解释社会网络中的个体行为及其对社会网络结构的影响。在实证研究中，SNA 主要处理的是关系数据，以描述个体间相互连接（ties）的邻接矩阵（adjacency matrix）作为结构分析与图形表达的基础。它是一种多层面的研究方法，既关注网络整体，同时又深入到群体和个体。在网络整体层面可观察网络结构特性，进行结构相似性分析、中心性分析、信息传播效率与稳健性分析等；在群体层面可进行凝聚子群（cohesive subgroup）分析，区分网络中的派系（cliques）或群体（subgroup），研究局部网络的构成与结构特征；在自我中心网络（ego-network）层面，可以观察个体的网络位置特征、结构等价性、角色等，了解社会网络中的个体对网络资源的控制和资源获取与交换行为。作为一种分析方法，SNA 不仅结合了统计分析、图论的研究工具，而且还形成了一整套描述关系模式、网络属性的指标体系，如网络密度、中心性、群聚系数、平均连接数等。

社会网络分析方法是一种崭新的分析视角与研究工具。它强调研究对象的行为与其所处社会环境的高度统一，离开了社会主体所处的社会环境，对行为的认识是片面的或不准确的。在社会网络中，个人并不会完全屈从于其所处群体共同遵循的价值规范体系，也不可能处于真空中完全不受到他人行为和群体规范的影响。社会网络分析的基石在于将个体行为视作个体间在特定社会规则下互动的结果，而社会环境在个人行为的作用下同样处于动态发展的过程中。因此，社会网络视角在分析基于组织关系和个人关系的知识流动问题时，并不会像传统的统计分析那样抛弃研究对象所处的环境，而抽象地研究一些“一般性问题”。它从一开始就摒弃了将研究对象作为孤立社会个体的传统研究范式，将研究对象所处的社会关系网络完整而准确地反映出来并作为研究个体行为的出发点。社会网络分析的结构主义视角为研究纷繁芜杂的社会现象提供了许多新的工具，而正是社会网络学家对结构的重视才导致了一系列极具深远意义的网络结构现象的发现，这些发现在许多领域的广泛应用又产生了前所未有的新认识，并引致了许多令人深思同样引人入胜的新问题。

（二）社会网络分析方法特点与实证分析条件

在知识管理实证研究中，较之其他形式的研究方法，SNA 从两个方面体现出其独有的特性：一方面，该方法融合了社会网络理论基本思想，将社会网络作为资源获取与扩散的重要场所，认为个体的资源交换行为受到其所处群体规范、网络位置和网络结构的制约和影响（Wasserman 和 Faust，1994），契合了知识管理研究将人际间互动模式和知识交流作为有联系的两个现象而加以分析的要求，有助于观察个体间的知识互动过程，揭示关系网络的作用机制；另一方面，该方法结合了统计学、数学、计算机科学等多学科的研究技术，可以处理和分析关系数据，并有完善的分析网络结构和关系模式的指标体系。结合可视化技术可以绘制网络图，并通过计算机软件模拟网络的形成与演化，实证分析手段十分丰富。

采用 SNA 展开实证研究的重点在于对知识流（knowledge flow）的识别，具体而言要具备两个条件：①将无形的知识流显性化。只有识别个体间的知识交流渠道，才能以网络的形式表述个体间的关系形态。②收集足够完备的关系数据。研究者要深入地观察研究对象所处的网络，以识别个体间的知识互动关系、界定社会网络边界和规模并观察关系结构的演变。

综合现有文献，较为有效地解决了这两个问题的实证研究主要有两类：一类采用科技文献之间的合作与引用关系来识别主体间的知识交流关系（Redner，1998；Murray，2002；胡一竑等，2008）。由于文献的合著者通常较为熟悉，双方共同署名发表文章说明相互间存在知识交流，以此为依据反映科学家之间的关系网络；另一类根据专利引用关系或专利共同申请人建立知识流动网络，是本节详细论述的实证研究类型。前者观察的社会主体主要是科研机构和科学家等，由于企业知识以科技文献形式记录得较少，因而单纯使用科技文献作为数据来源的实证研究对企业间的知识流动反映不足。后者的观察对象则较为广泛，包含了科研机构、企业、个人等知识管理研究中的主要观察对象，有更强的适用性，是目前国外知识管理研究的一个重要实证分析手段。

二、基于专利的社会网络分析

（一）基于专利的社会网络分析方法的优势

专利数据作为研究中重要的创新产出数据，同时也包含了知识在不同社会主体间流动的信息。专利数据特别适用于 SNA 分析，其主要优势表现在：

（1）有利于知识流动网络的识别。专利引用反映了知识的前后向联系，因而将由引用关系的专利连接起来就可以构建知识流动网络。除此以外，在专利说明书中，不仅记录有专利引用信息，还提供了专利申请人、发明人、国籍、技术分类等信息。发明人之间的合作关系或同事关系为分析知识拥有者之间的社会关系对知识交流的影响提供了可开展实证研究的数据来源，它同时也是识别隐性知识流动渠道的重要基础。另外，由于专利申请人通常是企业或科研机构等组织，在专利说明书中记录的申请人之间的合作申请关系则为分析组织间知识交流关系提供了实证基础。结合这些信息，可以对发明人之间、申请人之间（Gilsing 等，2008；Bin，2008）、产业内部（Deng，2007）或产业之间（Han 和 Park，2006）甚至国家与区域之间（Hu 和 Jaffe，2003；Lee，2006；Singh，2008）的知识流动网络进行识别。因此，基于专利的实证研究可以在宏观与微观的多个层面上展开，适用性较强。

（2）数据丰富，有利于大样本实证研究的开展。专利引用数据极其丰富，跨越了较长的时间段并涵盖了几乎所有行业，满足整体网络分析通常所需要的大样本数据。目前国际上比较著名的专利引用数据库主要包括：英国德温特公司 1995 年开发的专利引用索引（PCI）数据库，在 1998 年，它与美国科学情报社（ISI）联合成立新集团 Thomson Science and Technology（TST），共同开发德温特创新索引（innovations index）数据库，简称 DII；欧洲专利局（EPO）开发的专利引用数据库 REFI（reference file）；日本知识财产研究所（Institute of Intellectual Property，IIP）的 IIP 数据库；美国 NBER（National Bureau of Economic Research）数据库的专利引用数据；美国 MICROPATENT 公司开发的 CAPS 数据库；美国 MOGEE 研究与分析协会开发研制的专利引用分析数据库（PCAD）等。其中，NBER 数据库收录了从 1963~2002 年在美国申请的数百万的专利及其引文数据，数据包含了相应的发明人、申请人、国别、地址、行业等信息。IIP 数据库收录了 1964 年以后的专利信息。数据主要包括：专利申请文件（9027486 条记录）、专利注册文件（2618699 条记录）、申请人信息文件（626708 条记录）、专利权人文件（204622 条记录）和引用信息文件（5318225 条记录）。这些数据库包含了数量巨大的专利和专利引用数据，且每一条专利均记载了发明人（合作发明人）、申请人等信息且这些数据库均在持续的更新中。

由于专利引用指标、发明人之间或申请人之间的合作关系可以将无形的知识流动轨迹显性化，而且数据较易获取，成为采用 SNA 分析知识管理问题的重要基础。

（二）基于专利的 SNA 方法在知识管理研究中的应用

1. 观察范围从个体到群体直至网络整体

专利引用指标是应用最为广泛的知识流替代指标，它的提出一开始是为了解决实证研究中对知识流的替代问题，因而在早期的实证研究中并不关注知识流动网络整体，而是点与点之间的知识交流活动。虽然早期研究没有考虑社会个体的社会关系背景，但由于实证基础是社会个体间的专利引用关系并据此分析个体行为，因而这些研究为基于专利的 SNA 实证分析的出现提供了借鉴和方法基础。

其中的一些代表性文献如表 2-2 所示。

表 2-2　关注节点间知识交流的代表性文献

研究者	发表的期刊及被引用次数	样本	研究内容
Jaffe 等（1993）	*The Quarterly Journal of Economics*（被引 3102 次）	美国专利数据库中 1975 年的 950 项专利以及 4750 条引用以及 1980 年的 1450 项专利及 5200 条引用数据	知识溢出的地理集中性
Jaffe 等（1998）	*The Journal of Industrial Economics*（被引 908 次）	NASA 的电子物理部截至 1996 年 10 月的 38 项专利及其 160 条引用信息	美国政府主导下的技术的商业化情况
Frost（1991）	*Strategic Management Journal*（被引 328 次）	在美国的国外跨国企业分支机构 1980 年到 1999 年的 10589 项专利及其引用数据	探讨国外跨国企业分支机构的创新知识来源
Maurseth（2002）	*The Scandinavian Journal of Economics*（被引 160 次）	1979~1996 年的全部专利	欧洲区域内的知识流模式
Hu 和 Jaffe（2003）	*International Journal of Industrial Organization*（被引 104 次）	NBER 数据库 1963~1999 年在美国申请的韩国、中国台湾、日本和美国的专利数据	研究南北国家的知识扩散及扩散模式
Hussler（2004）	*Economics of Innovation and New Technology*（被引 15 次）	1979~1996 年 EPO 的专利引用信息	文化与国家间知识流动的强度

注：表中文献的被引次数来自于 Google 学术搜索截至 2010 年 3 月的数据。

随着专利引用指标引起越来越多研究者的注意并逐渐被接受，开始有学者深入到行业和企业层面展开实证分析。与此同时，观察范围不再局限于点与点之间，而是注意到整个知识流动网络。这对于整体的网络分析是一个重要的进展，不仅样本数据量较大，而且通过构建网络展现了大规模群体的互动模式与相互关系，有利于从整体上把握研究对象的分布规律和整体网络特征。在网络整体的层面上认识所研究的问题。与此同时，研究者们所探讨的问题也变得更为丰富多样，深入到了管理学科的诸多领域。更为重要的是，不仅社会网络理论成为研究者分析解释相关问题的基础，而且一部分学者开始寻求将社会网络中较为关注的关系强度、网络位置等因素量化为实证分析中的重要变量。其量化的主要方法借鉴了社会网络的分析工具和测算方法，这样，社会理论在研究中就不只停留在理论层面，而深入到了方法层面，研究结果具有较高的解释力和可信度。

表 2-3 归纳了此类研究的一些代表性文献。

表 2-3　观察范围扩展至网络层面的代表性文献

研究者	发表的期刊及被引次数	样本	研究内容
Almeida 和 Phene (2004)	*Strategic Management Journal*（被引 121 次）	1981~1992 年美国半导体行业跨国分支机构	研究在本国 MNC 内部网络和东道国地方网络中，跨国企业分支机构的知识创新能力受到技术丰裕程度、技术多样性等变量的影响
Peri (2005)	*Review of Economics and Statistics*（被引 90 次）	1975~1996 年 147 个地区的 150 万专利以及 450 万专利引用数据	区域间知识流动网络中影响知识转移的因素
Singh (2005)	*Management Science*（被引 199 次）	3300 家企业的专利信息	企业间的合作对知识流动的影响
Giuri 等 (2007)	*Research Policy*（被引 54 次）	欧洲专利局 1993~1997 年授权的 27000 余项专利发明人中的 9017 项专利发明人	发明人研究合作与溢出以及专利的经济价值
Agrawal 等 (2008)	*Journal of Urban Economics*（被引 22 次）	USPTO 数据库中 2001~2003 年印裔发明人的 130944 个引用与被引用专利对（citing-cited patent pairs）	发明人之间的地理接近性与社会接近性（以是否为同一种族背景来衡量）对知识的获取的影响
Gilsing 等 (2008)	*Research Policy*（被引 24 次）	关于化学、汽车和医药行业 116 家企业的联盟与专利活动的面板数据	战略联盟中，技术距离、网络位置与网络密度对企业获取新知识和企业的吸收能力的影响，以及对企业开发性创新行为的影响
Singh (2008)	*Research Policy*（被引 43 次）	USPTO 数据库中 1986~1996 年 1127 家企业的 53 万项专利数据	企业研发活动的地理分布对创新产出数量的影响

续表

研究者	发表的期刊及被引次数	样本	研究内容
Escribano (2009)	*Research Policy* (被引 10 次)	西班牙 2265 家企业	企业知识基础、吸收能力、适应性体制等对外部知识流的影响

注：表中文献的被引次数来自于 Google 学术搜索截至 2010 年 3 月的数据。

对网络的关注是 SNA 分析的主要特点，只有把研究对象放在网络中才能真正地识别隐藏其中的关系，成为行为相互关联的社会主体。表 2-3 中所列的文献还原了研究对象所处的社会环境，重视相互间的连接（ties），反映的是知识管理研究的社会学视角。

2. 结合复杂网络理论分析网络结构

在社会网络的基本理念中，关系是行为者交换和转移资源的纽带，而所有个体间的关系模式在整体上的反映就是网络结构。SNA 主要使用结构或关系信息研究分析理论问题（Wasserman 和 Faust，1994），网络结构分析是其中的一个重要内容。近十年来，网络研究取得了突破性进展，发现了现实世界中广泛存在的小世界现象和无标度网络（Newman，2003）。这些研究成果随着社会网络分析软件的出现，并大量地运用于对现实网络的结构特性的观察。由于专利及专利引用数据量丰富，可以满足大型网络，甚至是有些超大型网络分析对海量数据的要求，因而十分有利于大样本情况下的知识网络结构分析。由此，基于专利的 SNA 结构分析成为了知识管理实证研究的新热点。

Mariani（2004）在对技术热点（technology hits）的研究中对样本内的 373 项生物技术专利和 2707 项化学领域类的专利申请后 5 年内的被引用情况进行了分析。研究数据显示，在两个技术领域内，专利引用的分布存在较明显的幂律特征，即由专利引用数据构建的知识流动网络是一个无标度（scale-free）网络。他们还发现，不同的技术领域内引导创新即专利引用较高的企业在规模上有显著的不同。

Csardi 等（2007）基于 Hall 等提供的 NBER 专利数据库，使用社会网络分析方法研究美国的专利系统以及专利引用分布的幂律特性。他们认为专利引用提供了一个美国专利体系中专利间技术关系的近似“地图”。研究发现，专利引用越来越集中于少数专利之上，引用网络展现出一定的无标度性。专利体系中存在着

"分层"的现象，少数专利获得越来越多的引用，大部分专利获得的引用次数较少。研究还发现，1993 年之后，专利系统中的连接偏好越来越强，即越来越少的专利会获得越来越多的引用。因而可能会有越来越多的专利在较为狭窄的技术上进行创新。

Li 等（2007）使用 USPTO 数据库中 1976~2004 年有关纳米技术的专利数据构建了专利引用网络，他们在分析中发现网络中节点连接数的分布服从幂律分布，其中，专利文献引用的入度（in-degree）幂律分布的指数约为 2.1，出度（out-degree）幂律分布指数约为 2.3，均表现出明显的无标度性，说明大部分专利文献被引用的次数极少，少部分的专利具有很高的引用频率。另外，Li 等（2007）还使用 UCINET 软件测算了平均连接数、平均路径长度、集聚系数、网络直径、成分数等取值，从而对网络结构特征进行定量化的描述。

结构分析相对于一般的统计分析能够提供有关关系分布的均衡性、网络结构特性、知识传播速度与阈值等方面的信息，还能模拟网络的发展演化。因此，可以应用于探讨知识网络形成、发展以及网络结构特性等方面的实证研究中。

3. 综合使用社会网络分析工具研究网络结构

社会网络的分析工具并不仅限于一般的统计回归和结构分析，其另外一个重要特点是结合了可视化技术，利用生成关系矩阵绘制可视化的网络图，然后通过与其他研究手段相结合的方法观察社会主体间的知识资源互动，并追寻其中的规律。基于此，综合使用社会网络分析工具的实证研究越来越多。而且这部分研究中，可视化技术成为常用的手段。

Han 和 Park（2006）以 1990 年、1995 年和 2000 年韩国发明人在 USPTO 申请的专利数据为基础研究韩国传统产业和新兴产业间的知识流动，他们以行业作为节点，以基于专利引用的知识流动作为网络的边。通过对行业间知识流动网络的分析，他们发现所有的行业彼此之间随时间而不断地加强合作，传统行业与新兴行业的联系变得更强，新兴产业间的知识网络比传统行业网络密集。Han 和 Park 的研究方法以社会网络分析中关系矩阵为基础，将行业间的专利引用频次作为知识流的替代，因而在分析中可以较为清晰地给出行业间的知识流动情况。同时，在研究中对网络中的密集群体进行了识别，涉及了网络结构分析。

Cantner 和 Graf（2006）基于专利引用数据，采用 SNA 方法追踪了德国 Jena 地区发明人合作网络的形成机制。他们在研究中不仅关注 Jena 地区发明人之间的关系，同时也注意发明人之间合作网络的结构。图 2-9 是作者根据专利中科学家合作关系以及科学家的流动情况使用 UCINET6.0 制作的网络图。

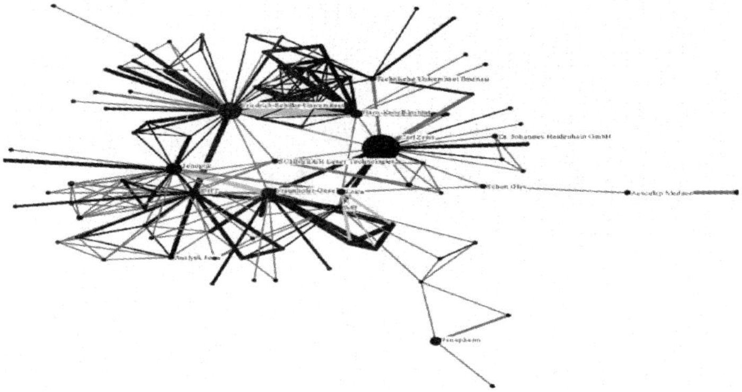

图 2-9　1999~2001 年 Jena 地区企业间基于科学家合作与流动的网络图

资料来源：Cantner 和 Graf（2006）。

其研究变量使用了反映企业间关系的邻接矩阵，如技术重叠矩阵、人员交流矩阵和人员流动矩阵，并使用社会网络研究会中常用的 QAP 的多元回归方法对变量之间的关系进行了回归。Cantner 和 Graf（2006）对 Jena 地区知识合作网络的分析是目前知识管理相关研究中运用社会网络分析工具最充分的实证研究。

Mina 等（2007）利用专利引用数据和科学文献数据分析了医药技术的发展，在研究中，他们使用了两个数据库：一是从 THMOSON/ISI Online 1979~2003 年发表的有关论文，约 11240 篇及其引用数据。另一个数据库是 USPTO 1976~2003 年相关的 5136 项专利及其引用数据。根据文献以及专利之间的引用关系，Mina 等（2007）对医学（动脉硬化疾病的研究）发展的技术轨迹进行了深入的分析，绘制了反映技术之间的相互联系的网络图。在 Mina 的研究中，由于其主要的研究对象是技术发展的轨迹，因而文章所分析的是专利或文献之间的关系。但根据 Mina 的研究方法，完全可以进一步寻找隐藏在专利和科技文献之后发明人或专利授权人之间的关系。因此，他的研究对于分析企业内或企业间技术合作路径与技术合作网络具有重要的借鉴意义。

Sternitzke 等（2008）使用社会网络的分析工具建立了发明人之间的合作网络，文章通过使用 UCINET 作图，描绘出了申请人间的合作关系，如图 2-10 所示。

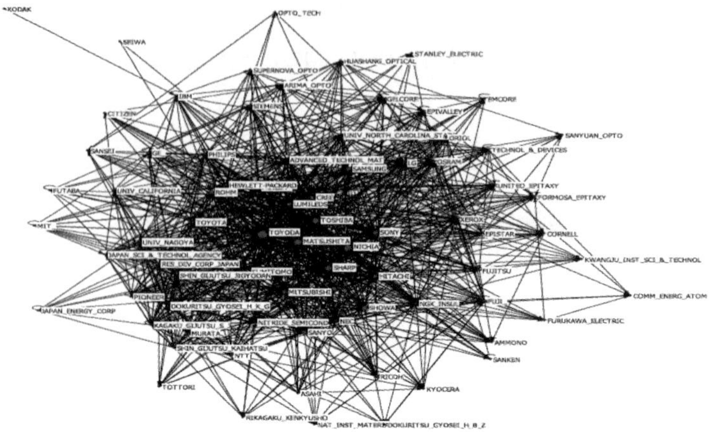

图 2-10　申请人之间的引用关系

Sternitzke 等不仅使用了网络图谱表示研究对象的社会关系，同时基于社会网络理论中有关关系强度与结构洞的观点，通过网络图识别了具体的处于中心的节点企业，以及有中介作用的企业节点，并分析了企业在合作网络中的位置与关系强度之间的联系。文章为结合社会网络理论与社会网络分析工具的实证研究方法提供了一个很好的范例。Lee 等（2010）使用 USPTO 的纳米技术相关性专利及其引用信息，构建了以属于技术维度为“聚合物”（polymer）与功能维度为“电子传导”（electrical conductivity）的 69 项专利为基础，其“前向引用”（forward citation）与“后向引用”（backward citation）专利作为上下游技术，共 1421 项专利为节点，引用关系为边的网络技术路线图，通过社会网络分析方法详尽地描述了该技术专利的技术发展轨迹。

基于专利的社会网络实证方法是从一个新的视角对知识流动过程的探析，有着广阔的应用前景。知识流动的轨迹可以通过观察专利引用、发明人合作以及申请人合作等情况探查。可以据此建立清晰的知识流网络，从而对知识流动的过程有更深入的了解。同时可以直接观察知识主体间发生知识流，因而可以避开针对烦琐的知识交流方式的分析，而将关注的焦点集中于通过正式交流和非正式交流方式所发生知识转移的结果。一般而言，专利是企业或研究机构较为重要的知识资产，因而通过研究专利发明活动中对以往技术知识的吸收获取以及参与发明的各个社会主体间的关系，可以使研究聚焦于对组织之间核心或重要技术知识交流情况的追踪。社会网络分析方法既关注社会主体间的关系，也可以用于开展结构分析，对于本书而言是较为适用的研究方法。

第六节
基于 NK 模型的相关研究

标准的 NK 模型是由 Kauffman 及其团队提出来用于解决生物进化问题的研究模型（Kauffman，1993；Kauffman 和 Levin，1987）。随后，大量研究者将该模型引入管理研究领域。最早是由 Levinthal（1997）提出 NK 模型在管理学研究中的应用前景，后来被广泛用于研究技术创新（Almirall 和 Casadesus-Masanell，2010；Frenken，2006；Fleming 和 Sorenson，2001；Sommer 和 Loch，2004）、新产品开发（Chao 和 Kavadias，2008）、组织设计（Gavetti，2005；Rivkin 和 Siggelkow，2003；Siggelkow 和 Levinthal，2003）、组织学习（Dosi 等，2011）、组织动态演化（Valente 等，2011）、领导力（Goldstein 等，2007；Solow 和 Leenawong，2003）、组织计划（Fan 和 Lee，2012）、战略管理（Ganco 和 Hoetker，2009；Gavetti 等，2005；Rivkin，2000；Csaszar 和 Siggelkow，2012；Levinthal 和 Posen，2007；Siggelkow 和 Rivkin，2005）以及运筹管理（McCarthy，2003，2004；McCarthy 和 Tan，2000）等多个领域。

Lang 等（2014）提出了一个模型来模拟一个拥有领导企业的多工厂网络的知识转移过程。他们基于早期的 NK 模型设定并引入交易成本与适应成本来观测复杂性和工厂异质性在知识转移过程中的调节作用。Giannoccaro（2011）应用 NK 模型观察企业供应链网络，并模拟了 4 种整合供应链的情形。

标准的 NK 模型由 N 维表征特定系统的问题空间或元素（problem space or components）的向量构成，参数 K 代表系统复杂性（Rivkin 和 Siggelkow，2003；Siggelkow 和 Rivkin，2005）或者问题空间不同元素间的相互依赖，影响了局部顶点的数量。当 K 增加时，局部顶点会随之增加（Kauffman，1993），途景（landscape）也会变得更为崎岖（rugged）（Kauffman，1993）。此时，顶点的绩效会随着 K 的增加而趋向于途景的平均值。模型中，一个向量有 N 个元素，每个元素有不同的状态。假定一个元素随机取 p 种可能的状态之一，$x_i = (x_0, \cdots, x_{N-1})$，其中，$x_i \in \{0, 1, 2, 3, \cdots, p-1\}$。元素 i 的绩效等于 $\phi_i(x)$，整体系统的绩效可定义为：

$$\phi(x)=[\sum\phi_i(x)]/N$$

式中，$0\leqslant i\leqslant N-1$。一般而言，途景的崎岖程度取决于K值，当$K=0$时，一个途景中只有一个全局最优，也是局部最优。当$K=N-1$的时候，此时系统中的每个元素都相互相关，局部顶点会增加，途景变得更为崎岖，全局最优变为：

$$\max\{\phi(x)|x\in\{0,\ 1\}^N\}$$

式中，$0\leqslant k\leqslant N-1$，$x_i\in\{0,\ 1\}$，$\phi_i$：$\{0,\ 1\}^{k+1}\rightarrow R$，$i=0,\ 1,\ \cdots,\ N-1$。

现有研究指出，尽管NK模型被广泛应用于管理学研究领域，但其早期模型存在着一定的不足。最大的问题在于所有的元素都是二值的，因为每个基因等位只能是1或者0（Fan和Lee，2012；Valente，2014）。除此以外，在初始NK模型中，假定每个元素对整体绩效的贡献是一致的，但在很多情况下，此类假定是不合适的。因此，Fan和Lee（2012）提出了一个加权的NK模型wiNK，该模型中每个元素通过PLS回归分析来赋予不同的绩效贡献权重。

NK模型主要用于分析生物基因的适应性演化过程，通过适应度景观（fitness landscape）描述生物基因的表型（phenotype）在基因型（genotype）和外部环境条件共同作用下的变化机理。由于NK模型将基因演化视作一个复杂系统的适应性过程，把系统内部模块化，在适应性搜索规则下探究系统组成之间的作用关系以及在系统整体层面上的影响（吴建祖、廖颖，2010；高长元、何晓燕，2014），能够很好地处理系统复杂性与适应性的关系，因此在经济管理领域得到广泛的应用。

NK理论是基于生物演化的视角来分析创新问题，与多维接近性理论的研究具有较强的契合度。基于多维接近性理论不仅在空间范围内拓展了研究对象的发生背景，而且还在时间维度上赋予了研究的动态性特征。具体而言，现有研究认为接近性的作用关系会随着集群阶段演进而发生变化。随着集群的演进，由于资源集聚程度、交易成本、不确定性以及知识冗余程度等在知识流动过程中的影响程度不同，地理接近性引致的技术接近、社会接近等在知识流动中的影响会出现从强化（王春杨和张超，2013）到衰弱甚至负向影响（Peri，2005）的动态变化过程。与之相伴的是，集群企业的知识网络作为一个多重嵌入体系出现本地到超本地的发展趋势（戴维奇等，2013；Labrianidis，2011），从以往的空间密集形态转化为空间分散甚至多中心共存的结构特点。在本地与非本地因素的作用下，不同接近性的影响是动态变化的。因此，在时间维度上，多维接近性研究是一个动态演进的理论体系，对于分析集群企业的知识网络演化规律十分关键。

本章小结

接近性理论的多维转向使得集群研究发生了深刻变化。现有研究越来越倾向于结合多维接近性来分析集群企业的创新问题。近年来，在国内外主流学术期刊上，基于多维接近性理论研究集群创新的文献越来越多见。传统以集聚理论和新经济地理、空间经济学等为主要分析基础的研究无法解释集群企业的超本地创新问题。从目前世界上较为先进的集群看，能够有效地在全球范围内整合资源、依托完善产业链形成超集群合作以及集群企业的跨区域拓展已经成为集群竞争优势的新标志。面对这一挑战，从不同空间维度分析多种类型的距离因素对集群企业创新的影响更有利于解释现阶段的超本地创新行为。

另外，社会网络分析方法的完善使得通过追索和构建集群企业的超本地知识流动网络并分析其影响因素成为可能。20 世纪末出现小世界网络、无标度网络等广泛存在着的网络形态被认为在经济管理研究中具有重要的意义。然而，对于集群企业的知识网络而言，以往研究很少揭示其网络结构特性及其影响因素。整体网分析技术的运用极大地拓展了创新研究的分析范围，使得结合多维接近性分析集群企业的超本地知识网络结构特性成为可能，从而有助于研究者从二元到整体等多个层面分析集群企业创新活动规律。

第三章　基于情境的多维接近性对超本地创新的作用分析

综合国内外文献，接近性效应会因情境而发生改变，情境因素为接近性综合效应的产生构设了相应条件。在既有研究中，情境因素通常从生产活动（区位、供应链）和社会活动（制度、氛围）两个维度建构，通过外部性、规模经济、规范、惯例、文化等因素加以识别，依据地域分散程度有本地与超本地两类不同情境。前者常见于产业集群、产业区等特定经济区域；后者主要表现为超本地知识网络、全球研发网络等新兴知识网络组织。因此，我们依据本地与超本地情境条件的变化，重点探索了不同接近性在超本地情境下对创新的效应，发展了基于情境的多维接近性分析框架。具体成果如下。

第一节 情境因素与集群创新

在初始界定中，产业集群往往是以地域性和封闭性为主要标志的组织实体或生产合作形式。相关企业的地理集中引发了生产体系以及相应的技术知识在封闭网络中频繁流动，从而形成独特的优势（Morrison 等，2016）。在以往研究中，基于网络的知识转移大部分与地理接近性有关（Boschma 和 Ter Wal，2007）。在相近的地理空间内，企业之间拥有相近的文化、技术和愿景（Barabel 等，2007；Presutti 等，2011），通过密切的交往形成有利于知识流动的社会关系（Li 等，

2013）。集群企业的创新活动不仅依赖于基于地方化知识网络的独特创新环境（Bathelt 等，2004；Giuliani，2007；Manuel 等，2015），而且从整体网络观点来看也不能脱离集群外部的知识合作者（Graf，2011；Dora 等，2012）。现有研究发现，集群企业的本地外合作对于企业创新绩效也具有重要的影响（Owen-Smith 和 Powell，2004；Ramírez-Pasillas，2010），特别是出现本地化困境（local buzz）时（Morrison 等，2013）。在集群内、外部知识连接作用的动态变化过程中，创新网络与本地协作网络的分离是演化结果之一，创新网络对于地域的依赖程度会随着创新开放度和创新知识来源多样化程度的上升而降低，由此出现的现象是越来越多的集群企业构筑了超本地创新网络，部分集群企业的主体甚至迁出本地，形成地域分散的企业网络，从而导致集群出现迁移或衰落。

作为集群创新重要的情境因素是本地化的社会关系网络。本地化社会关系网络的形成因素很多，其基本特征是形成错综复杂而又紧密有序的人际关系网络或组织间业务联系，通过群体规范来约束和引导个体行为，基于信任促进人际往来和创新合作甚至知识溢出，由此提升集群企业的创新绩效（Lazzeretti 和 Capone，2016）。强有力的内部关系网络尽管能够加强相互间的信任并降低创新不确定性和生产协作的交易成本，但关系网络的封闭性会引发过度嵌入，造成了本地“锁定”（Geldes 等，2015），形成本地嵌入与创新之间的负向关系（Broekel 和 Boschma，2012；李支东和金辉，2016）。

越来越多的研究认为，集群企业的超本地知识对创新绩效的提升越来越重要（Fuentes 和 Dutrénit，2016），不仅有助于企业的创新能力提升，其创新模式的网络化、开放式转向还在集群整体层面上驱动创新驱动战略的实施，对现阶段我国集群的转型升级具有十分重要的作用。王松和盛亚（2013）通过宁波塑胶集群、杭州滨江电子信息产业集群以及合肥汽车产业集群的实地调研，实证检验了技术环境与市场竞争环境不同时集群网络开放度对绩效的影响。他们发现，技术环境不确定性越高，网络开放度对集群绩效的影响越显著。市场竞争环境不确定性越高，网络合作度对集群绩效的影响越重要。市场与技术环境都稳定时，网络合作度对集群绩效影响较为显著。因此，集群应该依据环境的不确定程度来决策超本地开放与合作。

然而，要实现从“本地”向“超本地”拓展（林必越等，2014），集群企业开展创新合作的情境因素会发生巨大的变化，其中最为突出的问题集中于：集群企业如何摆脱本地根植性引致的、相对固化的技术路径，如何协调本地社会文化环境形塑的价值观、行为惯例和规范与本地外组织在上述方面的冲突？集群企业如何在技术异质性程度较大的情况下有效地吸收外部组织的技术知识？我们将集群企业超本地创新所面临的情境转换总结如图 3–1 所示。

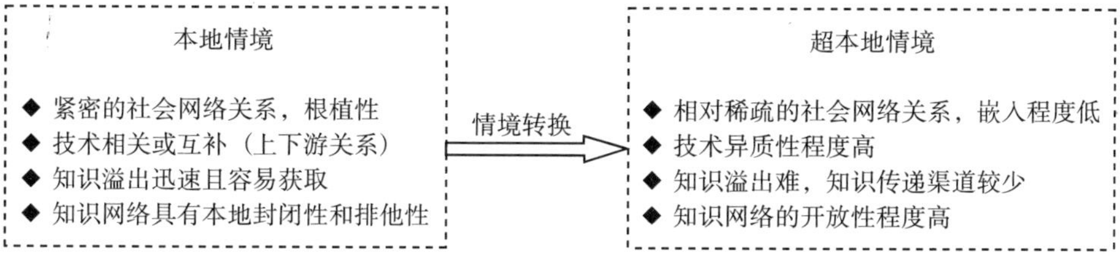

图 3–1　集群企业超本地创新的情境差异

超本地创新使得集群企业不得不面对情境的转换过程，由此带来一系列理论问题，主要包括：

（1）超本地情境下地理接近性是否还具有显著影响。在经济地理学和空间经济学的基本观点中，地理接近性是集群企业进行创新的根本支撑条件，它引发了有助于降低创新合作成本的社会接近性，推动了具有地域特色的共同技术基础的形成。但在超本地情境下，地理接近性的上述作用丧失了作用基础，那么它是否还具有显著影响力的接近性因素呢？既有研究尽管越来越多地倾向于将地理接近性和其他接近性因素分离开来，作为独立因素来分析，并否认了其基础性的、充分性和必要性角色地位，但是，仍然缺乏实证证据加以论证，有关超本地创新过程中地理接近性的作用机制也未给出令人信服的理论解释。

（2）超本地情境下社会接近性的影响体现在哪些方面以及如何发挥影响。多维接近性理论认为，社会接近性是影响集群创新的重要因素（Boschma，2005），即使在超本地情境下（向永胜等，2016）。然而，社会接近性对创新的影响通常是基于互动、信任和社会规范等因素，这些因素在超本地创新过程中是否依然有效呢？既有研究对此并未进行深入探讨，未能揭示从社会互动到创新绩效产生的内在作用过程。

（3）技术接近性是否还能视作影响集群企业创新效果的重要因素。技术接近性是展开创新合作的基础，特别是对于系统性知识、内隐性较强的知识和复杂知识的学习与扩散，需要互动双方具有一定的共同技术基础和共享的技术语言加以识别、转译和理解吸收。然而在超本地情境下，集群企业与其合作伙伴之间具有较大的技术差异，尤其是跨界创新过程中，双方所处行业和技术领域完全不同，面临着巨大的创新不确定性。此时，技术接近性还能否影响集群企业的创新效果呢？更进一步地，技术接近性与其他类型接近性的相互关系如何？这些问题在现有研究中均未得到解决。

第二节 超本地情境下的多维接近性效应

一、超本地情境下的社会接近性对集群企业创新的影响

社会接近性是影响创新互动的重要因素。当企业嵌入特定的社会关系网络中时，其展开创新合作的效率会相对提升。现有理论的解释有几种观点：相似的社会文化背景使得个体间互动的语言、文化和认知障碍较少；特定的规范和惯例导致了相互间信任程度更高，从而促进了带有互惠性的频繁接触与合作（Kelly 和 Scott，2012）。如前文所述，集群本地的社会接近性具有特殊的形成原因，与地理因素密切相关。但超本地情境下，社会接近性与地理因素的关系变得较为松散，因此其作用机制也会有较大差异。综合现有研究，学术界对于不同情境下社会接近性分析要点存在着显著差异，具体如表 3-1 所示。

表 3-1　不同情境下社会接近性研究要点

本地情境	超本地情境
◆ 地理接近性与社会接近性的共生关系：如何实现本地嵌入以及根植性的产生基础	◆ 社会接近性作为独立维度的作用条件以及如何形成跨地域交互
◆ 本地文化氛围与关系网络的影响机制，组织外部合法性获取与亲缘、血缘等非市场关系的内在联系	◆ 与非本地的合作伙伴的关系（主要是以往技术合作经历与共事关系）特点及其是否具有可持续性
◆ 如何通过社会接近性融入本地化网络以获取知识共享与知识溢出的排他性收益	◆ 如何形成技术守门人的优势地位，如何通过沟通结构洞获取非冗余知识
◆ 密集的直接联系对知识获取的正向与负向作用，特定地域内直接联系与间接联系获取知识的不同渠道	◆ 如何协调本地网络嵌入和脱嵌程度，如何实现对“朋友的朋友”网络的嵌入
◆ 网络惯例与路径锁定的内在关系，本地资源集合扩张的冗余性与非冗余矛盾	◆ 合作不确定性与知识异质性对创新的影响，临时地理接近性的平台作用

集群企业在超本地创新过程中，其所处情境的关系模式、网络结构、文化氛围与本地情境下存在显著差异，作用基础主要表现为：

（1）合作或共事经历形成的组织与个体层面的超本地联系。超本地情境下，社会接近性不再具有源于本地制度文化环境的鲜明地域特性（Broekel 和 Boschma，2012），所构建的关系更容易发生变化。基于共事、共同合作以及同学等经历所形成的跨区域情感性的互动、认同与依赖成为了主要的社会联系（Sharmeen 等，2014）。类似于小世界网络中打破常规规则的长距离连接，当集群企业获得较为稳固的超本地社会联系（无论是个体层面还是组织层面）时，尽管此类社会联系通常并不造成频繁的接触与互动，但可持续性较长，仍可作为知识传递的渠道（Müller 和 Stewart，2016）。因此，超本地创新情境下，不依赖于区域因素的社会联系成为社会接近性发挥作用的关系基础。

（2）低卷入度下的松散合作网络。在社会网络层面，以往认为集群本地的社会网络十分紧密，在亲缘、血缘、学缘等关系交织下形成强有力的本地根植性（刘传喜和唐代剑，2015），在此情况下，大部分企业在获取组织合法性的驱动下具有较高的本地网络卷入度。然而超本地情境下的社会接近性是在低卷入度的网络中发挥作用的。集群企业通常会选择性地与少数非本地企业建立长期合作关系（Freel，2003），同时更多地依赖外部企业在各自社会网络中获取创新资源并通过二者间的联系加以传递。需要说明的是，分散网络并不意味着集群企业不能在较大范围内获取创新资源。在超本地情境下，集群企业整合资源的广度取决于合作对象所构建的关系网络范围和嵌入程度。低卷入度的分散网络成为社会接近性在超本地创新过程中发挥作用的网络基础。

值得注意的是，尽管超本地情境下社会接近性的作用基础与本地情境完全不同，但作为通过关系连接引发的心理认同，其作用本质并没有发生改变。我们仍然可以沿用社会网络理论、社会资本理论和嵌入理论等解释其在超本地情境下的作用效果，而不必作为一个新的接近性维度加以处理。

经济社会学理论认为，开展创新活动的基础是知识主体间的有效互动。以往研究认为，地理接近性是造就集群知识网络的主要环境条件，因而其在集群企业的技术创新与知识创造过程中一直是主要的影响因素。然而现有研究认为，其他接近性与地理接近性一样具有独立的作用过程（Letaifa 和 Rabeau，2013），在研究中应该引起更多的重视，由此引发了理论探讨的分歧。一部分研究者认为，地理接近性在现代化通信与交通条件下不再具有显著的作用，因而应该从研究模型中加以剔除（Cairncross，2001）。一部分研究者则认为地理接近性仍然是集群企业进行知识交流的主要因素，在知识的空间溢出过程中具有不可替代的作用，不能被忽视（李琳和杨田，2011）。围绕地理接近性的作用争论尽管未能达成共识，但在客观上却推进了多维接近性理论的发展。

综合以往研究，社会接近性研究则立足于社会经济学的一些重要的理论基石，包括嵌入理论（Granovetter，1985）、社会资本理论（Bourdieu 和 Wacquant，1992；林南，2005）和结构洞理论（Burt，1992）等。它可以和地理因素有关也可以无关，也不依赖于一定的空间限制。特别是借助于信息技术，在过去难以长久维持的远距离关系可以借助各类通信工具来巩固和强化，由此进一步突破了地理空间的限制，成为现有关系的“稳定剂”。由于现代通信工具的采用，知识交换甚至是隐性知识也可以通过网络平台、在线工作平台、聊天室、论坛和社会软件等进行交换（Amin 和 Cohendet，2004）。在最近的研究中，对于本地集聚和非本地两种论调产生了第三种说法：临时地理接近，即面对面接触是很重要的，但也不需要通过永久性的地理接近（permanent geographical proximity）或同处一地，原因在于短期或者中期的接触就可以满足知识交换的需要（Torre，2008）。

社会接近性不同于地理接近性，它含有更多的情感因素，容易带来个体之间的共鸣，也能够引致不以交换关系为基础的“真实信任”的建立。由此社会接近性使得关系连接的质量得到提高，促进网络成员之间的距离缩短，并通过信任的传导进入到更为广泛的社会圈子中，在结构与关系两个方面产生影响。相对而言，社会接近性的作用更加关键，个体之间如果不能形成良好的关系，则很难构建稳定的知识交流渠道，无论其地理上是否邻近，均不能促使其参与到知识交换中来。缺乏社会接近的个体在空间的集聚只是纯粹的“地理集聚”，或者更准确地说只是资源的“堆砌”。个体之间的交易成本与市场资源配置的安排方式并不会产生显著的减少，网络组织在知识交换过程中的优势也难以发挥出来。由此出现的所谓地方网络就不是组织在多样化资源配置形式、依据市场规律进行选择的结果，而是在人为干预下的资源无效配置。这也可以解释目前我国出现的大量地方集群创新能力弱、发展缓慢、结构趋同的现象。

随着超本地创新合作的日益活跃，集群企业之间在不同维度上的接近性因素及其影响受到重视，并开始放松了基于空间接近的研究前提。企业的本地（spatial）与非本地（non-spatial）知识互动进入研究者的视野中，不再设定脱离实际的所谓本地封闭式网络的研究背景。此类研究将关注点延伸到在不同空间维度上，把不同接近性的空间属性归并在统一的研究模型中。接近性在空间维度上的多样性丰富了集群知识流动规律的研究角度，沟通了“本地”与“非本地”的理论鸿沟，也符合了集群知识网络多重嵌入的本质（魏江和徐蕾，2011）。

Giuri 和 Mariani（2012）认为，紧密稳定的合作伙伴关系促进了彼此间的相互信任，降低了创新不确定性和合作成本，有助于创新活动的进行。Heringa 等（2014）的研究论证了社会接近性对创新具有重要影响。近年来，随着多维接近性理论体系的完善，越来越多的学者认识到社会接近性是一个具有独立作用效果的接近性维度。Crescenzi 等（2016）通过实证研究证实了即使脱离一定的地理空间，社会接近性依然对创新具有显著影响。Steinmo 和 Rasmussen（2016）也指出，社会接近性的影响并不限于特定地理空间。

基于会议交流、项目合作以及差旅等社会活动所形成的临时集群（temporary cluster）（Maskell 等，2006；Bathelt 和 Henn，2014；Henn 和 Bathelt，2015）或临时地理接近性（temporary geographical proximity）可以在一定程度上抵消实际空间距离障碍带来的外部性收益获取障碍，在特定短时期内产生类似于永久地理接近性（permanent geographical proximity）的效应（Ramírez-Pasillas，2010）。然而，无论永久或临时地理接近，知识交互所需的信任与合法性（legitimacy）主要产生于关系维度的社会接近性（Abramovsky 和 Simpson，2011；Bangara 等，2012）。所不同的是，临时地理接近提供的知识交流渠道需要开放性而非封闭性的社会关系加以维系，在不同的文化环境下形成较为适宜的社会关系。尽管信任与规范仍然是主要的作用因素，但在此情况下社会接近性与地理接近性的共生关系发生了变化。社会接近性强度取决于知识交流双方的合法性与心理认同，与地域空间的特定氛围不一定存在必然关系。由此，在现有研究中，社会接近性越来越倾向于作为独立的、非空间依赖的变量。社会接近性可以在本地和超本地两类不同情境条件下影响企业的创新活动。

具体而言，社会接近性在超本地情境下从几个方面影响集群企业创新：

其一，通过社会互动构建异质性知识获取通道。异质性知识是集群企业转变技术路径、实现突破性创新的重要基础。一般而言，异质性知识源通常为非本地企业或机构。集群企业对非本地组织拥有的异质性知识在信息收集、获取（系统性地获取知识元素而非片段化知识探寻）与整合方面存在着较多困难。其中，缺乏必要的互动是主要的阻碍因素。此时，社会接近性的作用十分关键。超本地情境下社会接近性大多源于业务联系（前后向联系或母子公司隶属关系等）以及过去的合作共事经历（技术合作、项目合作或属于同一协会等）。但是联系的存在只为超本地互动提供了一定条件，能否转化为有效的知识渠道还取决于建构于社会关系之上的心理认同。Geldes 等（2012）认为，社会接近性与社会关系的本质区别在于价值认同与信任。Felzensztein 等（2012）则指出，较高的社会互动水平使得双方可以建立有效的知识交换规范（exchange norm）和包含了诚信（integrity）、诚实（honesty）和信心（confidence）等多维度的相互信任。社会接近性较高的个体间容易构建相互信任，通过较多的互动频次来提升知识转移的效果（Dettmann 等，2015），而远距离关系的维系即保持一定的交流可持续性可以在很大程度上降低知识转移的困难。因此，集群企业与超本地合作伙伴的社会接近性程度越高，在知识转移的过程中知识元素的损耗、流失与误解就相对越少，保证知识传递的有效性，提升合作创新绩效。对于复杂知识、系统性知识以及异质性知识的有效传播，使得集群企业更有动机去开展根本性创新，进而使得新产品和服务更具有市场领先性。

其二，帮助集群企业在超本地情境下形成合法性，降低自身组织结构、惯例与制度等与非本地企业的冲突。戴维奇和林巧（2013）通过对绍兴纺织、永康五金、海宁马桥和余姚模具四个产业集群的分析发现，构建超本地制度网络有助于集群企业提升声誉与合法性，从而使得集群企业在超本地的嵌入更有可能成为有效的外部知识获取渠道。Müller 和 Stewart（2016）的研究指出，基于展销、在线工作平台和会议等缺乏正式组织形态的临时地理接近并不能直接影响学习行为。相对于永久地理接近而言，短期接触形成的临时地理接近可以建立一定的相互联系，但不能保证双方的联系转化为合作关系，原因在于缺乏信任或由非正式约束带来的信任担保。在此情况下，结合嵌入型和非本地开放性特点的超本地合作机构，例如超本地生产或研发部门等合作机构的设立具有十分关键的作用。通过此类合作机构，集群企业可以建立紧密的超本地社会关系并形成制度一致性，这对于提升集群企业的超本地合作效果具有重要的推动作用。当此类组织机构越多，意味着集群企业的超本地合作范围越广，对异质性环境的适应性越强，其创新绩效就越高。企业间的组织结构相似性和制度相似性能够促成不同企业间心理认知系统趋同，从而获得更多的共享心理逻辑（高启杰等，2015）。在此情况下，企业之间更能够建立较好的知识交换机制，并对共享的技术知识体系有较低的认知成本，从而促进合作创新绩效的提升，并更可能形成具有市场领先的创新产品或服务。

其三，强化交互关系，构建创新合作壁垒。既有研究认为合体间的社会接近性程度越高，在促进相互了解、促进共同努力（Bstieler 等，2015）并形成亲密伙伴关系的同时，也加大了与其他个体相互契合的难度（AL–Tabbaa 和 Ankrah，2016）。其原因在于惯例、规范和价值观等“软”因素通常与个体所处的社会文化背景相关，具有一定的历史累积性和因果模糊性，难以为外界所模仿和复制。所以当成功的合作模式一旦得以建立，会提高合作各方以外的个体的进入门槛。在此情况下，形成合作关系的各方会投入较多资源进行创新，双方的知识共享程度也较高。因此。拥有较多的亲密合作伙伴可以在一定程度上鼓励合作双方在创新过程中投入更多资源，从而提升集群企业与超本地企业的合作创新绩效。Weidenfelddeng（2016）通过对芬兰和瑞典交界的托尔尼奥—哈帕兰达地区（Tornio–Haparanda）19 家瑞典和芬兰企业的经理人的半结构化问卷调查，发现社会文化背景差异影响了超本地知识转移效果。这一结论验证了以往研究的发现，即来自于不同文化背景的个体间的地理接近性能显著地影响其他非地理接近性对创新的影响（Mattes，2012）。关键个体间的关系接近性是丰富的人际间知识转移和促进跨界创新的重要条件（Lundquist 和 Trippl，2013）。由此，当集群企业具有较多的超本地亲密合作伙伴时，展开根本性创新的可能提升，获得较具有市场领先的新产品或服务的概率增大，创新绩效也可能会更好。

由此可以提出如下假设：

假设 1a：超本地情境下社会接近性正向影响集群企业创新绩效。

假设 1b：超本地情境下社会接近性正向影响集群企业创新性。

二、超本地情境下技术接近性对集群企业创新的影响

前文论述了超本地情境下，社会接近性的作用特点以及作用机制。然而基于多维接近性理论，社会接近性与其他接近性之间存在着交互作用的可能，以下对此进行论述。

在多维接近性理论体系中，技术接近性程度差异会导致知识交互和合作创新

效果的差异，保持一定的技术接近性是提升知识交流效果的重要基础条件。在超本地条件下，技术冗余性程度相对较低，而技术复杂性所引致的内隐性与不确定性造成学习和交流困难，从而对社会接近性与知识互动之间的关系产生动态调节作用。具体而言，当技术复杂性程度较低时，由于技术知识较为容易理解，知识交流双方容易通过远程通信技术降低合作不确定性，从而建立合作关系，此时技术更为相似，并不会提高合作的可能性，因而技术接近性调节作用不明显。但是当技术复杂性程度较高时，合作不确定性程度较高，仅仅依靠先进信息通信技术难以维持个体间的知识交互关系，需要双方具备一定的技术储备，能够在一定程度上理解双方的技术语言，在技术机会的发现、技术探索方向及其市场潜力等方面的判断上达成一致，减少合作中的冲突与不确定性。在此情况下，技术接近的个体间更有机会维持较为紧密的合作关系，技术接近性具有显著的正向调节作用。Lundquist 和 Trippl（2013）认为，在超本地知识流动过程中，知识异质性与相似性需要进行权衡，达到一定的状态：既能保障技术或经验诀窍得以转移，又保持一定的互补性以开发新的知识。他们对超本地合作阶段性演化与不同接近性的内在关系进行了总结，如表 3–2 所示。

表 3–2　超本地区域创新体系（RIS）整合不同阶段的特点

RIS 维度	阶段 1：非对称成本推进系统（弱整合）	阶段 2：新兴知识驱动系统（半整合）	阶段 3：对称的创新推动体系（强整合）
经济结构/分工模式	分工差异明显→认知差距（缺乏协同）、功能差距	在少数领域出现协同、互补（认知接近性）和功能接近性	在大量领域内出现相关多样性，互补（认知接近性）和功能接近性
科学基础/知识基础	分工差异明显→认知差距（缺乏协同）、功能差距	在部分科学领域出现富有成果的协同和功能接近性	在大量领域内出现相关多样性，互补（认知接近性）和功能接近性
连接的本质	成本推动的不对称连接。缺乏知识流动，在既有 RIS、NIS 或跨国连接中深度嵌入	不对称性下降→选定领域内的互动连接，与现有 RIS、NIS 或全球相联系变得更重要	高强度的跨界知识交换，重塑既有连接
制度设定	较高程度的制度距离（软制度或硬制度），跨界层面上的制度稀薄，对跨界整合过程的接受程度较低	制度（软制度或硬制度）差距减少，出现了跨界层面上的制度设定，对建立共同跨界区域的接受程度增加	制度（软制度或硬制度）差距低/保留的差距得到专业中介机构的沟通，跨界层面上的制度厚重，对构建共同创新体系的接受程度高

续表

RIS 维度	阶段 1：非对称成本推进系统（弱整合）	阶段 2：新兴知识驱动系统（半整合）	阶段 3：对称的创新推动体系（强整合）
政策结构	缺乏可见的制度领导力，缺乏合法性（legitimacy），从各自国家和地区获得不对称支持	对创新协调机制的政策需求变得急迫	透明、民主的治理结构，治理形式广泛，参与程度高
可达性	地理接近性程度低或中等	中度或高度的地理接近性	地理接近性程度很高

注：依据 Lundquist 和 Trippl（2013）的研究整理而得。

依据以上分析，可以提出如下假设：

假设 2a：超本地情境下技术接近性正向影响集群企业创新绩效。

假设 2b：超本地情境下技术接近性正向影响集群企业创新性。

技术接近性在很多情况下可以充当超本地知识联系的诱发因素，其接近性程度决定了施加给知识交流双方的驱动力，其本身也是影响超本地创新的重要因素。而社会接近性则直接作用于知识互动过程，既是个体间互动产生的推动因素，也在交互过程中得到累积性强化并进一步提升互动的可能性。两类接近性作用于创新互动的不同环节，构成了相互交织的共同作用过程。换言之，组织内外部的知识互动是创新的基础，社会接近性驱动形成和维持强化互动关系，构成了创新合作的先决条件，也影响了创新互动后续环节。技术接近性则通过影响互动过程中的知识吸收效果，对社会接近性与创新绩效之间关系产生一定调节作用。

在超本地情境下，技术接近性可以影响远距离合作关系的形成与维持。在集群企业跨界搜索阶段，潜在合作伙伴的技术领域、技术发展趋势与双方技术契合度是需要预知的重要信息。当双方的技术知识结构能够构建一定的联系时，建立合作关系的可能性会提升。Steinmo 和 Rasmussen（2016）的实证研究表明，形成共同的技术语言，即双方技术知识的熟悉程度影响合作者之间的互动关系水平。在对合作伙伴的技术知识缺乏充分认知的情况下，集群企业与超本地企业之间的知识交换会相对较为混乱，从而降低知识吸收的效果。因此，拥有相似的技术背景使得集群企业与超本地合作伙伴更容易形成较为一致的技术判断，有利于在市场预期、技术风险等方面达成一致，从而维持合作关系的稳定性，进而产生较好的创新绩效。除此之外，技术接近性还有助于共同认知的形成，推动社会关系向社会接近性的转化。一般而言，技术领域差异过大的行业之间难以磨合，组织架构和制度惯例之间的差异明显，难以形成真正意义上的社会接近性（具有相似的行为规范与惯例)。社会接近性与一般意义上的社会关系不同，它更能促使组织之间展开系统性、深入有效的合作。当缺乏具有的社会接近性时，双方只能在相对有限的层次与深度上进行互动。因此，技术接近性在一定程度上有助于企业之间的相互契合，减少合作中的分歧，在创新过程中获得更好的效果。

由此，可以提出如下假设：

假设 3a：技术接近性正向调节超本地情境下社会接近性与集群企业创新绩效的关系。

假设 3b：技术接近性正向调节超本地情境下社会接近性与集群企业创新性的关系。

三、超本地情境下地理接近性作用条件与效应

地理接近性又称空间接近性（spatial proximity）或物理接近性（physical proximity)，反映了互动双方所处地域的空间邻近性。在经济地理学理论体系中，地理接近性占据着重要的地位，大量研究探讨了地理接近性对创新合作的影响，认为其作用机制主要体现在：提供频繁互动的机会（Morrison 等，2016)，增进隐性知识的传递机会（王智宁等，2012)，从而促进知识的内化过程；空间集中促使企业之间通过形成重叠密集的网络以极大地减少知识扩散的成本（Broekel 和 Boschma，2012)；形成丰裕的劳动力池，使得劳动力流动与人际交流构成知识迅速扩散的非正式途径（Breschi 和 Lissoni，2009)，进而为企业提供充足便捷的外部知识来源（Bell 和 Zaheer，2007)。有关地理接近性的研究通常设定在互动频繁、关系密集、相对封闭以及知识极易溢出的本地化环境中。已有研究认为，地理空间距离对本地企业的合作具有直接效应和间接效应（Felzensztein 等，2010)，其直接效应来自于外部性、共享基础设施和劳动力市场以及企业间交易的交通成本与沟通成本的降低，其间接效应在于通过培养本地特色的社会关系网络，有助于降低交易不确定性。在接近性研究领域，地理接近性的直接效应存在着争论，而有关其间接效应的分析越来越引起重视。在超本地创新中，对外部间接关系的掌握决定了集群企业能够在多大程度上渗入外部知识体系中获取非冗余知识。

然而，超本地情境与本地环境存在着巨大的差异。首先，集群企业失去了地域集中所创设的创新制度、根植性关系（李琳和熊雪梅，2012）等有利于知识扩

散的条件；其次，企业之间互动频次减少，知识溢出难度增加，相互信任的基础不再是具有本地特色的、由正式制度和非正式制度组成的惯例、规范与规制，而主要以正式制度为主；最后，交互双方冲突协调机制主要在二元层面上发挥作用，而不是类似基于本地社会关系网络、具有集体约束力的惩罚机制。因此，在超本地情境下的创新活动剥离了大量本地化特点，与地理空间的关系更为松散。那么这是否意味着在超本地情境下“地理已死”（Cairncross，2001）？

结合创新过程与个体间互动规律看，地理接近性对知识互动的作用不能被忽视：

其一，地理上的邻近便利了知识交互。在相对较短的地理距离内，知识交互的成本相对较低，对于复杂知识、系统性知识的吸收与内化效果也相对较好。知识创造过程中，内隐性知识的表达以及向显性知识的转化需要在相对稳定和持续的组织结构与较为相似的制度环境中进行，并在很大程度上依赖于人与人之间的面对面互动，尽管临时地理接近性（temporary geographical proximity）有助于缓解这一问题（Torre 和 Rallet，2005），但距离过远也会影响临时地理接近的频率，从而影响知识的吸收效果。相反，地理上较为接近性个体之间能够更充分吸收合作双方的知识，不仅提升了创新的效率，也保证了双方合作的产品与服务具有相对较好的创新性。

其二，从创新成本与不确定性角度而言，企业是一个有限的资源集合，其创新信息搜索、创新过程的冲突协调以及产品或服务的市场分析与占领都需要耗费企业资源来完成。资源不足的企业难以与远距离的企业展开持续的创新合作（Dettmann 等，2015）。Kalapouti 和 Varsakelis（2015）采用 210 个欧洲地区（region）12 年（1995~2006 年）的数据，利用知识产出方程进行实证检验。研究发现，跨区域技术接近性和地理接近性具有显著的正向作用。但是，地理接近性和技术接近性共同显著影响自变量的边际效应。当一个区域邻近弱的创新系统时，技术领域相近的地区之间知识溢出会更强。当一个区域邻近具有高度创新行为的地区时，技术领域不同的地区之间知识溢出会相对更活跃。知识接收区域在技术领域路径上的位置会影响技术距离对知识转移的作用。企业总是趋向于在有限资源的约束下，尽可能地选择合作成本较低的潜在伙伴。一般而言，在相对较近的地理空间内，信息搜索渠道较多且信息失真的可能性相对较小。同时，制度环境较为相似，企业的调整成本较小。在有限空间内的互动成本较低，知识溢出效果较好，因而开展和维持创新合作的耗费成本相对较低，合作双方可以取得较好的创新绩效。

其三，邻近区域内市场熟悉程度较高，制度相似性程度较高，战略冲突较低。Chen 和 Lin（2014）以中国台湾设备工具（machine tool）集群为例，探究地理接近性对集群学习型组织转化及动态可持续发展的影响。研究认为地理接近性对于集群企业的群内、群外知识获取都很重要。一方面，地理集中为企业组成各种组织和技术网络以应对竞争环境提供了条件，集群中的技术网络并不限定于集群内，而地理接近性是培育和治理此类集群外部网络的关键；另一方面，在相对较为接近性的地理空间内，不同企业所面对的市场状况一致性程度较高，有关创新需求与竞争等信息能够较快地传播。企业对于相关信息较为熟悉，容易在创新策略、创新方向等方面形成一致判断，减少冲突发生的概率。在超本地情境下，保持一定的地理接近性有利于较好地综合知识异质性和低成本交互带来的好处，从而提升集群企业的技术创新性和创新绩效。

既有研究认为，地理接近性引致了企业间社会关系的紧密性，有助于降低心理距离和建立信任。在特定空间内形成关系密集的社会网络，引致嵌入和迅速的知识溢出，从而推动创新活动的开展。但是，在超本地背景下，企业间社会关系并非脱胎于特定地域的社会文化背景，构建共同规则、信念和信任的条件迥异。社会接近性并不来自空间邻近提供的互动条件，而通常基于过去共事或合作的经历，即早期成功的合作经验作为降低合作不确定性的基础并用以决策后期的交互行为，经历一段循环强化的过程后，地理分散的组织之间逐渐形成共同的认知以及相互信任。因此，地理接近性在超本地情境下不能创设具有本地特色的社会接近性，难以直接通过企业间的关系紧密程度影响企业创新过程。有关永久地理接近性与临时地理接近性研究分别从静态和动态两个角度论述了地理空间对知识流动的影响。然而从多维接近性视角看，两类观点并没有根本性冲突。无论知识集聚在集中还是分散的形式空间内，引导知识主体做出选择的接近性机制始终是从多个维度方面进行的（Lagendijk 和 Lorentzen，2007）。而多维接近性综合作用下对知识网络分布产生的结果，可以从地理空间上加以观察，同时也可以从其他空间维度上分析（Huber，2012；Kogler 等，2013）。因此，现有研究对知识网络分布仅从地理空间维度来加以认识具有较大的局限性，容易忽略网络结构变迁背后的不同接近性作用过程。现有研究表明，无论在集聚态的地理空间内还是在分散空间上，多个维度上的接近性变化往往具有联动性（Letaifa 和 Rabeau，2013），在特定情境因素的激发下产生不同的综合效应（Torre，2008）。

综上所述，提出如下假设：

假设 4a：超本地情境下地理接近性对集群企业创新绩效具有正向作用。

假设 4b：超本地情境下地理接近性对集群企业创新性具有正向作用。

结合创新互动的本质规律看，超本地情境下社会接近性可以调节地理接近性效应。研究认为，企业选择潜在创新伙伴的地理距离的扩展与双方的社会接近性强度有关。在远距离互动过程中，组织间的文化差异、社会习俗差异会引起沟通不便，个体间难以形成较为一致的价值观念，创新过程中协调成本相对较大，不确定性也相对更高。此时，企业间社会接近性程度对于合作创新变得至关重要了。在同样的地理距离上，即使面对社会文化环境的差异，集群企业与超本地企业的社会接近性程度越高，合作关系越紧密，不确定程度会大大降低，创新冲突也更容易协调。知识交互的深度和广度得到提升，更容易吸收异质性技术知识并面向差异化的市场信息产生更具新颖性的产品或服务，增强集群企业的技术创新性。除此以外，社会接近性能够提升合作双方的接触频次和互动程度，有助于集群企业更有效地利用其本身的资源集合与创新伙伴进行知识交互，从而获得更高的创新绩效。综上所述，在超本地情境下，由于环境特征的差异，社会接近性不能被视作地理接近性的衍生品，但可以在一定程度上增强地理接近性效应，从而起到调节作用。

由此，可以提出如下假设：

假设 5a：社会接近性正向调节超本地情境下地理接近性与集群企业创新绩效的关系。

假设 5b：社会接近性正向调节超本地情境下地理接近性与集群企业创新性的关系。

第三节 超本地情境下多维接近性整合研究模型

结合以上两节的理论分析，基于情境条件的差异，我们对比分析不同接近性的作用差异及其交互效应的特点，整体分析模型如图 3–2 所示：

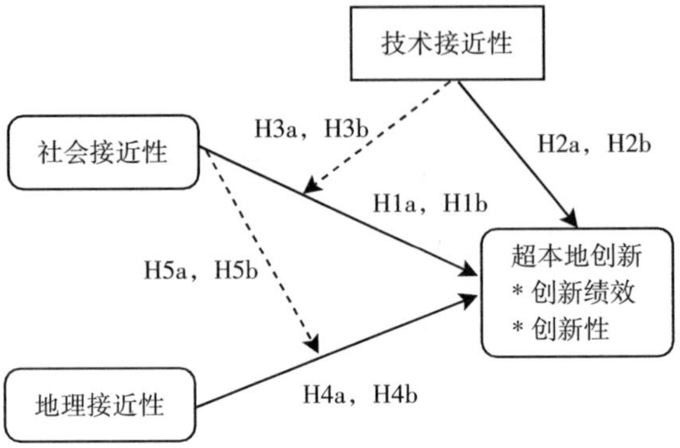

图 3–2　超本地情境下的多维接近性效应整体研究模型

基于以上分析框架，我们通过对本地与超本地情境条件差异的识别，认为超本地情境下，集群企业的创新受到地理接近性、社会接近性的综合作用，在研究中需要分开讨论至少两个部分的交互效应：

其一，基于超本地情境的社会接近性交互效应。我们认为远距离知识流动主要受基于共事、合作等关系的社会接近性影响，并受到技术接近性的调节。在相互磨合的技术合作初期，即使关系密切，由于知识主体之间的技术接近性较小，空间距离的负面影响也会相对显著。然而一旦二者在长期合作中形成可相互理解的技术语言，其技术轨迹会越来越接近，即使短期的频繁接触（项目合作、会议或员工俱乐部等）也会有效地降低知识交流成本，从而推动远距离知识流动。因此在社会接近性研究模型中，我们引入技术接近性作为调节变量。

其二，基于超本地情境的地理接近性效应。有关超本地条件下地理接近性与集群企业创新之间的关系是目前理论研究的热点，存在着较大的理论分歧。我们在研究模型中，引入社会接近性作为调节变量，技术接近性为控制变量，观察不考虑技术复杂程度的情况下，地理接近性对集群企业的影响，并分析社会接近性的作用。

基于该理论模型，我们从多维接近性整合视角出发，重点探讨了社会接近性、地理接近性对集群企业超本地创新的影响。

本章小结

情境是主体间开展互动的环境条件。在集群企业的超本地创新过程中，不同接近性的作用基础相较于本地情境下发生了显著的变化。既有研究未能将情境条件引入到多维接近性分析模型中，因而没有区分接近性在不同情境下的效应差异，由此在有关地理接近性在超本地创新过程中的作用方面存在着大量的争论。本章首先厘清了超本地情境下的社会接近性差异，在此基础上构建了基于社会接近性、地理接近性与技术接近性交互效应的分析模型，认为与本地情境不同的是，社会接近性在超本地情境下并非是地理接近性的派生产物，二者之间具有较高的独立性。以此为基础，重点探讨了社会接近性与地理接近性分别对集群企业超本地创新的影响。本章的相关假设总结如表 3–3 所示：

表 3–3 超本地情境下多维接近性影响集群企业创新的研究假设

序号	假设内容
假设 1a	超本地情境下社会接近性正向影响集群企业创新绩效
假设 1b	超本地情境下社会接近性正向影响集群企业创新性
假设 2a	超本地情境下技术接近性正向影响集群企业创新绩效
假设 2b	超本地情境下技术接近性正向影响集群企业创新性
假设 3a	技术接近性正向调节超本地情境下社会接近性与集群企业创新绩效的关系
假设 3b	技术接近性正向调节超本地情境下社会接近性与集群企业创新性的关系
假设 4a	超本地情境下地理接近性对集群企业创新绩效具有正向作用
假设 4b	超本地情境下地理接近性对集群企业创新性具有正向作用
假设 5a	社会接近性正向调节超本地情境下地理接近性与集群企业创新绩效的关系
假设 5b	社会接近性正向调节超本地情境下地理接近性与集群企业创新性的关系

第四章　超本地情境下多维接近性测度与样本数据收集

第一节　主要变量的界定与测度

依据项目研究模型，我们需要结合集群企业的超本地情境条件来界定和测度研究所用变量。这是我们实证分析中的一个难点问题。为保证变量刻画的科学性与准确性，我们以国内外主流研究广泛使用的测度指标为基础，结合实地调研和专家咨询所反馈的意见，引入了集群企业超本地创新情境条件，重新界定不同接近性，选取具有鲜明超本地情境特征的指标加以测度。模型变量的测度指标主要以成熟的测度指标体系和客观数据为主，以避免主观性引起的偏误。

一、基于超本地情境的接近性变量界定与测度

我们对主要的接近性变量进行了重新界定。地理接近性是划分本地与超本地的基础。我们结合实际，以集群所在县（或市辖区）一级行政区划的地理范围为限，将该区域内的企业视为本地企业，区域外的为超本地企业。在实际测度时，地理接近性指标的测度可以采用行政区划类型计算（Oerlemans 和 Meeus，2005），也可以采用实际距离（Migúelez 和 Moreno，2014）或交通距离计算。考虑到交通条件差的差异，只考虑实际距离意义不大，因此采用城市之间的交通时间更为妥当。在计算交通时间差异时，考虑到经济性选择乘坐陆地交通工具（铁

路和公路交通）3 小时以内可到达的赋值 1，3~12 小时可达的赋值 2，12 小时以上 1 天以内可达赋值 3，1 天以上赋值 4，海外赋值 5，对企业的多个合作伙伴地理距离取均值。

社会接近性受到超本地情境条件的影响最大，尽管我们不认为超本地社会接近性是一个独立的接近性维度，但相对于广义上的社会接近性而言，超本地条件下的社会接近性更依赖于关系基础，大量研究证明，基于人员往来形成的知识交流渠道在企业技术知识合作过程中广泛存在。企业人员的跨组织、跨地域互动依赖于过去共事或同学等关系纽带，由此社会接近性是可以在超本地状态下维持的，即“离开但未遗忘”（gone but not forgotten）。在变量测度方面，社会接近性是一个多维度指标，依据 Rost（2011）的研究可以从交流频次、亲密合作伙伴数和交流持续性三个方面测度。由于在超本地知识交流过程中，合作较为密切的企业还会成立常设机构维持运转，这在一定程度上可以反映合作双方的关系密切程度，因而本书引入了超本地合作机构数（以下简称“合作机构数”）这一指标。超本地情境下，社会接近性的来源和构成具有自身特点，不同指标之间的联系不同于本地背景下那样紧密，不应简单地综合取平均数，有必要析出社会接近性不同方面对集群企业创新的影响。同时，超本地情境下社会接近性的操作性概念在调研中被受访者所理解的程度有限。若对每一维度采用不同题项来测度，既缺乏现有研究成熟量表的借鉴，也进一步增加了获取精确信息的难度。较为稳妥的方法是采用客观直接的指标来提高信效度。因此，本书将 4 个指标分别独立进入回归方程加以检验。表征社会接近性的不同指标具体测度方法是：交流频次按照“天”“周”“月”“年”“不定期”5 种情况分别赋值；本书将亲密伙伴界定为合作一年以上并且交流频次至少以月为周期的超本地知识交流伙伴，对应有“10 个以上”“5~10 个”“1~5 个”“0”以及“不清楚”5 个选项，分别取值为 1~5。该指标用于刻画集群企业超本地强关系数量。交流持续性则主要通过询问主要技术人员与超本地企业外部人员的技术交流持续时间，依照“一年以上”“半年以内”“一月以内”“不定期”和“没有”等情况分别赋值。合作机构数是集群企业进行超本地合作所设置的超本地分支机构的数量，分为“5 个以上”“3~5 个”“1~3 个”“0”和“不清楚”5 种情况，分别取值 1~5。一般而言，只有合作双方在组织、管理和创新战略等不同方面达到高度认同的情况下才会建立外设合作机构，因此该指标反映了组织间的契合程度和关系嵌入程度。外设合作机构较多意味着集群企业在超本地合作关系网络中的嵌入程度更高。

技术接近性主要刻画组织知识基础的相似性。在超本地情境下，由于集群企业的合作伙伴知识异质性更强、行业分布更广，甚至跨界合作也屡见不鲜（在我们调研过程中这一现象较为突出，我们后续的拓展研究主要以此为分析重点）。因此，超本地情境下识别企业间的技术接近性不能以较细的技术分类来识别，而需要从产业或行业角度考虑。在变量测度方面，现有研究主要通过基于专利数据计算研发投入领域的结构相似性或者生产领域的相近性来测度（Angue 等，2014）。但由于样本企业的核心技术通常并不专利化，若依据专利主分类来进行测算则不能准确地反映技术结构相似性。本书借鉴既有研究的衡量方法同样以客观数据为基础，依据调研企业与其主要技术合作伙伴的生产领域（采用主要生产领域的技术分类来识别）作为计算基础，采用结构相似性计算公式测算技术接近性指标，其取值范围在 0~1 间，相似性程度最高取值为 1。

二、集群企业创新变量与控制变量测度

项目研究的因变量主要有技术创新性和创新绩效两个，前者衡量技术本身的先进性和新颖性，后者代表技术物化为产品（服务）所带来的经济利益。创新性指标借鉴 Chen 等（2011）、Zehir（2012）和 Criscuolo（2014）的研究，使用 Likert 5 点量表设置 4 个题项测度；创新绩效主要通过新产品开发绩效衡量。以往研究主要通过专利数（徐建中、徐莹莹，2015）测度创新绩效。但本书在调研中发现，并非所有企业的创新产出都会专利化，拥有专利的企业之间数量差异明显。为减小采用专利数作为创新绩效的替代可能带来的偏误，本书借鉴 Hagedoorn 和 Cloodt（2003），Alpkan 等（2010）的研究，采用新产品开发绩效来刻画企业创新效果，从新产品开发利润、新产品市场占有率、开发进度和投诉率是否在企业目标范围内方面设置 4 个题项，采用 Likert 5 点量表来测度。

为了排除其他因素的影响以准确析出自变量的效应，依据以往研究本书引入发展阶段、合作时间、企业规模和关系类型等作为控制变量（Walsh 等，2016；Dooley 等，2016；Capaldo 和 Petruzzelli，2014）。根据现有文献的测算方法，企业所处阶段划分为“种子期”“创建期”“成长期”“扩张期”和“成熟期”，分别赋值为 1~5；合作时间按照“10 年”“5~10 年”“1~5 年”“1 年以下”和“没有持续合作”分为 5 类，分别取值为 1~5；本书使用员工数量代表企业规模，参照 2011

年工业企业划分标准规定（工信部联企业［2011］300号），分为“20人以下”“20~50人”“50~100人”“100~300人”以及“300人以上”5个类别，分别赋值1~5；关系类型主要分为“隶属关系”“双方有合资企业”“共有研发机构”“业务关系”和“相互持股”等不同情况进行赋值。

第二节 数据获取与样本描述

一、问卷设计与调研方案

2014年10月至2016年5月，笔者与项目组成员赴江苏生命科技创新园、南京大学科技园、西安高新区发放问卷。调研中，我们主要针对集群内的生产型企业，未包括中介组织和服务型企业，共发出问卷150份，剔除题项回答有偏误（如连续7~10个题项均选择同一取值，质疑其可信度）、数据有缺失的问卷，回收有效问卷79份，有效回收率52.67%。其中，江苏生命科技园区和南京大学科技园区均为2009年成立的新兴科技园区，属于东部省份重点发展领域的产业创新中心，反映了我国科技发展的主要趋势。西安高新区则是我国第一批成立的高新科技园区，也是整个西部地区重要的科技创新中心。因此，本项目的调研对象能够较好地容纳具有不同地域特征的产业集群。产业集群的特点主要在于：其一，集群内存在大量的大中型企业，具有较大的资产规模、一定技术能力和相对较强的市场竞争力；其二，集群多为外源性，并非基于本地产业传统而是主要依靠政策性引导形成的产业集群，本地的历史文化传统影响相对较小。本次调研的主要企业为生物医药类和电子信息类企业，选取该行业企业的原因主要在于：①属于国家重点支持的战略性新兴产业，对我国未来经济发展具有重要意义；②作为高科技行业，专业化程度较传统行业高，技术网络化程度更突出；③技术合作过程中，相对于本地自然资源，企业对技术资源的依赖程度更高，因而创新的空间维度更为丰富。

在数据获取方式方面，我们采用了问卷与访谈相结合的方式来获取实证数据。在量表开发过程中，综合既有研究成果与访谈获取的调查问卷的基础上，选取 15 家企业进行预实验，对不清晰和不完整的问题进行修正，形成最终使用的半结构问卷。我们调研的主要访问对象是企业创新工作较为熟悉的高管、负责研发的主管或经理人员，同时也广泛接触了企业的技术人员。在这一过程中，整理了大量一手资料，有利于提升实证研究的准确性和针对性。

二、样本整体特征

在我们调研的有效样本中，获得较为完善数据的企业主要是生物医药类企业，其次为电子信息类企业，大部分属于高科技行业，创新活动较为活跃，符合我们的基本预期。样本企业的具体行业分布如图 4–1 所示。

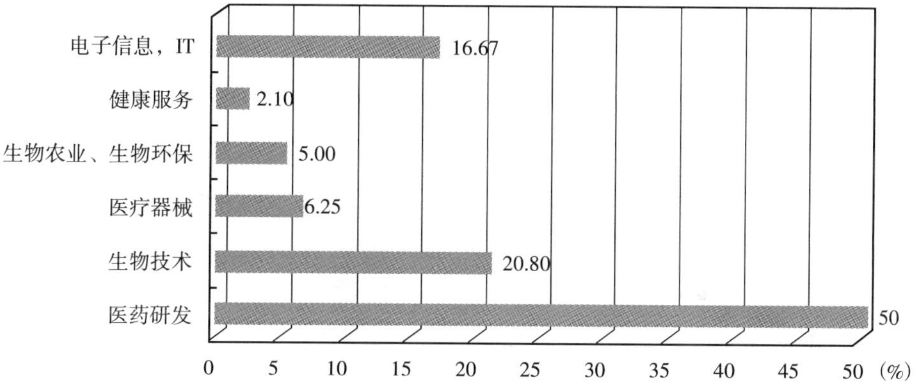

图 4–1 受访企业的行业特征

从企业属性角度看，样本企业大部分为民营企业，少部分为合资企业，几乎没有国有企业。结合我国实际，相对于国有企业而言，民营企业市场化程度较高，经营相对灵活，企业创新意愿更高，这可能与我们的调研区域属于重点发展的产业区有关。本次调研的地区主要在南京和西安的高新技术区、科技园区里面，这些区域多为政策性引导扶持下的创新区域，近年来重点引进、培育了大量创新型企业，其中民营和合资企业占主体，如图 4–2 所示。

从资产规模上看，受访企业中资产超 1000 万元的大型企业较少，约占 1/8，资产在 50 万元以下的小微型企业只有 2%的比例，大部分企业是中小型企业，其中资产在 200 万~1000 万元的企业比例略高于 40%，此类企业大多具有较为完善的企业管理制度和运营体系，市场竞争力相对较强。

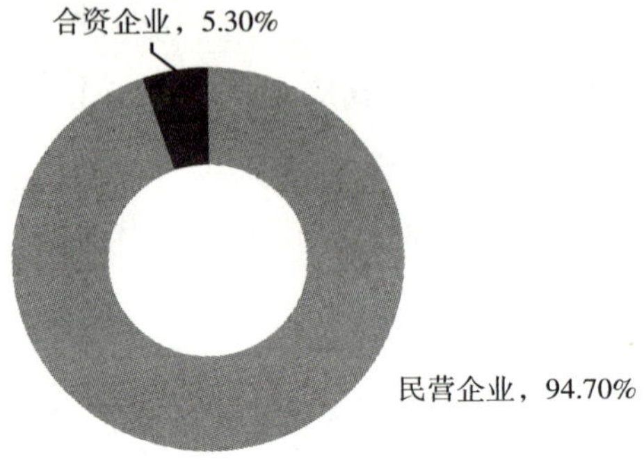

图 4-2　企业所有制性质

三、样本企业的超本地合作情况

在技术合作方面，也有自身较为稳定的合作伙伴，合作网络形态也较为稳定。受访企业与主要技术合作伙伴的合作时间如图 4-3 所示。

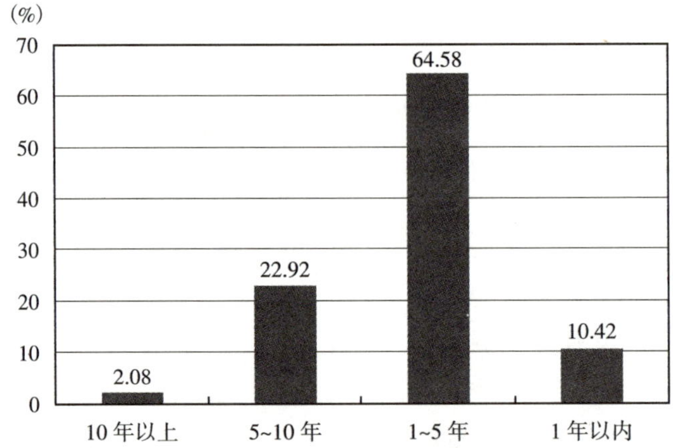

图 4-3　受访企业与主要技术合作伙伴的合作时间

从图 4-3 可以看出，大部分企业的技术合作伙伴在 1~5 年，约 1/5 的企业合作时间在 5~10 年，属于长期合作。1 年以内的短期合作较少，因此，受访企业大部分具有较为稳定的技术合作伙伴。

与此同时，我们在调研中发现，80%以上的企业主要合作伙伴是超本地的国内同行业企业，本地同行之间的合作只有 4.17%，与海外合作的占比相当，其他企业的主要技术合作伙伴则广泛地分布在国内和国外（见图 4-4）。这一点与大部分集群的合作形式不同，究其原因，一方面来自于企业所处行业特点，生物医药类企业的技术在整个行业中较为集中，主要在发达地区（国外部分主要是欧美国家，国内部分主要是经济发达的沿海地区），内陆地区的相关产业集群或多或少受到该地区的技术影响（主要通过技术专利和研究机构）；另一方面可能与企业的主要市场在超本地区域有关，受访企业的服务市场区域与主要合作伙伴的地理分布中度相关（相关系数为 0.4）。

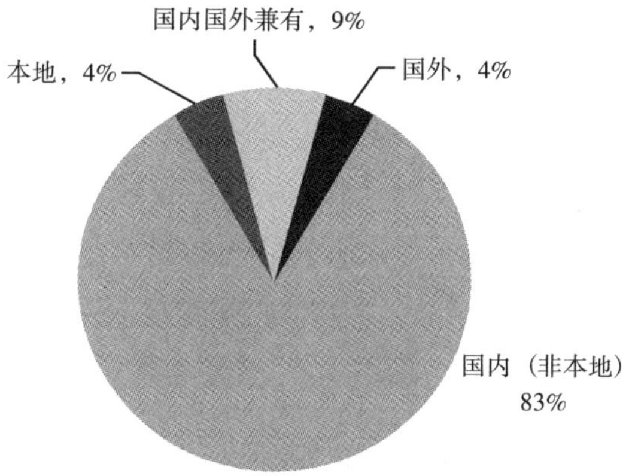

图 4-4　主要合作企业的地理分布

在进一步的调研中，不到 40%的企业主要依靠本地技术知识，而主要依靠超本地技术知识（包括国内国外）的企业约占 60%，由此证实了超本地技术知识是受访企业的主要技术来源（见图 4-5）。

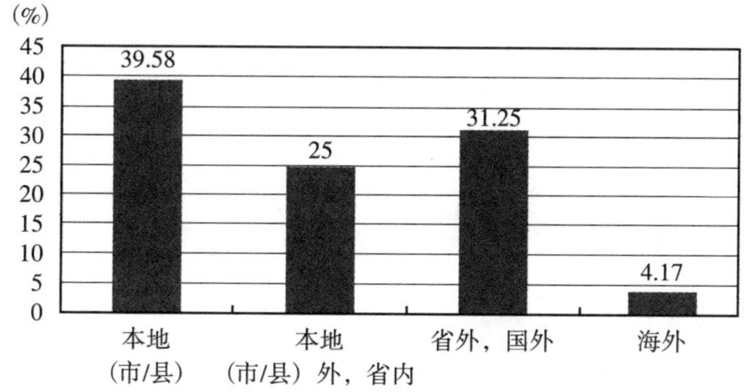

图 4-5　企业的主要技术知识来源

图 4-6 对比了受访企业合作一年以上技术伙伴的本地企业与超本地企业占比，可以看到，拥有 5 个以上主要合作伙伴的受访企业，其超本地合作者明显多

于本地合作者。对于合作较为广泛的受访企业而言，其寻求超本地外部知识源的能力更强，所建立的外部知识渠道在地理上分布更为广泛。相反，合作较为封闭的受访企业（主要合作伙伴数为 1~5 个）其本地合作者的占比略高于超本地合作者，这与合作广泛的受访企业具有较为明显的区别。

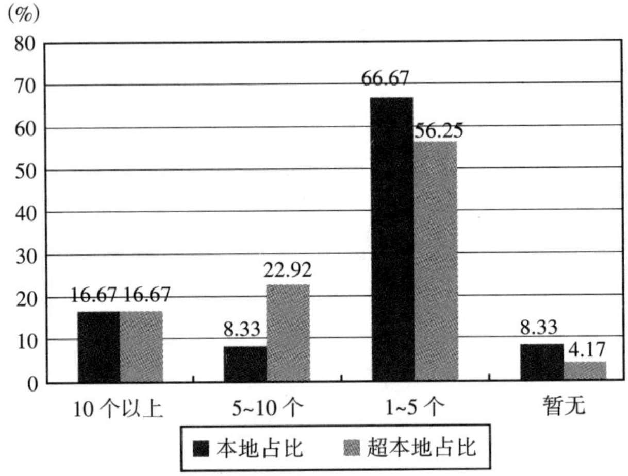

图 4-6　合作 1 年以上企业占比

从人员交流频次看，受访企业的技术人员和研发人员与本地和超本地人员技术交流均主要以月为周期。本地情况下，面对面的频繁互动这一特点主要体现在以周为周期的交流中，略多于与超本地人员的交流，这与技术交流成本与困难有一定的关系，如图 4-7 所示。

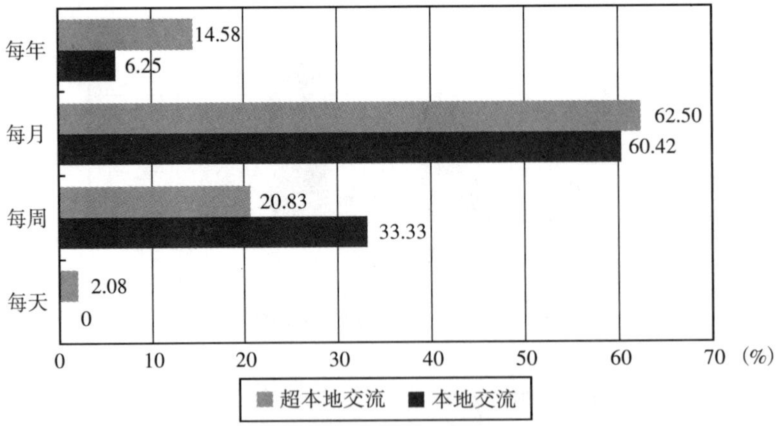

图 4-7　人员交流频次

大部分企业的技术合作伙伴属于相同行业的不同生产环节，说明受访企业与其主要合作伙伴之间存在着一定程度的技术异质性，完全竞争关系的同行业企业之间的合作约占 10%，说明该产业集群中主要以互补性技术合作为主（见图 4-8）。其原因可能与集群的发展阶段有关，受访企业处于集群发展的初创阶段，技术异质性的个体相对较多，技术冗余度尚未影响到企业间的技术合作行为。

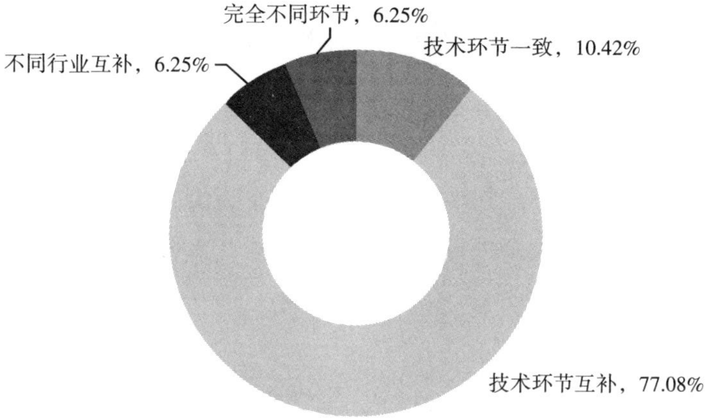

图 4-8　主要技术合作伙伴的行业分布

在对受访企业的技术人员调查中，发现企业的主要技术人员入职前有 47.92% 的人在本地其他企业工作过，本地企业间的人员流动较为普遍（见图 4-9）。而另一个主要来源则是本地的高校。这与受访企业处于南京、西安两座高校较为密集的区域有关。

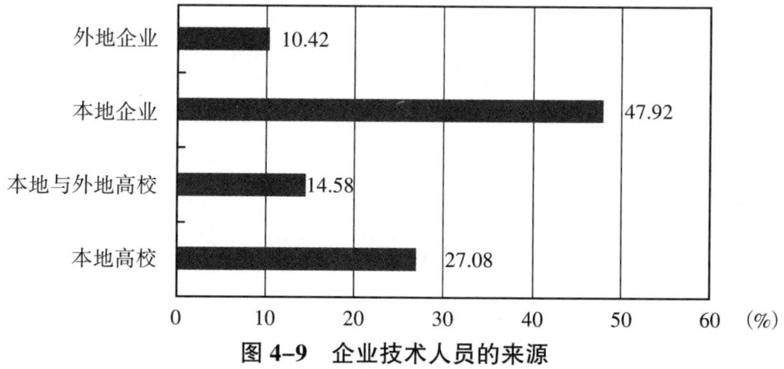

图 4-9　企业技术人员的来源

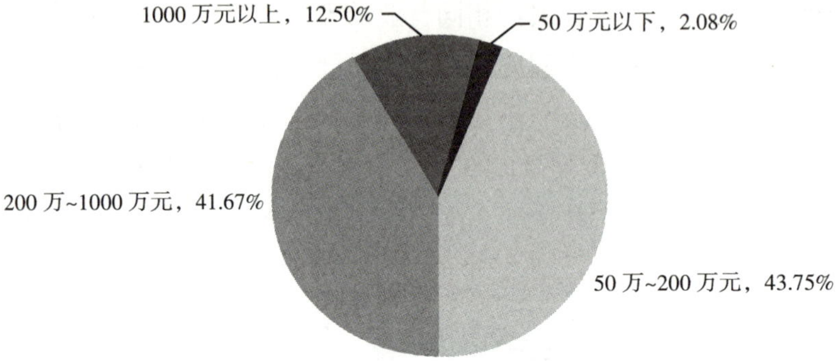

图 4-10　受访企业资产规模

同时，大部分企业处于成长期，新办企业较少，由此可见，本地集群并非处于发展初期，其构成企业大多为行业内的成熟企业，大部分具有一定的技术基础和较为稳定的市场，如图 4-11 所示。

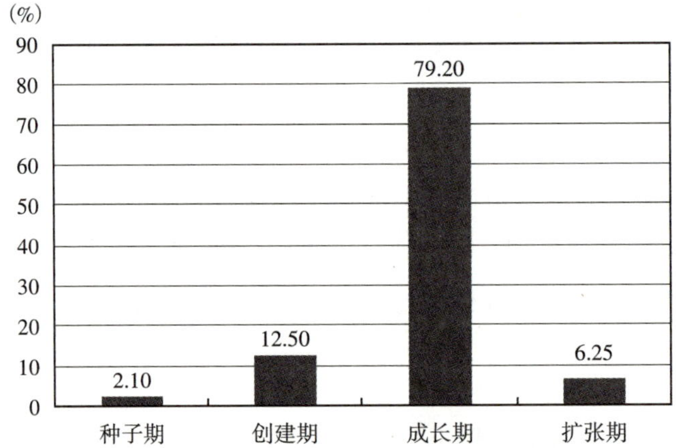

图 4-11　受访企业所处发展阶段

第三节 实证研究方法

一、层次回归

依据第三章的研究假设，进入实证分析框架的变量较多，其中自变量包括地理接近性、社会接近性，而两个自变量又各自包含多个指标。除此以外，项目对于调节效应的检验也涉及多个指标。因此，采用单一模型进行回归难以析出各变量及表征同一变量的不同指标的效应。结合不同接近性的独立效应与交互效应假设，我们拟采用层次回归（hierarchical regression，也称分层回归）方法对第三章的假设进行检验。

层次回归可用于对多个包含不同变量的回归模型比较。在回归过程中，通过建立不同的回归模型，将各自变量、调节变量和控制变量陆续引入回归方程，可以对比不同自变量对因变量的影响，同时也可以析出同一变量不同指标的影响。在本书中，我们对超本地情境下的接近性变量采用了多指标的测度方式，试图在理论上厘清集群企业超本地合作创新过程中具有显著影响的具体因素。相对于一次性引入所有变量的多元回归而言，我们在回归过程中通过依次增加不同的接近性变量或指标并对比不同模型中自变量、调节变量和控制变量的影响变化，可以更为客观准确地分析回归结果。

二、调节效应检验

第三章的研究模型还涉及技术接近性和社会接近性的调节效应检验，我们依据常用的调节效应检验步骤进行分析。具体而言，对于包含调节变量的 M 回归方程：

$$Y = aX + bM + cXM + e$$

将自变量 X 和调节变量 M 中心化，具体方法是将各变量的均值计算出来，然后取实际值与均值之差为各变量的取值。

将自变量中心化以后，按以下步骤进行检验：

（1）做 Y 对 X 和 M 的回归，得测定系数 R_1^2。

（2）做 Y 对 X、M 和 XM 的回归，得 R_2^2。

（3）结合先前的回归结果进行判断。若 XM 的回归系数检验明显，则认为调节效应显著，或者若 R_2^2 显著高于 R_1^2，也可以认为调节效应显著。

为了获取较为精确的结果，依据交互项 XM 的显著性水平来判断调节效应是否存在。

本章小结

依据超本地情境下的接近性特点，我们通过结合以往研究并结合专家意见设计了半结构问卷，对接近性变量的测度提出了新的方法。随后，通过对西安、南京等地不同产业集群的实地调研，获得有效问卷 79 份。我们调研对象大多为创新活跃的私营企业，有较为广泛的超本地合作伙伴和较多的合作经历。依据研究模型，我们选择层次回归法验证社会接近性与地理接近性对超本地创新绩效与创新性的影响，同时使用调节效应检验方法验证其他接近性的调节作用。

第五章　多维接近性对集群企业超本地创新的影响

本书的第三章构建了基于多维接近性的验证模型，本章分别以社会接近性和地理接近性为主要的接近性变量形成概念模型，并结合接近性的交互作用分别提出相应假设加以分析。

第一节　超本地情境下社会接近性的作用研究

本节主要检验超本地情境下社会接近性对集群企业创新绩效与创新性的影响，并分析技术接近性的调节作用。

一、超本地情境下社会接近性与集群企业创新绩效之间的关系

超本地情境下，集群企业的超本地合作受到不同社会背景、关系形态和技术路径的共同影响。项目从超本地情境下社会接近性作用条件以及对集群企业创新的影响入手，结合多维接近性整体分析框架，构建交互效应模型，检验非本地情境下社会接近性对集群企业创新绩效的影响，并验证了技术接近性的调节作用。围绕超本地情境下社会接近性与创新绩效的作用及技术接近性的调节作用，我们设定了 3 个假设，采用层次回归方式加以验证，回归结果总结如表 5–1 所示。

表 5-1　社会接近性与技术接近性对创新绩效的分层回归结果

变量	创新绩效				
	模型 1	模型 2	模型 3	模型 4	模型 5
社会接近性					
亲密伙伴数	−0.196*		−0.202*	−0.173	−0.201*
交流频次	0.006		−0.006	−0.008	−0.003
交流持续性	−0.073		−0.072	−0.068	−0.070
合作机构数	−0.261**		−0.261*	−0.281**	−0.252**
技术接近性		0.221*	0.242***	0.363*	0.262**
关系类型	0.221**	0.226**	0.215*	0.224**	0.220**
员工数量	0.056	0.102	0.057	0.055	0.052
发展阶段	0.104	0.152	0.102	0.093	0.105
合作时间	−0.463***	−0.579***	−0.465***	−0.455***	−0.465***
合作机构×技术接近性				0.169**	
亲密伙伴×技术接近性					0.120*
R^2	0.530	0.374	0.532	0.538	0.534
Adjust R^2	0.476	0.331	0.463	0.462	0.457
F-value	9.867***	8.718***	7.78***	7.062***	6.978***

注：* 表示 $p<0.1$；** 表示 $p<0.05$；*** 表示 $p<0.01$。

模型 1 反映了未考虑技术接近性因素时，社会接近性 4 个指标对创新绩效的影响，从回归结果看，在超本地知识互动条件下，以往研究强调的社会接近性的互动频次、可持续性等重要指标并未能体现出对集群企业创新绩效的显著作用，而只有亲密伙伴数和合作机构数两个指标具有显著效应。这一结果在考虑了技术接近性因素后的模型 3 中也存在，因此假设 1a 部分成立。上述发现表明，不同于本地情境下社会接近性产生效应，频繁的互动并不能保证在超本地条件下提升企业的创新绩效。作为非充要条件，互动频次的作用在超本地情境下被进一步淡化了。相对而言，集群企业与超本地合作者更依赖于具有正式契约关系的互动模式，不是主要建构于本地条件下基于频繁互动和广泛遵从的社会规制而产生的高度信任。因此，有过成功合作经验的超本地企业（即亲密合作伙伴数）越多，集群企业越容易建立相对可靠的外部知识来源，取得更好的创新绩效。这也在一定程度上表明，跨地区创新合作主要通过正式形式完成，而在本地条件下对创新具有积极影响的非正式互动不一定在超本地情境下也有同样的效应。

回归结果还表明，技术接近性正向影响集群企业的创新绩效，说明即使在超本地状态下相似的技术知识结构对于创新活动仍然具有积极作用，假设 2a 成立。这与目前主流研究观点一致，即企业间的技术结构相近使得双方更容易理解合作创新中产生的新知识，有利于知识的远距离转移，从而提升企业的创新能力。值得注意的是，这一结果并不代表集群企业的超本地合作伙伴提供了同质化的外部知识来源。调研数据显示，60%以上的样本企业主要与超本地企业进行合作，而77.08%的受访企业与超本地合作伙伴处于同一行业不同生产环节，技术知识存在着一定程度的异质性。由此可见，在超本地情境下，集群企业会在异质性和相似性之间维持平衡，即在相似的技术领域发现那些具有不同技术路径的合作伙伴，由此把新颖的、非冗余的技术知识引入集群企业内部。

结合模型 4 和模型 5 的回归结果看，我们发现不同接近性之间是存在相互作用的。在超本地情境下，企业之间的技术接近性可以正向调节表征社会接近性的超本地亲密伙伴数和合作机构数两个指标的效应。假设 3a 部分成立。这表明当集群企业拥有较多超本地外部合作者和合作机构时，双方的技术相似程度越高，创新绩效相对越好。这一结果证实了以往研究的结论，即合作伙伴间拥有共同的技术语言有利于降低相互理解的困难和维持较好的社会互动关系，进而提升社会接近性在知识获取中的作用。集群企业的超本地创新不能过度地追求技术异质性，否则有可能削弱社会接近性对创新的积极作用，在集群发展政策中应该引起决策者们的关注。我们对调节效应的验证支持了多维接近性学派的主要观点，即接近性是一个多维度体系，其对创新绩效产生的效应是不同维度接近性共同作用下的复合效应。

技术接近性的调节作用如图 5-1 和 5-2 所示。

二、超本地情境下社会接近性与集群企业创新性之间的关系

接下来，我们分析社会接近性、技术接近性分别在超本地情境下对集群企业创新性，即技术创新的先进性程度的影响。在此基础上，验证技术接近性的调节作用。我们同样采用层次回归对相关假设进行检验，实证结果汇总如表 5-2 所示。

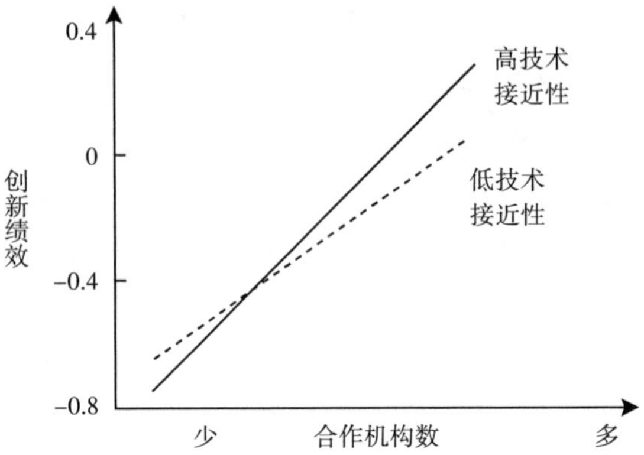

图 5-1　技术接近性对外设机构数的调节效应

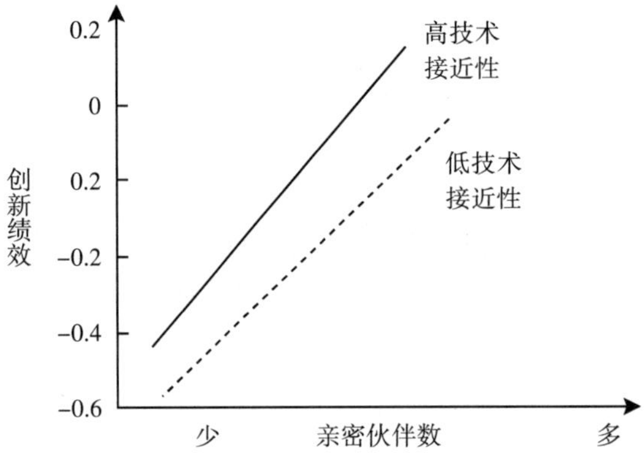

图 5-2　技术接近性对亲密伙伴数的调节效应

表 5-2　社会接近性对创新性的效应与技术接近性的调节作用检验

变量	创新性		
	模型 6	模型 7	模型 8
社会接近性			
亲密伙伴数	-0.212	-0.028	-0.035
交流频次	-0.049	-0.194	0.081
交流持续性	-0.019	-0.034	-0.011
合作机构数	-0.334**	-0.349**	-0.285**
技术接近性		0.023	0.020
关系类型	0.266**	0.268**	0.266**
员工数量	-0.041	-0.037	-0.056
合作时间	-0.321**	-0.316**	-0.324**

续表

变量	创新性		
	模型 6	模型 7	模型 8
技术接近性 × 合作机构数			-0.034
R^2	0.376	0.377	0.379
Adjust R^2	0.311	0.309	0.321

注：** 表示 $p < 0.05$。

从表模型 6 和模型 7 的回归结果看，无论是否考虑技术接近性因素，社会接近性的 4 个指标中，只有合作机构数与创新性存在显著关系，其系数为负代表合作机构数越多（本书中取值越小代表合作机构数越多），集群企业的技术创新性越强，假设 1b 部分成立。说明集群企业通过创设常设的非本地合作研发机构，可以较好地推动创新水平的提升，有助于根本性创新。而技术接近性与创新性之间并没有显著的相关关系，说明技术接近并不一定导致集群企业从超本地合作创新中取得创新性较强的产出，假设 2b 不成立。尽管技术接近性对因变量没有显著的效应，但并不影响其作为调节变量的检验。一般而言，调节变量与自变量、因变量之间不存在显著关系能更准确地检验调节效应。

从调节效应的结果看（模型 8 的回归结果），技术接近性也没有对社会接近性与创新性之间的关系产生显著调节作用，假设 3b 不成立。这意味着在超本地情境下，集群企业通过强化与非本地合作伙伴的合作互动关系能够提升企业的创新性，但并不受合作双方技术相似性程度的影响。可能的原因是原创性的技术突破或根本性创新似乎更加依赖于双方合作过程中的交互程度，而非技术相似程度。因此，假设 3b 未得到支持。

三、研究结论与理论贡献

本节我们通过回归检验社会接近性、技术接近性对创新绩效与创新性的影响以及技术接近性的调节作用，发现表征社会接近性中的合作机构数指标对创新绩效与创新性均具有显著影响，而另一个表征社会接近性的亲密伙伴数指标只对创新绩效具有显著影响。社会接近性的其他两个指标交流频次与可持续性均未发现显著影响。技术接近性对创新绩效具有显著影响，但未发现其对创新性的影响。除此以外，我们在调节效应检验中发现技术接近性对合作机构数、亲密伙伴数两个指标与创新绩效的关系具有正向调节，但对合作机构数与创新性之间的关系没有显著的调节效应。

我们的研究结论对既有研究的理论价值主要体现在三个方面：

（1）基于情境条件对社会接近性的作用机制进行了更为深入的探讨。通过论证超本地情境下社会接近性的作用效果及其与技术接近性的交互效应，区分了不同情境下社会接近性的作用机理，突破了以往基于根植性来解释社会接近性效应的理论局限，从理论上将多维接近性与集群跨地区创新相结合，在新的情境下拓展了既有理论，并为多重嵌入、超本地网络等相关理论提供了实证证据，深化对现阶段集群企业跨地域创新互动规律与创新行为的理解。

（2）拓展接近性研究的“地理局限”，进一步丰富和完善多维接近性研究框架。基于情境的接近性研究完全可以在区分本地与超本地条件的基础上，将知识交互规律及其对创新的影响纳入到统一的理论体系中进行探讨，从而为既有研究有关“地理决定论”和“地理已死”两种流派的争论提供更为深入的认识和可行的分析框架。

（3）论证了超本地嵌入的必要性，有助于进一步弄清临时地理接近的作用。在超本地情境下，社会接近性可以正向影响企业创新。如果临时地理接近能够提升企业间的社会接近性，那么就可以在探究临时地理接近与关系质量之间联系的基础上，进一步明晰临时地理接近对超本地创新的直接作用和间接作用，从而深化现有研究。

第二节 超本地情境下地理接近性效应研究

多维接近性学派内部就地理接近性的作用通常有两种截然不同的观点：一派秉持经典的经济地理分析框架，认为地理接近性对于异地、开放式的网络化创新模式仍具有显著影响；另一派则持相反的论调，认为在现代通信条件下，知识交互双方通过临时地理接近就可以进行知识交换，企业地理位置对超本地创新已经缺乏实质上的影响。基于现有理论分歧，我们从整合多维接近性视角出发，构建了地理接近性交互模型，并通过细分社会接近性指标论证了超本地情境下，地理接近性对集群企业创新的影响。

一、超本地情境下地理接近性对集群企业创新绩效的影响检验

在上一节的分析中，我们发现社会接近性和技术接近性均是对创新绩效具有显著影响的因素。因此，在本次研究中，我们首先检验地理接近性、技术接近性对创新绩效的影响，然后引入社会接近性，检验考虑社会接近性因素时，地理接近性的效应，并分别将表征社会接近性的四个变量引入，以分析其对地理接近性的调节作用，结果汇总如表 5-3 所示。

表 5-3 地理接近性对创新绩效的影响及社会接近性的调节效应检验

变量	创新绩效				
	模型 1	模型 2	模型 3	模型 4	模型 5
地理接近性	-0.202**	-0.187**	-0.198**	-0.197**	-0.186**
社会接近性					
亲密伙伴数		-0.190	-0.248**	-0.196*	-0.250**
交流频次		-0.034	0.020	-0.027	-0.055
交流持续性		0.035	0.059	-0.051	0.062
合作机构数		-0.300**	-0.283**	-0.321***	-0.270
技术接近性	0.181*	0.176*	0.182*	0.177*	0.181*
关系类型	-0.152*	-0.148*	-0.154*	-0.149*	-0.153*
员工数量	0.072	0.069	0.069	0.070	0.075
合作时间	-0.416***	-0.408***	-0.413***	-0.421***	-0.411***
地理接近性 × 亲密伙伴数		0.355**			
地理接近性 × 交流频次			-0.069		
地理接近性 × 交流可持续				0.214**	
地理接近性 × 合作机构数					0.195*
R^2	0.467	0.521	0.518	0.557	0.518
Adjust R^2	0.432	0.451	0.447	0.492	0.447

注：* 表示 $p < 0.1$；** 表示 $p < 0.05$；*** 表示 $p < 0.01$。

表 5-3 中，结合模型 1~模型 5 的回归结果，我们发现地理接近性与集群企业创新绩效的回归系数为负且显著。由于本书界定地理接近性时，设定距离越远取值越大，因而负的系数说明地理接近性程度越高，集群企业的创新绩效越高。

因此，假设 4a 得到支持。接下来观察交互项的系数，可以看出集群企业与超本地企业的外设合作机构数、超本地亲密伙伴数、交流可持续性和超本地合作机构数可以调节地理接近性与创新绩效之间的关系。具体而言，合作机构的设立与运行代表了企业之间组织规范、制度方面的契合，摩擦冲突较小，更容易发挥地理接近性在降低合作成本与协调冲突方面的作用。而亲密合作伙伴的搜寻与合作机构的建立需要耗费一定的企业资源，在有限资源的约束下，地理空间越近，相应的搜寻与互动成本越低，从而在一定程度上凸显了地理空间的存在意义。因此，社会接近性可以通过一定的途径影响地理接近性的效应。但是，交流频次并未显著地提升地理接近性在集群企业超本地合作创新中的影响，说明超本地情境下社会接近性对于地理接近性的影响并不是通过提供面对面的频繁互动来体现的。可能的原因在于超本地情境的差异。在本地环境中，集群企业由于地理上邻近，导致了反复多次合作，企业间的关系由此更为紧密，地理接近性通过社会接近性的中介作用影响企业创新活动。然而在超本地情境下，正式合作关系是集群企业与超本地企业合作研发新产品（新技术）的保障。获得较多的亲密伙伴则容易获得更多样化的知识来源，而建立合作研发机构则在一定程度上表征了企业之间在组织管理、制度规范等方面有着较高的相似性。集群企业拥有的超本地合作机构越多，其获取创新资源能力越强，对创新活动的影响越大。相较而言，互动频次的重要性会下降。本节的回归结果证明了情境因素对于接近性效应的重要性，假设 5a 得到部分支持。

二、地理接近性对超本地情境下集群企业创新性的效应检验

接下来，我们采用层次回归分别检验：不考虑社会接近性时，地理接近性对创新性的效应；考虑社会接近性时，地理接近性是否对创新性具有影响，并分析表征社会接近性的不同指标对创新性的调节作用。回归结果汇总如表 5–4 所示。

表 5–4　地理接近性对创新性的影响及社会接近性的调节效应检验

变量	创新性				
	模型 6	模型 7	模型 8	模型 9	模型 10
地理接近性	–0.226**	–0.226**	–0.204*	–0.221**	–0.245**
社会接近性					
亲密伙伴数		–0.212	–0.028	–0.008	–0.035

续表

变量	创新性				
	模型 6	模型 7	模型 8	模型 9	模型 10
交流频次		–0.049	–0.194	0.051	0.081
交流持续性		–0.019	–0.034	–0.010	–0.011
合作机构数		–0.334**	–0.349**	–0.333**	–0.285
技术接近性	0.018	0.015	0.023	0.017	0.020
关系类型	0.269**	0.266**	0.268**	0.268**	0.266**
员工数量	–0.038	–0.041	–0.037	–0.041	–0.056
合作时间	–0.325**	–0.321**	–0.316**	–0.316**	–0.324**
地理接近性 × 亲密伙伴数		–0.197			
地理接近性 × 交流频次			0.256		
地理接近性 × 交流可持续性				–0.058	
地理接近性 × 合作机构数					–0.661**
R^2	0.378	0.403	0.404	0.405	0.407
Adjust R^2	0.295	0.315	0.316	0.317	0.320

注：* 表示 $p<0.1$；** 表示 $p<0.05$。

综合模型 6~模型 10 的回归结果，我们发现地理接近性回归系数为负且显著，依据前文分析，说明与非本地合作伙伴在地理上越接近，集群企业的技术创新性越强，假设 4b 得到支持。可能的原因在于尽管集群企业寻求超本地的外部合作者是为了获取多样化、异质性的知识，但地理上间隔越远依然会影响集群企业与合作伙伴的知识交互行为。模型 7~模型 10 分别反映了社会接近性的四个指标对地理接近性效应的调节作用检验结果，从回归结果看，集群企业与超本地企业的外设合作机构数可以调节地理接近性与创新性之间的关系。其他表征社会接近性的指标均未发现具有显著效应，因此，假设 5b 只得到部分支持。这一结果进一步说明了集群企业建立非本地外设合作机构的重要性，其不仅能提升企业的创新绩效，而且可以推动获取更具有市场领先性的技术产品。同时，这一结果也表明，在相邻空间内存在着合作机构时，地理接近性对创新性的正向影响将更为显著。

三、研究结论与理论贡献

归结起来，本节通过层次回归研究结果发现地理接近性对超本地情境下集群企业的技术创新性和创新绩效均具有显著影响，即集群企业和地理上较为接近的超本地企业进行合作对于创新活动更具有促进作用。同时，回归中反映社会接近性的 4 个指标中，亲密伙伴数、交流可持续性和合作机构数可以显著调节地理接近性与创新绩效的关系，只有合作机构数可以调节地理接近性与创新性的关系。

上述研究结论的理论价值体现在：

（1）从多维接近性整体结合框架入手，为超本地条件下地理接近性效应的识别提供了新的证据。以往研究有关地理接近性作用观察大多集中于本地状态，忽视了网络化、开放式创新模式下，集群企业超本地创新活动与地理接近性之间的内在联系，从而在一定程度上与集群超本地创新合作的实践相脱节，也难以为集群企业的超本地创新活动提供理论指导。本节的研究论证了地理因素在集群企业超本地创新活动中的重要性，支持了经济地理研究领域有关“地理重要性”（geography matters）的论点，是对现有研究的完善与补充。本章的研究结果支持了既有文献的观点，即社会接近性并未能消除地理接近性的作用，有时二者也是一致的（魏欣仪，2005）。

（2）通过基于细分指标调节效应发现，厘清了地理接近性与社会接近性交互效应的具体体现，对既有研究进行了进一步拓展。我们将作为调节变量的社会接近性以 4 个指标加以刻画，同时验证了其分别对地理接近性与创新绩效和技术创新性之间关系的影响。明晰了超本地情境下，关系强度、可持续性、规制契合程度（以合作机构的建立来识别）等既有研究所识别的来自个体间社会关系维度的主要方面对地理接近性效应的不同作用。我们研究的相关发现进一步完善了社会接近性与地理接近性交互效应的分析框架，为相关研究提供了借鉴。

（3）提升了既有理论对集群企业超本地创新实践活动的指导作用。我们的研究基于调研与访谈，对集群企业的超本地关系互动渠道进行了总结，并体现在指标设置方面。结合调节变量和控制变量，明确指出了集群企业在超本地合作过程中具有显著影响的交互渠道和关系因素，从而为企业选取超本地创新策略提供了较好的理论参考。

本章小结

本章基于多维接近性理论实证检验了不同接近性对超本地创新绩效与创新性的影响，研究结果表明，在超本地情境下，社会接近性、技术接近性和地理接近性均对集群企业的超本地创新具有显著作用。除此以外，技术接近性可以部分调节社会接近性的作用，而社会接近性则能够部分调节地理接近性的影响。本章的研究结果为接近性与超本地创新之间的关系提供了新的实证证据，为解决理论界的相关分歧提供了可借鉴的基础。验证假设的回归结果汇总如表 5-5 所示。

表 5-5 超本地情境下多维接近性效应的检验结果

序号	假设内容	检验结果
假设 1a	超本地情境下社会接近性正向影响集群企业创新绩效	部分成立
假设 1b	超本地情境下社会接近性正向影响集群企业创新性	部分成立
假设 2a	超本地情境下技术接近性正向影响集群企业创新绩效	部分成立
假设 2b	超本地情境下技术接近性正向影响集群企业创新性	不成立
假设 3a	技术接近性正向调节超本地情境下社会接近性与集群企业创新绩效的关系	部分成立
假设 3b	技术接近性正向调节超本地情境下社会接近性与集群企业创新性的关系	不成立
假设 4a	超本地情境下地理接近性对集群企业创新绩效具有正向作用	成立
假设 4b	超本地情境下地理接近性对集群企业创新性具有正向作用	成立
假设 5a	社会接近性正向调节超本地情境下地理接近性与集群企业创新绩效的关系	部分成立
假设 5b	社会接近性正向调节超本地情境下地理接近性与集群企业创新性的关系	部分成立

第六章 多维接近性对集群企业超本地知识流动网络的影响

在前几章，我们分析了不同接近性在超本地情境下对集群企业创新的影响。创新在一定程度上是知识互动的结果。多维接近性理论认为接近性的直接作用对象是个体间的知识互动过程。尽管接近性并非引起互动发生的驱动因素，但感知上的相似或相近会促进个体间的知识交互行为。在第一章的研究背景中，我们提到现实中的企业间合作往往会形成网络组织。而20世纪末有关无标度网络和小世界网络的发现进一步证实了个体间知识互动发生在具有紧密联系的网络中。因此，本章立足于整体网络视角，从创新的源头即知识互动过程出发，借助社会网络分析方法，通过专利数据构建集群企业与超本地合作伙伴之间的知识交流网络，分析不同接近性对网络节点连接（表征企业间的知识交流关系）的影响。

第一节 多维接近性对知识网络节点连接的影响——研究模型与假设提出

在社会网络分析中，节点连接的长度与强度是描述节点之间关系的重要指标。因而分析接近性对超本地知识流动网络的节点连接的影响可以从两个方面加以观察，即组织在知识交流网络中的节点距离及其关系重要程度。前一个指标代表了获取知识所需要经由的路径的长度，距离越长，表明知识交流双方在获取对方知识时需要通过越多的中间个体进行，而拥有直接连接的网络成员之间距离最短；后一个指标反映知识交流双方在相互知识获取渠道中所占有的地位，关系重要程度越高的网络成员在各自外部知识源所占的地位越重要。简言之，前者刻画了企业间知识交流路径的长短，后者描述的是知识交流路径的相对重要性。通过观察不同接近性对网络节点间相互距离和连接重要程度的影响，就可以认识技术知识流动网络中节点连接与地理空间距离、社会距离以及技术领域相似性的内在关系。在本章的论证中，我们以不同的接近性作为解释变量，以网络中的节点距离与关系重要程度为被解释变量，具体如图 6-1 所示。

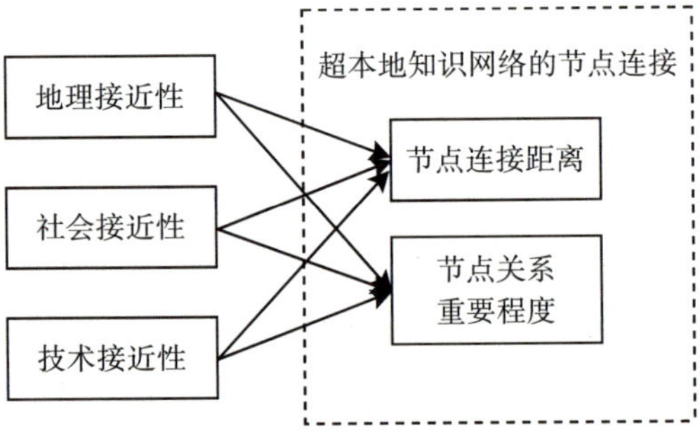

图 6-1　不同接近性对超本地知识网络中的节点连接的影响

一、地理接近性对网络节点连接距离与关系重要程度的影响

在获取外部知识的过程中，地理空间上较为接近的企业之间具有天然的优势，更容易成为直接的知识交流对象。对于地理位置较为接近的企业而言，知识搜寻与获取的成本较低，能够在第一时间了解同行业企业的技术变动并迅速获得有关新技术的信息（Gertler，2001）。由于可以方便迅捷地获取信息，使得企业创新所面临的不确定性程度降低，因而企业更倾向于选择在地理上较为接近的知识交流伙伴，甚至在某些情况下产生强烈的、集聚于一定地域中的意愿（Lucas，1988）。如文献综述部分所论述的，类似产业集群那样的知识集中区域往往具有相当的封闭性，尽管存在知识外溢的渠道，但知识的地理集中现象在许多区域内仍广泛地存在。这种集中不仅发生在以复杂技术知识为主的高技术企业集群，甚至在如意大利诸多以传统制造业为主的中小集群中，网络的相对闭合性使得技术知识被大量地限制到集群内部。地域的接近性缓解了相关行业人员的交流障碍，不仅表现为显性知识的扩散成本降低，还通过形成可以相互理解的“技术语言”，

在一定地域内培育相互信任的氛围，克服知识的“黏性”，从而更有效地扩散和吸收隐性知识（Howells，2002）。而在地理相隔的空间内，需要付出更多的成本以获取和吸收其他社会主体的隐性知识。由此，邻近这些区域的企业更有可能建立较短的知识交流渠道。Mariotti 等（2015）采用 1999~2005 年位于意大利的国外机构申请的专利数据，发现本地企业同时从跨国企业的前后相连接中获益。在拥有跨国企业的知识密集的商业服务机构，溢出效应更为显著。共处一地正向影响生产率溢出，且其效应在国外机构来自于距离较远的地区时更为显著。

更为重要的是，地理邻近的企业之间的知识交流关系容易得到保持，这不仅源于知识交流的成本较低且较为迅捷，还在于这些企业从知识的外部性中获益更多。Freel（2003）发现，小公司更有可能选择较近的企业作为合作伙伴，原因在于可供搜索合作伙伴的资源有限。企业会倾向于选择过去的合作伙伴或者通过合作伙伴的推荐建立新的合作关系。由于工作的流动、客户关系等，企业与其他企业之间或多或少会建立一些相对较为信任的关系，而这些关系通常是本地性的（Cantner 和 Graf，2006；Fleming 和 Frenken，2007）。Ibrahim 等（2009）通过收集美国 USPTO 数据库中 2000~2003 年的远程通信设备（telecommunications e-quipment）专利，识别了 248 家通信设备企业形成了 18 个技术集群。以此为基础，他们使用调查问卷对 165 名发明人进行了实证调研，结果发现，72%的发明人认为集群中的本地知识对其有影响。本地化的知识在当地的文化社会环境中最容易被理解和接受，这样邻近企业之间可以较方便地迅速获取相互间的知识，甚至开展知识创新合作，为相互间的持续合作提供基础，而持续的技术知识交流关系会有效地提升外部知识源的重要程度。Marek 等（2017）通过分析德国 NUTS-3 区域中赞助的研发（R&D）合作项目（7 年内共 17111 个项目，29933 名合作者参与，通过在区域层面上的归总，共得到 159376 项内部与外部合作），探讨接近性度量对于知识交换的影响。研究结果表明，跨区域合作数量不仅取决于地理邻近性，还取决于其他形式的接近性如认知、组织和制度接近性等。地理距离、组织距离和制度距离对创新合作呈“U”形影响，即到了一定程度后其影响会下降。

值得注意的是，地理接近性并不能解决所有类型知识的流动效率问题，若地理接近性没有带来知识交流双方较强的知识共享意愿，那么知识的复杂程度和可明示化程度就有关键的影响。一般而言，若地理接近性较为重要，而其他接近性无足轻重时，说明网络中流动的知识并不一定具有高度的复杂性或缄默性。原因在于，具有高度复杂性或缄默性的知识依赖于人员间的密切关系才能有效地传播。社会接近性和技术接近性都不重要时，知识可能具有“中等”复杂性，它难以在较长距离上不产生损耗、完整地流动。对于此类知识而言，地理接近性对其扩散与传播过程应该具有显著影响。地理上较近的企业容易获得此类知识，更有可能因其知识获取速度的原因成为知识流动渠道上距离较近的组织。为保持信息获取的时间优势，此类企业之间的交流关系有可能在各自的知识交流伙伴中占据重要的位置。

简言之，在信息获取便利、相互信任以及知识外部性收益的有利条件下，地理位置较为接近的企业间可能会产生更强的合作倾向，更倾向于建立直接且持续紧密的知识交流渠道，由此提出假设：

假设 1a：地理上较为接近的企业在知识流动网络中的距离越近。

假设 1b：地理上较为接近的企业之间的知识交流关系越重要。

二、社会接近性对网络节点连接距离与关系重要程度的影响

地理接近性是促进知识流动的充分而非必要条件。Castellani 等（2013）采用 59 个国家 6320 个企业的研发和制造数据，研究发现地理接近性对跨界研发具有显著负向影响。在控制了制度距离后，地理距离只对跨国制造机构产生显著的负向影响。在地理上接近的知识交流双方拥有天然的优势，但组织间以及人际间的交流并不局限于一定的空间内。从组织层面而言，企业在一定地域内的集中并不必然引致更为频繁的知识交流，社会关系的建立以及在社会网络中的嵌入程度对于知识交换有着重要的影响，社会关系紧密的社会主体相互间高度信任，易于发生知识交换与技术合作。因此，地理接近性并不自动导致个体间形成有用的联系（Fitjar 和 Rodríguez-Pose，2011）。社会接近性，即基于存在社会交往的个体间关系嵌入程度而产生的一种接近性（Boschma，2005），是影响知识交流的重要因素。从个人层面而言，人总是处于一定的社会群体之中，其社会性会将知识通过个人所处的社会群体发生转移，随后经由多个边界模糊、相互交织的社会群体之间的广泛连接迅速在更大的范围中传播。尤其是在以业务关系或其他社会联系为基础的企业之间，人员之间正式与非正式交往使得知识转移可以通过多种形式、多种渠道发生。采用欧洲专利局 2000~2005 年的数据，Dachs 和 Pyka（2010）研

究发现，地理距离与获取的国外专利负相关，但社会接近性（采用语言相似性来测度）与跨国研发活动正相关。Picci（2010）采用了更多的表征文化接近性和社会接近性的变量以及传统的衡量地理距离和语言一致性的变量，发现文化接近性和社会接近性与超本地知识转移正相关。

企业或人员之间的社会关系网络是重要的知识交流平台，由社会交流所引致的社会接近性对知识流动有着更强的解释力。广义的社会接近性包括关系的嵌入程度、组织制度、社会文化背景等因素，而狭义上的社会接近性更强调关系的紧密性，即社会主体间的相互认同以及基于此所产生的信任。社会接近性是基于以往合作经历和社会关系形成的（Aguiléra 等，2012）。Breschi 和 Lissoni（2003）研究发现，如果控制社会接近性，地理接近性的影响就会消失。Ter Wal（2009）也发现，在控制了社会接近性以后，地理接近性的影响会大幅减弱。然而，Ferru（2010）发现，社会接近性包含着（conserves）地理接近性，因为合作伙伴更新既有合作而不是开始新的，他们还增强了既有的地理模式。Broekel 和 Boschma（2012）发现，即使控制其他接近性，地理接近性、社会接近性、组织接近性和技术接近性都会影响航空工业网络形成。Autant-Bernard 等（2007）基于欧洲框架计划的合作数据发现，社会接近性相对于地理接近性更为重要，地理接近性对于参与了多个项目的组织而言没有影响。Broekel 和 Boschma（2012）在控制了地理接近性和认知接近性之后，发现社会接近性的作用依然显著。Presutti 等（2017）基于意大利提布尔提那谷（Tiburtina Valley）158 家高技术企业的数据，研究发现，在企业创新过程中应该弱化地理接近性的作用。与关键客户的关系接近性对吸收能力具有补充作用，可以正向调节其对创新绩效的作用，只有在吸收能力很强的情况下，关系接近性才会正向影响企业的创新能力。关系嵌入程度高的社会主体之间拥有强烈的相互认同感，容易形成统一的规范与惯例。作为知识载体的组织和人员在社会关系网络中的关系紧密性，有助于相互间的知识交流和技术协作，经验、生产诀窍等难以言传的技术信息可以在面对面的正式与非正式交流中得以扩散。组织间的合作以及人员往来有助于拉近企业之间的社会距离并加深相互了解，为企业间的技术知识交流创造了良好的氛围，促使组织间在较长的时期内从知识互补中获益，有助于知识交流关系的维持。

从知识本身的属性看，关系密切的知识交流双方有更强的动机来相互扩散那些具有较高价值的知识，而且通过反复的交流沟通、相互探讨和共同思考，有利于隐性知识逐渐在交流过程中显性化并得以扩散。相互的信任更有助于帮助吸收消化各自的知识，减少传递过程中的误解和失真。因此，关系嵌入程度较高的社会主体间获取、吸收彼此知识方面具备更好的基础和社会文化条件。若社会接近性较为显著，而地理接近性和技术接近性影响不明显时，网络中经由节点间扩散的知识可能具有高度的复杂性或缄默性，借助于人员流动与长期共同合作才能系统而又准确地为知识接收者理解及吸收。此类知识在流动过程中具有明显的黏滞特点，在地理空间上邻近或技术领域接近均不能通过类似知识溢出的无成本的手段获取或者能够获得但难以吸收利用，只有社会接近程度较高的组织或个人之间的互动才能克服其黏滞特点。从这一点而言，社会关系可以在组织层面上得以累积，也可能增强与组织成员的人际关系。无论是组织的社会关系还是组织成员的社会关系，其最终引致的组织间关系的紧密性都有助于缩短相互间的知识交流路径并提升自身在对方知识交流伙伴中的重要程度。综合以上分析，提出如下假设：

假设 2a：社会接近性程度较高的企业之间在知识流动网络中的距离越近。

假设 2b：社会接近性程度较高的企业之间知识交流关系越重要。

三、技术接近性对网络节点连接距离与关系重要程度的影响

地理接近性解释的是知识交流者之间的空间维度，社会接近性反映的是社会关系维度。然而这两个维度在解释社会主体间知识交流行为方面并不全面，在实际的生产运作中，探求领域内最新的技术信息、寻求同行的技术支持是企业知识交流的重要内容。技术接近性是企业间技术领域的接近程度，也是观察社会主体间技术知识流动的一个重要方面。知识是在不断地创造与创新过程中得到累积的，企业在长期的生产实践中所积累的知识，会具备一定程度上的专用性与情境依赖性。对这些知识认知、价值判断和应用需要有足够的相关知识背景。Hansen (2014) 基于丹麦清洁技术集群的数据发现，当企业寻求能带来互补知识的合作者时，他们会更青睐认知差异。尽管这种合作相对复杂且花费更多，但又对开发特定产品很有必要。当合作关系的主要目的在于获取知识时，企业更期望与合作者具有中等程度的认知距离。当企业主要追求缩短研发周期时，会寻求具有高度认知接近性的合作伙伴。另外，一些缄默性知识通常产生于生产活动中，只能在高度专业化的人员之间产生交流并得以扩散。对于知识基础较为接近的企业而言，由于具备丰富的知识积累与实践经验，能够更好地克服由于知识的专用性、

缄默性所带来的黏性。若企业间的技术领域差异过大，容易因为缺乏对知识的理解与相关使用经验难以有效地吸收利用双方的知识，从而对企业间的知识流动产生不利的影响。这也是 Cohen 和 Levinthal（1990）所述的吸收能力对知识交流的作用，这种能力取决于组织原有的知识基础。当企业拥有相关的知识时，能够形成较强的吸收能力并促进知识的吸收、整合（简兆权等，2008）和创新（邓颖翔和朱桂龙，2009）。因此，具有相似的技术知识背景在很大程度上影响了吸收能力的形成。对于组织而言，若不考虑其他因素，与知识结构相近、技术知识容易理解和吸收的外部知识源建立实际的知识交流伙伴关系更有利于企业的知识获取行为。在技术知识流动网络中，技术背景相似的社会主体间在知识流动链条上的距离也可能越近。

企业间的技术接近性与地理接近性及社会接近性不同，它取决于企业自身的属性特征，是影响企业间知识交流的内在条件。知识背景相似的企业更容易理解和吸收对方的知识，形成共同的技术发展轨迹，因而更有可能进行合作研发并使得知识交流活动能够持续开展。若技术接近性是关键的影响因素，而社会接近性与地理接近性处于次要地位，则说明网络中的知识流动路径中扩散的知识并不具有高度缄默性，但专用性程度很高的知识，具有相近技术工艺或相应设备的社会主体间更有可能扩散此类知识。知识的专有性在提高企业知识深度的同时，也进一步缩小了企业选取知识交流伙伴的范围。这样，具备较相似的技术知识结构的企业之间不仅可能存在较近的知识流动距离，而且其相互间的知识交流行为可能在较长时间内得以维持并使得自身成为对方重要知识交流伙伴，鉴于此，提出如下假设：

假设 3a：技术接近性较大的企业间在知识流动网络中的距离越近。

假设 3b：技术接近性较大的企业之间的知识交流关系越重要。

第二节 基于专利的样本数据获取

一、专利数据获取

本书选择专利数据的原因在于专利不仅是组织重要的知识产出，更重要的是在专利说明书中记录的有关发明人、申请人和专利引用的信息提供了知识流动过程的线索，通过观察专利说明书中记录的合作者和专利引用关系，可以识别在知识创造过程中的不同社会主体间的知识交流活动以及相应的知识流动轨迹。在综述部分列举和详细论述了目前知识管理研究领域内采用专利数据展开的大量研究，研究者依据专利中包含的发明人、申请人和引用信息等构建了一系列反映知识交流的实证指标，并通过实证研究验证了这些指标反映知识流动的效度。专利数据作为目前分析个人、组织以至国家间知识流动问题重要的实证数据来源，其显著的特点在于它较为真实客观，使研究聚焦于真实存在的、可供观测的重要知识在不同组织或区域间的交流情况，排除了主观数据造成的对实际存在的知识路径与潜在知识渠道的混淆以及由不同观测样本的主体感知所带来的偏误。另外，专利数据量大，覆盖的时间段和技术领域比较广泛，可以开展跨区域、大样本的数据收集，有利于网络的构建和展开对结构变化的观察。

在实际的样本选取过程中，主要立足于集群企业，选择诸如鸿海精密仪器集团等集群龙头企业为核心，通过整理其超本地专利合作伙伴，识别组织间的知识流动渠道并构建相应的技术知识流动网络。在样本获取方法上采用滚雪球的样本收集方法，有三个主要步骤：

第一，确定网络的核心层企业，这些企业需要具备三个条件：①为该技术领域内的重要创新者。②具有超本地合作背景及超本地专利合作者。一般而言，专利是组织创新实力的重要反映，而各个国家的技术水平存在着较为明显的差异。③优先考虑本地集群龙头企业。原因在于本地集群的龙头企业拥有较强的科研实力，外向拓展动机强烈，因而其超本地合作伙伴数量通常相对较多，往往充当集群内外部知识通道的“沟通者”（broker）（魏江和徐蕾，2014）。

第二，在获取核心层企业名录后，收集其在国内外获得授权的全部专利数据，通过专利说明书中的共同发明人、共同申请人等信息识别全部的、有合作关系的国内外企业。至此，所有识别出的发明人和申请人构成了网络的成员。其中，排除申请人为个人的情况后所获得的申请人名录就是超本地知识流动网络的成员，以此确定网络边界。

第三，根据最终确定的企业名录收集其全部专利数据，通过分析所有企业的专利，依据企业间专利合作关系识别企业间的知识流动渠道，作为网络的节点连接，由此构建最终的超本地知识网络。

二、数据来源：专利数据库

为了尽可能多地获取更多的专利数据信息，我们将专利引用和专利共同申请人与共同发明人信息均作为收集样本的基础。但是，我国知识产权局专利数据库中并没有相对完备的专利引用历史数据。因此，我们在样本收集过程中，除了从中国知识产权局网站获取数据外，还需要通过国内外实证研究常用的两个数据库：美国 USPTO 数据库与 DERWENT 数据库加以补充。以下对两个数据库的专利数据概况加以介绍。

（一）美国 USPTO 专利数据库

美国 USPTO（United States Patent and Trademark Office）数据库主要包含了世界各国企业和科研单位在美国注册申请的专利信息，是目前世界上专利技术含量较高、数据较为完备的专利数据信息库。我国企业在美国获得的专利增长迅速，过去 10 年内获得批准的专利数增加了 10 倍，2017 年中国发明人在美国通过了 11241 项专利的申请，特别是高技术企业在美国获得专利数据越来越多，例如，华为公司 2017 年在美国获得 1474 项专利，中国目前已经成为全世界在美国获得专利最多的 5 个国家之一。

从美国专利库中识别具有高度创新性的企业并从中筛选作为核心层样本企业，出于三个方面的原因：①美国的技术水平整体领先于其他发达国家，因而在美国申请专利的条件要求更高，只有具备足够创新性和领先性的技术才能获得授权，因而更可以反映企业的技术实力；②在海外申请专利的企业其超本地合作创新较为活跃，外部技术合作伙伴分布较为广泛，有助于超本地知识网络的构建；③美国 USPTO 专利数据库提供了相对完善的专利信息查询与下载服务，拥有完整的专利引用数据，可以作为实证研究的数据来源。

从 USPTO 获取的数据包括专利申请人、发明人和专利引用数据。其中，申请人信息用于识别抽样的核心层企业。需要说明的是，由于只有美国 USPTO 数据库提供专利引用数据，而我国企业在这一专利库获得授权的专利只是其拥有的一部分专利，由此用于回归分析是有偏的。我们将结合中国知识产权局以及德温特专利数据库的其他数据来弥补这一缺陷。

（二）DERWENT（德温特）专利数据库

企业间的专利合作是合作创新的一种重要形式，反映了知识的原创者间的直接接触。在识别核心层企业后，需要找到他们所有参与过专利合作的技术知识交流伙伴。美国 USPTO 数据库提供了中国企业从国外企业获取知识溢出的相关信息，但无法提供有关企业的全部专利合作伙伴的数据，由此进一步的数据从 DERWENT 数据库中获取。

DERWENT 是目前世界上最为全面的专利数据库，包括了 49 个专利授权机构的专利以及专利引用数据，涵盖了世界几乎所有主要国家公开的专利信息。目前可以查阅的专利数据超过 2300 万项，同族专利信息超过 5000 万条记录，并且定期更新，将不同国家的专利添加入库以备查询。特别地，DERWENT 数据库收录了中国专利库的全部专利信息，因此从 DERWENT 数据库中不仅可以获得完整的中国专利信息，而且还可以将我国企业在海外的专利信息全部包括在内。除此以外，DERWENT 数据库还提供了强大的数据整理和分析的功能，它可以提供专利的发明人、申请人、学科分类、技术分类、申请人所在国家、授权日期等详细信息并加以分类整理。因此，DERWENT 数据库拥有有关中国企业超本地专利合作的较为全面数据，可以作为有效的数据来源。

三、专利数据描述

依据上述样本数据的收集方法，三个步骤的数据获取情况如下：

（1）核心层企业的获取。从 USPTO 专利数据库收集了 2000~2007 年授权给中国籍发明人的、技术子分类号为 45 的专利，共计 190 项。该技术子类对应技术主要为电力系统（power system），包括主分类号为 60（Power Plants）、136（Batteries：Thermoelectric and Photoelectric）、290（Prime-Mover Dynamo Plants）、310（Electrical Generator or Motor Structure）、318（Electricity：Motive Power Systems）、320（Electricity：Battery or Capacitor Charging or Discharging）、322（Electricity：Single Generator Systems）、323（Electricity：Power Supply or Regulation Systems）、361（Electricity：Electrical Systems and Devices）、363（Electric Power Conversion Systems）、388（Electricity：Motor Control Systems）、429（Chemistry：Electrical Current Producing Apparatus，Product，and Process）的专利。通过对专利数据的整理分析，核心层企业大多为国内在该行业内的技术领先者或具有相当创新实力的企业，如鸿海集团下属的多个精密仪器公司，不仅是集群本地的领军企业，也是具有广泛国内外合作者的活跃创新者。选择 2000~2007 年这一时间段主要考虑为收集专利引用（作为知识溢出的替代指标）信息服务。同时，在该领域内上述时间段获得海外授权的主要企业也基本涵盖在内，因此从样本收集角度而言，也不会对最终的分析结果产生较大的影响。

选择该技术子类的依据是，中国籍发明人在这 8 年间所申请的所有专利中，该子类下所从属的大类（电子与电气行业）占 32.6%，相对于其他技术子类的专利数据而言，可获得足够的数据支持网络的生成，数据可获得性较好。作为高科技产业，电子与电气类企业间的合作创新较为活跃，不仅申请的专利较多，合作申请的现象相对较为常见，从而为我们构建知识流动网络提供了良好的条件。除此以外，我们在选择样本时并没有采集所有的技术门类的专利数据，而只选择了一定技术子类下专利，原因在于集中于一定的子分类号是为了降低技术分类差异对网络结构所带来的影响。表 6-1 描述了核心层企业专利数据的技术分类：

表 6-1　样本中核心企业施引专利的主分类号分布

主分类号	频次	比率（%）	累计比率（%）
60	1	0.53	0.53
310	9	4.74	5.26
318	4	2.11	7.37
320	1	0.53	7.89
323	8	4.21	12.11
361	139	73.16	85.26
363	19	10.00	95.26
429	9	4.74	100
Total	190	100	100

从表 6-1 中可以看到，大部分专利数据技术分类号为 361 的技术子类，其对应的技术领域是“电力系统与设备”（Electrical Systems and Devices）。在其他技术子类下的专利明显较少。

（2）核心层企业的专利合作伙伴识别。经过专利申请人识别，上述 190 项专利的申请人为法人的有 55 家企业和大学。除去申请人为大学和公共机构的情况，还剩余 51 家企业。用 51 家企业的全称作为检索词，检索 DERWENT 专利数据库中 51 家企业在中国获得授权的全部共计 10641 项专利。我国专利法曾经规定，中国籍申请人在国外申请专利前应首先在中国申请。这一规定在 2009 年 4 月的《专利法第三次修改草案》中被撤销。但本书核心层企业在国外的专利数据截至 2008 年底，因此检索这些申请人在中国专利库中的专利实际上也包括了其在国外申请的专利，并可以得到其申请国家的信息。通过识别这些专利中与上述 51 家企业合作申请过专利的申请人信息，经剔除重复的申请人名称后，共计识别了 112 家企业。

（3）最终样本的形成以及网络的界定与构建。以上述 112 家企业为网络的最终成员，在 DERWENT 专利数据库中，检索 112 家企业在中国获得授权的所有专利，总计 49976 项。接下来统计所有参与发明工作的发明人，为了避免重复和偏误，我们严格地对照发明人的姓与名，只有完全对应的才认为是同一个人，否则作为不同的独立发明人。这样，剔除重复的发明人后，一共识别出 14229 名发明人。将专利说明书中有过共同申请关系的企业连接起来，以共同申请的次数加权，由此构建出 112 家中外企业组成的超本地知识网络。

本书采用样本的主要情况总结于表 6-2 中。

表 6-2　实证数据描述

数据用途	数据	数据库来源	所构建的网络
多维接近性对网络节点连接的回归检验	申请人：112 家企业 发明人：14229 专利数：49976	USPTO DERWENT 中国知识产权局	超本地知识网络

第三节

基于专利的变量测度与实证方法

一、主要实证指标

（一）专利引用

专利引用指标是目前应用最多的实证指标，大部分学者通过识别专利引用关系作为社会主体间获取“弥漫在空气中”的知识的流动路径。专利是组织以文本形式记录的显性技术知识，这类知识的流动并不依赖于社会主体间面对面的互动。正如 Jaffe（1998）的实证研究所发现的，许多存在引用关系的专利发明人之间并没有相互面对面的接触。使用专利引用指标可以测度多个层面的知识溢出问题，在本书的研究中主要用该指标反映组织层面的显性知识溢出（可视作非接触式的知识传递），以之为基础观察企业间显性知识溢出受不同接近性因素的影响。

（二）专利共同申请

专利共同申请（patent co-application）是可以从专利记录中获取的另一类实证指标，主要用以反映组织间基于合作创新的知识交流行为。虽然专利只是组织创新知识的一部分，但作为组织重要的创新成果，在很大程度上可以体现企业创新能力，因而专利的合作申请反映出组织间重要的创新知识的创造以及组织间的知识转移活动（Hagedoorn 和 Cloodt，2003；Cantner 和 Meder，2009）。与其他知识交流形式不同的是，组织间在合作创新过程中不仅会引致各自原有知识相互间流动，而且新创造的知识也由双方共享。另外，由于专利合作是在一定时间内、组织层面基于正式合作形式、有较多人员持续参与下的合作创新活动，因而基于专利共同申请所识别的组织间知识传播渠道主要代表了较为系统的、新颖的、原创性的知识流动路径。由此可见，专利合作申请反映的是较为重要的、具有较高程度交互性和持续性的组织间知识交流。

值得注意的是，从知识的类型及动态发展的角度看，专利共同申请作为实证指标主要反映了显性化的知识在组织间扩散的轨迹。但是，这并不意味着合作申请专利的组织之间没有隐性知识的传递，事实上在合作创新的过程中来自不同组织的个人之间很难避免对隐性知识的分享与创造。其中的关键在于专利是最终的产物，归结到组织层面的知识主要是显性的，而在此过程中仍然处于人员头脑之中尚未显性化的隐性知识只能通过识别人员之间的交流来探查其流动路径。因此，在本研究中假定基于专利共同申请的知识是较为系统的显性知识，同时也是接触式的显性知识传递。

（三）共同发明人

专利申请人一般是企业、科研机构等法人，反映了组织层面的知识流动，然而不足以准确地反映组织间社会关系。从社会资本角度而言，组织间的社会关系归根结底来自并体现于人员间的社会互动，很大程度上受到人员关系网络的影响。而组织人员的关系网络既有来自于建立在正式合作基础上的人际往来，也有建立在私人关系层面的社会互动，二者都是促进组织间社会关系嵌入程度的渠道。因此，组织间社会关系的嵌入程度可以通过观察人员往来的密切程度加以识别。专利数据中提供了有关企业间发明人互动的信息，即企业间的共同发明人（co-inventors）数据，依据这一数据可以测算出组织间的社会关系嵌入程度。具体而言，共同发明人指标通过综合发明人之间的基于组织正式合作如共同参与发明的社会互动以及基于私人关系如企业技术人员离职并被另一家企业雇用即离职流动、担任公共技术顾问、人员之间曾经的共事经历等的社会联系反映组织之间重要的、可以引致知识流动的社会关系。

在以往的研究中，基于专利数据的发明人共同参与发明和离职是反映组织间知识流动的常用指标，且由不同的指标刻画，如共同参与发明（co-invent）指标采用专利数据中并列在专利说明书中的发明人作为建立连接的基础，人员离职则用较早年份专利中属于一家企业的发明人出现在较晚专利的记录中，并且以其他组织雇用为依据来识别不同组织间基于发明人流动带来的知识连接。专利说明书所记载的发明人一般指直接参与该专利研究发明活动的人员，观察隶属于不同组织的人员在发明创造活动中的互动为分析技术知识流动，特别是隐性知识的扩散提供了基础。在本书中，主要目的在于反映组织间有人员间的互动所引致的知识流动路径，因而需要同时将参与发明与离职后在不同组织间流动的知识扩散路径识别出来。采用组织间的共有发明人（co-inventor）指标可以将二者包含在内以进行测度。

二、实证指标的有效性

（一）专利作为组织创新产出指标的有效性

本书选取数据时假定专利是组织重要的创新产出，因而从专利及其说明书中包含的信息可以追踪组织间知识流动的轨迹。那么，首先需要明确专利能否有效地代表组织的创新知识产出。这一点在许多的实证研究中得到支持。

Acs 等（2002）探讨了专利和基于文献的创新产出（literature-based innovation output）在区域创新产出研究中衡量创新知识的有效性或可靠程度。他们的研究表明，二者均是可靠的替代指标。通常对技术变化的测度从三个方面进行：①对创新投入的测度，如研发投入；②对中间产出的衡量，如专利数；③直接的测度，如创新产出。他们发现，在同时反映区域创新知识方面，专利与创新产出的相关系数达到 0.79，因而专利是区域层面的可靠的创新测度指标。

Hagedoorn 和 Cloodt（2003）的实证检验同样得出了相同的结构，他们利用四个指标，即研发投入、专利数、专利引用数和新产品发布（new product announcement）作为 1194 家高科技企业创新产出的实证指标，统计分析表明，四个指标的重叠性程度很高，因而在研究中只需要使用其中任意一个就可以有效地替代企业的创新产出。在研究中，专利引用与专利数、研发投入和新产品发布在反映企业创新产出方面的相关系数见表 6–3。在因素分析中，绝大部分的指标的因子载荷在 0.8 以上，具体如表 6–3 所示。

表 6–3 初始未旋转的因子分析结果

变量	合计	航天与防卫	计算机与办公设备	医药	电子与通信
研发投入	0.872	0.952	0.997	0.896	0.889
专利数	0.959	0.887	0.970	0.905	0.960
专利引用	0.943	0.951	0.958	0.774	0.949
新产品	0.907	0.792	0.912	0.822	0.925
特征值	3.391	3.224	3.644	2.897	3.467
解释的方差（%）	84.77	80.60	91.10	72.43	86.69

注：根据 Hagedoorn 和 Cloodt（2003）的研究整理而得。

因此，这四个指标之间没有明显的系统差异（systematic disparity），统计共性（statistical communality）很高。在高科技领域，四个指标对于企业创新产出的反映重叠程度很高，因子分析的多重共线性很强。他们的结论与 Stuart（2000）对 150 家半导体企业的实证研究结果相类似，Stuart 在研究中发现，专利引用与专利数在衡量企业创新产出方面的相关系数达到 0.8。

另外，Cantner 和 Meder（2007）采用 1998~2003 年的德国专利数据库，以专利共同申请人作为企业之间的创新合作的替代指标，分析了决定企业合作的因素。他们认为专利数据可以有效地替代组织知识，其主要理由为：①专利并不能代表企业知识的全部，却是一个反映组织知识较好的指标，至少反映了企业所拥有的技术竞争力。②专利是企业创新产出的较好指标，没有相应的知识基础很难产生专利。

（二）专利引用与专利共同申请人反映技术知识流动的有效性

专利引用作为知识流的替代变量，在基于社会网络的企业间知识转移实证研究中具有广泛的适用性。它不仅可以作为可量化的指标为主要的统计分析方法所用，同时也可以在网络结构分析中作为网络节点的连接而进行网络结构特性的测算。在国外研究中，社会网络的理论与研究工具得到了广泛的应用和发展。

一部分研究对专利引用对知识流的反映效度进行了检验。Jaffe 是最早利用专利引用研究知识扩散的学者，但他提出的用专利引用替代知识流的方法在效度方面受到了很多学者的质疑。为检验其方法的效度，Jaffe 等（1998）对 NASA（National Aeronautics and Space Administration）的电子物理部（Electro-Physics Branch，EPB）专利被引用情况进行了实证分析。他们观察了 EPB 的 38 项专利以及引用这些专利的 160 项专利，发现有 58%的引用显示有技术转移。为了了解其方法的一般性，Jaffe 等（2000）将使用调查问卷得出的结果与利用专利引用的结果进行对比，以检验专利引用对知识流替代的效度。他的检验是个人层面上的，利用调查问卷对 150 多个专利发明人进行实证调研，结果显示，只有 6%的发明人与被引用专利的发明人有过接触，12%的人参加过被引专利发明人的学术活动，近一半的专利引用关系没有显示出知识外溢的迹象。具体如图 6-2 所示。

从图 6-2 中可以看出，所访问专利发明人主要通过间接的渠道来了解他们所引用的其他专利。约一半左右的发明人在专利发明前或发明过程中并不了解被引用专利。但相对于控制组（发明人没有引用的专利），专利引用提供的有关知识

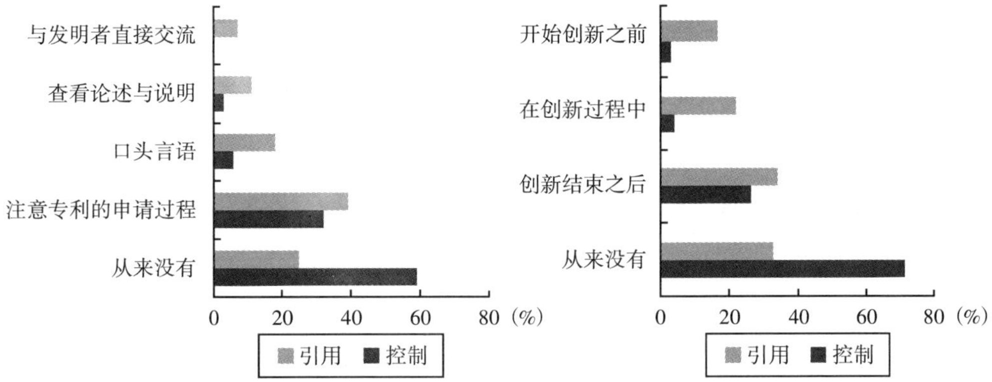

(a) 发明人了解被引专利的途径　　(b) 发明人了解被引专利的时间

图 6-2　专利引用指标的效度检验

资料来源：Jaffe 等（2000）的研究。

流的信息显著地多于控制组，这表明“专利引用是不完美但是有效的替代知识流的指标”（Jaffe 等，1998；Breschi 和 Lissoni，2001）。

与 Jaffe 等在 1998 年、2000 年所做的研究不同，Duguet 和 Macgarvie（2005）是在企业层面利用调查问卷展开专利引用的效度检验的。他们用问卷调查了 1990~1992 年至少拥有一项专利的 465 家法国工业企业的创新知识来源、知识扩散渠道等情况，并将实证调研的结果与这些企业的专利与专利引用所反映的知识流情况进行比较。结果显示，专利引用确实与企业的技术吸收与扩散有关，但这种关系的强度与统计显著性因地域和知识扩散渠道不同而有所差异。在大多数情况下，问卷调查的结果与利用专利引用分析的结果大致吻合，结果之间的相关性是显著的，表明专利引用反映了知识流的显著部分。Duguet 和 Macgarvie（2005）的研究结果相比于 Jaffe（2000）的工作，其专利引用的“噪声”明显有所下降，原因可能是组织层面上对“一对一”式的知识流与专利引用相对应的要求会降低。专利引用反映了具体的个人间知识流动往往会有较大的偏误，而在描述企业间的知识交流时，由于反映的是较为粗略的一般趋势，加总的引文数据的偏误会有所降低。因此，尽管专利引用不是实际知识流路径的信号很强的替代指标，但其在组织层面上对知识流的知识作用要强于个人层面上的，“可以作为组织间或区域间知识转移强度的替代”（Duguet 和 Macgarvie，2005）。

相对于专利引用数据，专利共同申请可以较为有效地反映组织间基于合作创新所产生的知识流动。Ma 等（2009）通过分析 1997~2006 年中国在美国获得授权的专利及其申请人信息，以国家间的专利共同申请（joint assignment）作为基于创新合作的跨国知识流动的替代变量，他们认为专利数据是可以获取的、实时更新的，并包含了较多样性的、细化的知识，也是目前直接描述创新活动产出的公开数据，企业间的专利合作必然引致相互间的技术知识交流。He 和 Fallah（2009）在研究新泽西（New Jersey）和得克萨斯（Texas）两个地区的远程通信产业集群时，将专利说明书中的共同申请人作为组织间基于合作创新产生知识流动的指标，他们认为“依据共同申请人关系构建的网络更适用于反映组织间合作创新的模式”，而合作创新本身就是一种较密切的组织间知识交流行为。在许多实证研究中，专利中包含的共同申请人提供了宝贵的反映基于企业间创新合作产生知识交流的数据，因而被直接作为反映组织间知识流动的实证指标（Inoue 等，2007；Cantner 和 Meder，2007；Sternitzke 等，2008）。

由此可见，专利引用与专利共同申请人可以有效地反映组织间的知识流动。所不同的是，前者主要反映了组织间的知识溢出，而后者则反映了组织间基于合作创新的知识流动。通过将两个指标相结合还可以提高其研究效度，专利引用作为知识流替代指标的主要噪声来源在于知识主体之间的认知缺失，而同一项专利中的共同申请人（发明人）通常是相互熟知的，或者最少对相互间的知识背景有相当的了解，结合两个指标可以排除大部分噪声，有助于提高研究效度。

（三）共同发明人反映社会关系的有效性

如前所述，专利共同发明人主要反映了组织之间的发明人共同参与发明活动以及由于离职流动所引致的组织之间的社会关系，在研究中可用于刻画社会接近性。若两个组织拥有较多的共同发明人，则两家企业或研究机构有过共事关系的技术人员也较多，从而双方的社会关系也相对较强。本书在分析中将共同参与发明活动的社会关系视作可以带来知识流动的组织间社会互动，与专利引用指标不同的是，通过组织间的共同发明人识别知识流动轨迹的基础是专利拥有者或参与者间客观存在的社会交往行为。因此，有必要了解的是，基于共同发明经历是否可以有效地反映出社会主体间能引致知识流动的社会关系。

一些研究者在这一问题上进行了探讨并通过实证研究给出了较有说服力的证据。

Balconi 等（2004）证实了共同发明（co-invention）对发明人之间社会关系的替代效度。他们收集了 1978~1999 年在 EPO 申请专利的意大利籍发明人的信息，以专利引用作为知识流动的替代指标来观察发明人之间的共同发明关系与知识流动间的联系。他们采用发明人之间在合作网络中的距离测算社会距离，他们研究发现，社会距离越短，知识交流的可能性越大。由此，他们认为发明人之间有过共事的经历会比较熟悉并有可能保持社会联系，有社会联系的发明人之间的知识交流会比较多，因而共同发明可以作为引致知识流动的社会关系的有效替代。

Singh（2005）的实证研究支持了 Balconi 等有关共同发明对社会关系的替代有效性。他采用 1986~1995 年美国 3300 家主要企业和组织所申请的专利数据，依据共同发明关系来观察企业间社会关系与知识流动的关联，在研究中知识流动由专利引用指标替代。其结果如表 6-4 所示。

表 6-4　社会距离测量的统计总结

单位：%

	总体		公司非自引	
	引用 (N=323，820)	控制 (N=2,217,171)	引用 (N=240,727)	控制 (N=2,110,421)
曾经有过合作 (社会距离=1)	7.18	0.35	1.05	0.04
普通合作者 (社会距离=2)	4.41	0.58	1.04	0.13
关系合作者 (社会距离=3)	2.82	0.78	1.11	0.34
间接社会联系 (社会距离有限)	43.88	48.11	50.72	48.42
没有社会联系 (社会距离无限大)	41.71	50.18	46.08	51.08

注：表中的数值为样本中各个社会距离的百分比均值，根据 Singh（2005）的研究整理而得。

他的研究结果发现，专利引用与基于发明人合作识别的社会接近性有显著的相关关系，社会距离较为接近的企业间引用专利的可能性会增大。因此，具有发明人合作关系的企业之间明显地存在着知识交流，而且知识交流的强度随着双方交往的密切程度而提升。由此可见，参与发明工作的人员之间存在着产生知识交流的社会关系。

在其他的实证研究中，许多学者也得出了相似的结论（Jaffe 等，2000；Murray，2002；Almeida 和 Phene，2004；Fleming 和 Marx，2006；Sorenson 等，

2006；Murray 等，2008；Ibrahim 等，2009），因此共同发明人指标可以有效地反映相应组织之间能够带来知识流动的社会关系。

三、因变量的测度

表征网络中组织节点连接的因变量主要有两个：企业间在超本地知识流动网络中的距离矩阵以及企业间关系的重要程度矩阵。前者表征企业间知识交流路径的长短，距离越短的在知识交流方面经由的中间环节越少，距离为 1 代表知识交流双方有直接的知识流动渠道。距离矩阵的测算方法是利用 UCINET 软件计算二值化处理后的企业知识交流矩阵的节点间距离，并直接生成 112 × 112 的对称矩阵 DisM，矩阵中的每一方格 $DisM_{ij}$ 为企业 i 与企业 j 在网络中的测地线距离（geodesic distance）。

关系重要程度矩阵主要反映拥有直接连接的组织之间在对方所有的知识交流伙伴中的相对重要性。具体测算方法如下：计算企业 i、j 之间共同申请的专利数 n_{ij}。将 n_{ij} 除以企业 i 与所有其他企业共同申请的专利数 c_{ij}，得到的比值 CoP_{ij} 是企业 j 在企业 i 的所有合作创新产出中所占的比率，为取值在 0~1 间的连续变量，以此作为企业 i 与企业 j 的基于专利合作的知识交流关系重要程度的替代。计算所有企业间的关系重要程度，由此得到关系重要程度矩阵 CoPM。

四、自变量的测度

（一）企业间地理接近性的测度

地理接近性衡量的是组织之间在地理空间实际距离的远近，具体的测算方法是：首先测算企业所在城市之间的实际地理距离，国内企业之间的距离大部分较为接近，最远距离为深圳至北京 1942.2 千米。而与国外企业间的地理距离相对明显较远，佛山与华盛顿相距为 19722.37 千米。为了降低距离实际值差异过大会引致的偏误，借鉴 Keller（2002）所采用的方法，以千公里为单位，把不属同一国的企业间最小距离为基准，将企业之间的实际地理距离与基准距离相除得到企业间的地理距离系数，最后再取系数的倒数，得到两个企业之间的地理接近性系数。为简化计算，由于国内外企业在地理空间上的距离绝对数取值差距较大，在计算过程中把在同属一国且地理距离小于 1000 千米的企业间地理接近性系数取 1。将企业 i、j 间的地理邻接性系数记为 $Gedco_{ij}$，得到取值范围在 0~1 间的连续变量。计算所有企业之间地理接近性系数，由此得到行、列均为 112 的企业间地理接近性矩阵 GeodisM。

（二）社会接近性的测度

研究中的社会接近性主要指企业之间的关系嵌入所产生的接近性，现有的实证研究中存在着多种测度社会接近性的方法，使用的变量各自不同，具体有文化距离（Hussler，2004）、语种（MacGarvie，2005）、种族（Gilsing 等，2008）、社会网络的测地线距离（Singh，2005）等。这些指标尽管具有一定的区分度，但总体而言比较粗糙，描述的社会差异较为笼统且不能准确地刻画企业间的社会接近程度。基于研究人员的合作关系，Balconi 等（2004）提出采用专利的共同发明人信息，即一项专利发明过程中的发明人之间合作创新关系来描述其相互间的社会关系，从而用以测度社会距离。一般地，技术人员交流越频繁的企业间社会关系也越紧密，因而社会接近性可以通过识别技术人员之间的合作交流关系测算。本书借鉴 Balconi 等的方法加以改进，通过识别参与企业发明活动的技术人员，依据企业技术人员间的共同发明经历将不同的企业连接起来，并以人数加权以测算企业间的社会接近性。

具体的操作方法是：识别 112 家企业所有专利的发明者，经比照并去除重复值后，得到发明人 14229 名。连接发明人与其发明所属企业，得到 14229 行、112 列的发明人—企业矩阵。将该矩阵转置，用转置矩阵乘以原矩阵，此时得到 112 行、112 列的矩阵 SocM。矩阵中每一格的取值 $SocM_{ij}$ 表示参与过 i 企业和 j 企业发明创造活动发明人人数。假定发明人在参与一家企业发明创新的过程中与该企业其他人员发生知识交流，而且该发明人可能会将前一家企业的技术信息在后一家企业扩散。因此，两家企业的共同发明人数量或发明人的共同发明次数越多，相互间的知识交流也会越多，从而企业间的社会接近程度越高。企业 i、j 间的社会接近程度计算公式为 $Sdis_{ij}=SocM_{ij}/\sum_j SocM_{ij}$，其中，$Sdis_{ij}$ 的取值范围为 0~1。计算所有企业间社会接近性的变量取值并放入同一个矩阵中，由此得到 112×112 的社会接近性矩阵 SdisM。

（三）技术接近性的测度

企业间的技术接近性主要指企业之间知识结构的相似性。在目前的实证研究中，广泛采用的是 Jaffe（1986，1988）提出的计算方法，他采用企业技术向量夹角的角距（angular separation）计算企业间的技术结构相似性（Krackhardt，

1987；Jaffe，1988）。其公式可以表达为：$p_{ij}=(f_i f_j')/[(f_i f_i')(f_i f_j')]^{-1/2}$，$f_i=[p_1, p_2, \cdots, p_n]$，其中 $f_j=[p_1, p_2, \cdots, p_n]$ 分别代表企业 i、j 在不同技术领域的研发投入比例所构成的向量。参照 Jaffe 的计算公式，本书以企业在不同技术领域的专利所占的比例来替代企业的知识结构。具体的计算过程为：首先识别 112 家企业全部专利所涉及的所有技术分类，依据 DERWENT 数据库的技术类别划分，共计 289 个技术类别。然后构建横坐标为企业名、纵坐标为技术分类的 112×289 的 2-Mode 矩阵 Tech。矩阵中的每一格 $Tech_{ij}$ 代表企业 i 在该技术分类 j 下的专利数。最后，用每一格的值与该行值之和相除，所有方格计算完毕后，此时每一行的数值代表了该行所对应企业的知识结构向量 f_i。把所有企业的知识结构向量代入 Jaffe 的公式，得到 112 家企业间技术接近性取值，并得到 112×112 技术接近性矩阵 TechM。

五、控制变量及测度

为剔除其他因素对因变量的影响，区分出自变量的解释程度，引入 3 个控制变量：

（1）语言差异矩阵。语言差异有可能会影响企业间的技术交流效率，语言相同有利于较为迅捷准确地获取技术知识，可以促进知识的转移与共享。因此，考虑将语言差异作为控制变量放入回归模型。研究中用虚拟变量来测算，企业之间采用同语种取 1，反之则取 0。以此可以构建 112 家企业间的语言差异矩阵 LangM。

（2）企业从属关系矩阵。隶属于同一家企业集团或具有母公司、子公司关系的企业之间发生技术合作和知识交流可能性更高，且更倾向于建立紧密的知识链条。因而有必要控制企业之间从属关系对因变量的影响，同样用虚拟变量测度，隶属于同一个企业集团取 1，反之则取 0，以此可以构建 112 家企业间的从属关系矩阵 SubM。

（3）企业创新实力接近性矩阵。企业之间创新实力的差异对企业间的技术知识交流存在影响。创新实力较为接近的企业间共同创新的基础更好，而差异较大的企业之间展开合作创新的可能性会较低，从而基于合作创新的技术知识交流也较少。因此，以企业的创新产出代替研发实力，两个企业的创新实力差异可通过计算公式 $invprox_{ij}=\min(n_i, n_j)/\max(n_i, n_j)$ 测算，其中 n_i、n_j 分别为企业 i、j

的专利数。$invprox_{ij}$ 取值范围为 0~1。$invprox_{ij}$ 取值越接近于 1，则企业 i、j 的研发实力越接近。计算所有企业间的创新实力差异值，得到 112×112 的企业创新实力接近性矩阵 InvproxM。

综上所述，本书的回归方程有两个，自变量和控制变量对于因变量网络中节点连接距离的回归方程为：

$$DisM=\alpha_0+\beta_1 GeodisM+\beta_2 SdisM+\beta_3 TechM+\beta_4 LangM+\beta_5 SubM+\beta_6 InvproxM+\mu_0 \quad (6-1)$$

自变量和控制变量对于因变量网络中节点关系重要程度的回归方程为：

$$CopM=\alpha_1+\beta_7 GeodisM+\beta_8 SdisM+\beta_9 TechM+\beta_{10} LangM+\beta_{11} SubM+\beta_{12} InvproxM+\mu_1 \quad (6-2)$$

在两个方程中，α_0、α_1 分别是回归方程（6-1）、方程（6-2）的截距项，代表不随时间和个体变化的因素。β_1~β_{12} 是方程中自变量和控制变量的系数，表明在其他变量保持不变的情况下，其对应的自变量或控制变量对因变量的影响。μ_0、μ_1 是方程的误差项。

六、QAP 多元回归

接近性对节点连接的影响，主要采用统计回归的方法来检验提出的相关假设。统计回归方法是研究变量之间相互关系的主要分析工具，其研究步骤严谨，方法成熟，结论可信度高。这一部分检验按照传统的“变量选取—数据描述—回归检验”的分析步骤进行，不同之处在于回归分析的基础是关系数据，即在研究中并不把个体从其网络环境中孤立出来，而是考察每个个体与所有其他网络成员的互动关系。在研究中运用社会网络分析中常用的邻接矩阵描述变量，因此回归分析的对象是以矩阵表达的关系数据。在社会网络分析体系中，通常不简单采用线性回归方法分析，其原因在于基于最小二乘法的多元回归分析要求变量之间是相互独立的。由此，通常使用的统计检验方法在以矩阵形式的关系数据的统计分析中是不适用的，其原因在于关系数据存在结构性的自相关有可能使得基于 OLS 的多元回归分析的变量显著性检验失效。但是，社会网络分析中常用的 QAP（Quadratic Assignment Procedure）多元回归确实是种可以克服变量自相关问题的较好方法。QAP 多元回归可以检验表征关系数据的多个矩阵与以矩阵形式表示的因变量之间的回归关系。与基于 OLS 的多元回归方法不同，QAP 多元回归属于非参数检验。在回归分析中，矩阵数据的结构性自相关会使得 OLS 产生的误差程度与自相关程度有关，而使用 QAP 回归则可以产生相对无偏的统计结果。其基本过程为：首先，对因变量和自变量进行标准的回归分析，随机置换矩阵的行与列并计算每次矩阵重排后的检验统计量。统计量的分布经过多次重复置换后得以产生。其次，以该分布为基础，判断实际值处于分布中的接受域还是拒绝域，由此得到变量的显著性检验结果。在 Krackhardt 等（1987，1988，1990）的几篇经典文献中具体给出了详细的证明与检验。QAP 方法可以进行矩阵之间的相关性分析和显著性检验，因而是一种对本书较为适用的统计分析方法。

第四节 实证过程与结果

一、多维接近性效应检验

（一）描述性统计

研究各变量相关系数如表 6-5 所示。

表 6-5 矩阵 QAP 相关系数

变量	1	2	3	4	5	6	7	8
DisM	1							
CopM	−0.218***	1						
GeodisM	0.014	0.011	1					
SdisM	−0.254***	0.430***	0.071***	1				
TechM	−0.204***	0.122***	−0.013	0.216***	1			
LangM	−0.289***	0.088***	0.402***	0.300***	0.031	1		
SubM	−0.212***	0.213***	0.070*	0.170***	0.170***	0.188***	1	
InvproxM	0.044**	0.000	−0.011	−0.018	0.137***	0.036*	0.029*	1

注：* 表示 $p < 0.05$；** 表示 $p < 0.01$；*** 表示 $p < 0.001$。

表 6-5 中数据显示，地理接近性矩阵与社会接近性矩阵有显著的弱相关关系，但与技术接近性矩阵的相关关系不显著。社会接近性矩阵与技术接近性矩阵

显著相关。社会接近性矩阵与地理接近性矩阵的正相关关系说明地理上较为邻近，在一定程度上使得企业间基于人员交流的社会距离也较短。由于技术接近性矩阵与地理接近性矩阵没有显著相关关系，说明样本中技术相似程度较高的企业不一定位于较接近的地理空间内。社会接近性矩阵与技术接近性矩阵之间正相关表明技术基础相似性程度较高的企业之间社会距离较近。另外，自变量与控制变量的相关关系较弱。其中，地理接近性矩阵与语言差异矩阵的相关系数最高，约为 0.4，说明地理上越接近的企业越倾向于使用同样的语言，这与日常中的观察相符。而且语言差异矩阵与社会接近性矩阵也存有弱相关关系，表明在某种程度上，语言上的差异仍可能对社会交流产生影响。

（二）矩阵 QAP 多元回归结果

根据研究的多元回归方程（6–1）、方程（6–2），使用 UCINET6.0 软件进行矩阵数据的 QAP 回归，通过 2000 次置换，回归结果如表 6–6 所示。

表 6–6　QAP 多元回归结果

变量	因变量	
	DisM	CopM
常数项	0.000	0.000
GeodisM	0.136**	–0.002
SdisM	–0.117***	0.418***
TechM	–0.164***	0.025*
LangM	–0.262***	–0.067***
SubM	–0.146***	–0.153***
InvproxM	0.077***	0.002
R^2	0.169	0.210
Adjusted R^2	0.168	0.210
F 值	421.1***	550.5***
观察项	12432	12432

注：* 表示 $p<0.05$；** 表示 $p<0.01$；*** 表示 $p<0.001$。

回归结果显示，地理接近性矩阵对节点连接的距离影响显著，但系数为正，说明地理上较为接近的企业在网络中的距离反而较远。另外，它对关系重要程度没有显著的影响。因此，假设 1a 和假设 1b 不成立。自变量社会接近性对两个因变量均存在显著的影响，其中，与节点连接距离的回归系数为负，与关系重要程度的回归系数为正，表明社会接近性取值越小，在网络中的距离越远且关系重要程度越低。反之，则距离越近且关系越重要，因而支持了假设 2a 和假设 2b。技术接近性矩阵与节点距离回归系数显著且为负，与关系重要程度的回归系数显著且为正，假设 3a 和假设 3b 成立。

除此以外，控制变量语言差异矩阵和企业从属矩阵对两个因变量均有显著的负回归系数。因此，语言相同的企业之间在网络中的距离较近，但关系重要程度较低。从属于同一企业集团的企业之间在网络中的距离也越短，但关系重要程度反而不及集团外的企业。另外，控制变量企业创新实力接近性对节点连接距离回归系数为正且显著，但对关系重要程度没有显著影响。这表明创新实力较为接近的企业在网络中的距离反而越远，而且无助于企业之间建立较为重要的知识交流关系。

从以上的回归结果看，不同的接近性对网络中企业间的距离和关系重要程度的影响不同。依据文献综述部分有关三种接近性内在关系的探讨，为进一步区分各自变量对因变量产生作用的过程以及不同接近性之间的内在关系，以下通过构造模型进一步检验社会接近性的中介效应和技术接近性的调节效应。

二、社会接近性对地理接近性与技术接近性的中介效应检验

（一）中介效应模型及假设

在文献综述部分，我们详细论述的目前有关社会接近性与地理接近性相互关系的研究中，许多研究者认为社会接近性是知识流动的更为直接的解释变量，地理接近性通常对知识流动既有自身的直接影响，也通过社会接近性发挥作用。Fitjar 等（2016）基于 542 家挪威企业数据，发现中等程度的所有维度非地理接近性有助于创新绩效。与合作伙伴的地理接近性与其他维度接近性并没有显著的相关关系，但较低的地理接近性和较高的认知接近性与制度接近性使得企业更容易创新，其他维度的接近性可以替代地理接近性的作用。这说明一个维度的接近性作用可以为其他维度的接近性作用所补充（Hansen，2015；Huber，2012；Menzel，2015；Rigby，2015）。在上一节的回归结果中，地理接近性和技术接近性对两个因变量或之一有显著的影响，本节需要考查的是地理接近性或技术接近性是否通过拉近企业之间的社会关系而对组织间的知识流动产生影响，即社会接

近性在这一过程中是否具有中介作用。

本书将社会接近性界定为组织间社会关系的嵌入程度并且主要通过观察组织之间的人员往来而加以识别。在知识交流活动中，人是完成组织间知识转移的主要载体和参与者。在地理空间上较为接近的社会主体之间由于知识交流成本低，社会文化背景相近，更容易保持传统的合作关系并建立相互间的信任。劳动力市场的地方化使得作为知识载体的人员离职后新从事的组织在空间上较为接近，其原先的同事关系由于地理空间的接近更容易得以保持，并成为组织间的知识传播渠道。因此，地理接近性对知识流动渠道参与者节点连接的影响有可能通过社会接近性引致，即社会接近性有可能会对地理接近性的影响产生中介作用，地理接近的个体容易产生频繁的交流，由此使得组织间的知识交流路径较短并且合作创新关系变得重要。同样，技术接近性的企业之间大部分技术人员是同行，甚至有可能来自于同一个院校或研究机构，同行之间更容易产生较多的社会往来并建立紧密的人际关系。因此，技术接近性有可能会引致社会接近性并通过社会接近性在超本地知识流动网络中建立较短的知识流动路径和较重要的合作关系，从而使得社会接近性在“技术接近性影响节点在网络中距离与关系重要程度”的过程中也会产生中介作用。社会接近性的中介作用模型如图 6–3 所示：

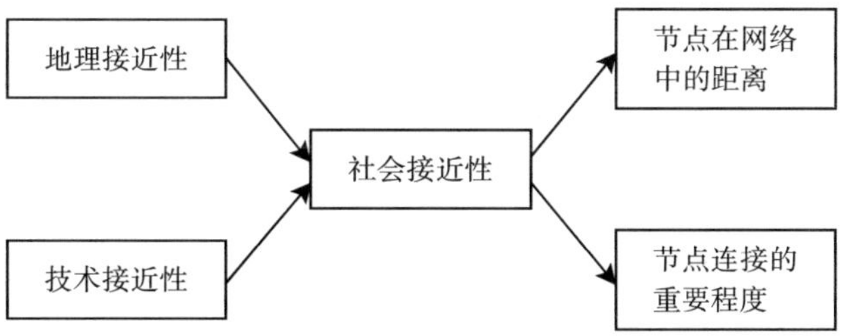

图 6–3　社会接近性的中介作用模型

根据模型和以上分析可以提出 4 个待检验假设：

假设 4a：社会接近性在地理接近性影响网络中节点距离的过程中具有中介作用。

假设 4b：社会接近性在技术接近性影响网络中节点距离的过程中具有中介作用。

假设 5a：社会接近性在地理接近性影响节点关系重要程度的过程中具有中介作用。

假设 5b：社会接近性在技术接近性影响节点关系重要程度的过程中具有中介作用。

（二）实证步骤

对中介变量的检验一般为逐步回归的方法，假定因变量为 y，自变量为 x，中介变量为 m，主要检验步骤为：①检验 x 对 y 的影响是否显著，若显著则进行下一步；②检验 x 对 m 的影响是否显著，若是进行第三步，否则检验中止；③将自变量 x 与中介变量 m 放入回归方程，检验其对因变量 y 的显著性，若 m 的作用显著，而 x 的作用削弱或变得不显著，说明 m 是 x 对 y 的中介变量。

（三）实证结果

按照以上步骤，检验社会接近性对地理接近性与技术接近性的中介作用，第一步需要验证地理接近性、技术接近性、社会接近性对网络节点距离、节点关系重要程度的显著性。表 6-6 已经给出了三个变量同时放入回归方程中的 QAP 结果，表 6-8 和表 6-9 中的模型 2~模型 4 以及模型 9~模型 11 给出了将三种接近性分别放入回归方程时对 DisM 和 CopM 的回归结果，可以看出，GeodisM、TechM、SdisM 对 DisM 的回归系数均显著，但 GeodisM 对 CopM 的回归不显著，TechM 的系数显著，但 R^2 较低，不足以反映足够的方差。SdisM 的回归系数 R^2 显著且超过 0.09。

第二步检验 GeodisM、TechM 对 SdisM 的回归显著性，结果如表 6-7 所示。

表 6-7　地理接近性与技术接近性对社会接近性的回归结果

变量	因变量：SdisM
	模型 1
GeodisM	-0.054**
TechM	0.209***
SubM	0.109***
LangM	0.297***
InvproxM	-0.061***
R^2	0.15
Adjusted R^2	0.15
观察项	12432

注：** 表示 $p < 0.01$；*** 表示 $p < 0.001$。

表 6-7 中数据显示，GeodisM、TechM 对 SdisM 的回归系数显著，R^2 值较低，但超过 0.09，仍有效。第三步检验 GeodisM、TechM 分别与 SdisM 同时放入回归方程后的回归系数及其显著性。当因变量为 DisM 时，对比表 6-8 中的模型 2 和模型 5，发现加入变量 SdisM 后，GeodisM 对 DisM 的回归系数依然显著，取值降低且系数为正，表明 SdisM 在 GeodisM 对 DisM 的影响过程中削弱了其影响，但不足以改变其负效应，故假设 4a 不成立。对比表 5-4 中的模型，TechM 在 SdisM 引入后仍然显著，但回归系数降低，因此 SdisM 在 TechM 对 DisM 的影响过程中具有中介作用，假设 4b 成立。

下面分析因变量为 CopM 的情况，由于 GeodisM、TechM 对 CopM 的回归系数要么不显著，要么 R^2 值小于 0.09，都不足以成为较为有效的解释变量。从模型 12 和模型 14 的结果看，当引入变量 SdisM 时，回归方程的 R^2 显著增加，GeodisM、TechM 的回归系数明显降低。因此，假设 5a 和假设 5b 没有得到支持。综上所述，TechM 在影响 CopM 时，SdisM 具有中介作用，但 GeodisM、TechM 在影响 CopM 时没有证据支持 SdisM 的中介作用。

表 6-8 社会接近性的中介效应 QAP 回归结果表（Ⅰ）

变量	因变量：DisM						
	模型 2	模型 3	模型 4	模型 5	模型 6	模型 7	模型 8
GeodisM	0.147***			0.138**	0.142**		0.136**
SdisM		−0.163***		−0.155***		−0.124***	−0.117***
TechM			−0.192***		−0.189***	−0.166**	−0.164***
SubM	−0.167***	−0.149***	−0.160***	−0.149***	−0.159***	−0.146***	−0.262***
LangM	−0.302***	−0.198***	−0.240***	−0.256***	−0.297***	−0.205***	−0.146***
InvproxM	0.059***	0.050***	0.082***	0.054***	0.085***	0.074***	0.077***
R^2	0.122	0.128	0.140	0.144	0.157	0.153	0.169
Adjusted R^2	0.122	0.128	0.140	0.143	0.157	0.153	0.168
观察项	12432	12432	12432	12432	12432	12432	12432

注：** 表示 $p < 0.01$；*** 表示 $p < 0.001$。

表 6-9 社会接近性的中介效应 QAP 回归结果表（Ⅱ）

变量	因变量：CopM						
	模型 9	模型 10	模型 11	模型 12	模型 13	模型 14	模型 15
GeodisM	−0.028			−0.003	−0.025		−0.002
SdisM		0.425***		0.424***		0.419***	0.418***
TechM			0.113***		0.113***	0.025*	0.025*
SubM	0.204***	0.154***	0.200***	0.154***	0.200***	0.154***	−0.067***
LangM	0.061***	−0.069***	0.048***	−0.068***	0.058***	−0.068***	−0.153***
InvproxM	−0.008	0.006	−0.023	0.006	−0.023*	0.002	0.002
R^2	0.049	0.210	0.061	0.21	0.061	0.210	0.21
Adjusted R^2	0.048	0.209	0.060	0.209	0.061	0.210	0.21
观察项	12432	12432	12432	12432	12432	12432	12432

注：* 表示 $p<0.05$；*** 表示 $p<0.001$。

三、技术接近性对地理接近性与社会接近性的调节效应检验

（一）调节效应模型及相关假设

在文献综述部分，我们论述了目前有关技术接近性对地理接近性与社会接近性在影响知识流动的过程中产生调节作用的主要实证研究结论。相同或相近的技术知识结构容易在知识交流主体间营造出较为理想的知识交流氛围，而知识体系的相似性较低的个体之间往往存在着较多的技术障碍，在一个技术领域中，专业性结果较强的用语、概念和方法体系通常容易为同行理解，而对于缺乏相关技术知识基础的个体而言则难以理解。地理空间上邻近的社会个体要在技术知识交流网络中建立较近的知识流动路径有可能会受到双方技术知识背景差异的影响，技术接近的个体之间更容易形成较短的知识交流路径并保持成为关系较为紧密的知识交换对象，而那些属于较远技术领域的个体建立的知识路径有可能处于较长的知识路径两端而且难以保持较重要的技术知识交流关系。同样，技术接近性在社会接近性影响“知识交流网络中节点之间的距离与关系重要程度”的过程中产生调节作用。较为接近的技术背景有助于社会接近的个体之间更好地吸收知识并建立较为直接和紧密的知识交流关系。因此，地理接近与社会接近的社会个体间在交流知识的过程中会受到技术知识背景的影响，技术接近性有可能在地理接近性

和社会接近性发挥影响的过程中具有正向调节作用。

技术接近性的调节作用模型如图 6-4 所示。

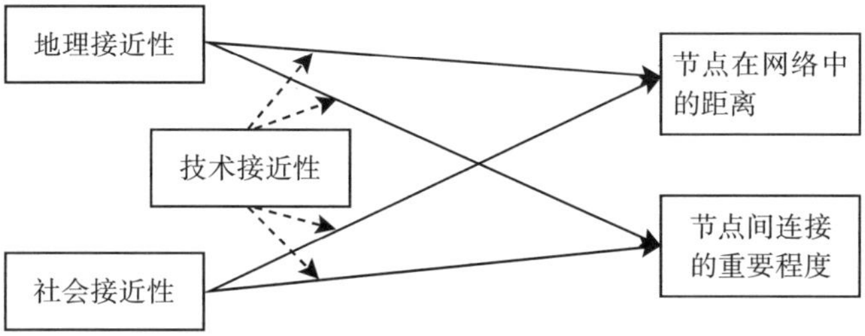

图 6-4 技术接近性的调节作用模型

根据调节作用模型和上述分析可以提出待检验假设：

假设 6a：技术接近性在地理接近性影响网络中节点距离的过程中具有调节作用。

假设 6b：技术接近性在社会接近性影响网络中节点距离的过程中具有调节作用。

假设 7a：技术接近性在地理接近性影响节点关系重要程度的过程中具有调节作用。

假设 7b：技术接近性在社会接近性影响节点关系重要程度的过程中具有调节作用。

（二）检验步骤与描述性统计

在回归方程 $y=a+b_1x+b_2m+b_3xm+e$ 中，若自变量 x 对因变量 y 的影响强度会因为变量 m 发生改变，则可以把 m 称为 x 对 y 的调节变量。在具体对调节变量的判断中，可以按照第四章实证分析方法的检验步骤。若显著，则可以判断调节变量 m 的作用显著。

首先给出所有变量的相关系数表，如表 6-10 所示。

表 6-10 QAP 相关系数表

	1	2	3	4	5	6	7	8	9	10	11
DisM	1										
CopM	-0.218***	1									
GeodisM	0.014	0.011	1								
SdisM	-0.254***	0.43***	0.071**	1							

续表

	1	2	3	4	5	6	7	8	9	10	11
TechM	−0.204***	0.122***	−0.013	0.216***	1						
GeodisM×SdisM	−0.24***	0.416***	0.143***	0.968***	0.201***	1					
eodisM×TechM	−0.245***	0.391***	0.05*	0.799***	0.39***	0.758***	1				
SdisM×TechM	−0.161***	0.114***	0.439***	0.222***	0.842***	0.256***	0.366***	1			
SubM	−0.212***	0.213***	0.07*	0.17***	0.05	0.18***	0.172***	0.075*	1		
LangM	−0.218***	0.088***	0.402***	0.3***	0.031	0.339***	0.224***	0.208***	0.188***	1	
InvproxM	0.044*	0	−0.011	−0.018	0.137***	−0.021*	0.075***	0.107***	0.029*	0.036*	1

注：* 表示 $p<0.05$；*** 表示 $p<0.001$。

（三）实证结果

按照前述的步骤检验技术接近性对地理接近性与社会接近性的调节作用，使用 QAP 多元回归方法分析各矩阵变量的关系。

首先，观察其对因变量网络中节点距离的调节作用。在表 6-11 中，模型 2 和模型 3 分别表示了 GeodisM、TechM 与 SdisM、TechM 分别对 DisM 的回归结果，数据显示两个方程中，三个变量对 DisM 均有显著作用。考虑加入交互项后的回归结果，对比模型 2 和模型 6，发现引入交互项后的 R^2 值降低，而且交互项的回归系数不显著，说明 TechM 对 GeodisM 在 DisM 的影响方面调节作用不显著，不支持假设 6a。再比较模型 3 和模型 5，交互项 SdisM × TechM 的方程 R^2 值略有提高，但交互项回归系数不显著，说明 TechM 对 SdisM 在 DisM 的影响方面调节作用不显著，不支持假设 6b。

表 6-11　技术接近性的调节效应回归结果表（Ⅰ）

自变量	因变量：DisM						
	模型 1	模型 2	模型 3	模型 4	模型 5	模型 6	模型 7
GeodisM	0.138**	0.142**		0.126**		0.108*	0.099
SdisM	−0.155***		−0.124***	−0.329***	−0.093***		−0.209**
TechM		−0.189***	−0.166**		−0.157***	−0.254**	−0.222***
GeodisM × SdisM				0.182***			0.139**
GeodisM × TechM						0.077	0.064

续表

自变量	因变量：DisM						
	模型 1	模型 2	模型 3	模型 4	模型 5	模型 6	模型 7
SdisM × TechM					−0.041		−0.039
SubM	−0.149***	−0.159***	−0.146***	−0.150***	−0.145***	−0.159***	−0.146***
LangM	−0.256***	−0.297***	−0.205***	−0.260***	−0.206***	−0.297***	−0.266***
InvproxM	0.054***	0.085***	0.074***	0.055***	0.076***	0.085***	0.081***
R^2	0.144	0.157	0.153	0.146	0.154	0.154	0.171
Adjusted R^2	0.143	0.157	0.153	0.145	0.154	0.154	0.171
观察项	12432	12432	12432	12432	12432	12432	12432

注：* 表示 $p<0.05$；** 表示 $p<0.01$；*** 表示 $p<0.001$。

其次，考虑技术接近性对地理接近性与社会接近性在影响网络中节点关系重要程度方面的调节作用，回归结果总结在表 6–12 中。模型 9 和模型 10 分别是 GeodisM、TechM 与 SdisM、TechM 对 CopM 的回归模型。从回归结果看，模型 9 的 R^2 值偏低，对因变量的方差解释不够，另外 GeodisM 的回归系数也不显著。模型 10 的 R^2 值足够，SdisM、TechM 对 CopM 的回归系数显著。将模型 9 与加入了 GeodisM、TechM 的交互项 GeodisM × TechM 的模型 13 比较，R^2 值没有显著提升，且交互项的回归系数不显著，说明变量 TechM 在自变量 GeodisM 对 CopM 的影响中没有显著的调节作用，因此回归结果不支持假设 7a。

表 6–12 技术接近性的调节效应回归结果表（Ⅱ）

自变量	因变量：CopM						
	模型 8	模型 9	模型 10	模型 11	模型 12	模型 13	模型 14
GeodisM	−0.003	−0.025		−0.003		−0.053*	−0.014
SdisM	0.424***		0.419***	0.422***	0.334***		0.307***
TechM		0.113***	0.025*		0.0003	0.061*	−0.016***
GeodisM × SdisM				0.002			0.028
GeodisM × TechM						0.061	0.020
SdisM × TechM					0.113***		0.114***
SubM	0.154***	0.200***	0.154***	0.154***	0.150***	0.120***	0.150***
LangM	−0.068***	0.058***	−0.068***	−0.068***	−0.066***	0.058***	−0.065***
InvproxM	0.006	−0.023*	0.002	0.006	−0.004***	−0.023**	−0.004

续表

自变量	因变量：CopM						
	模型 8	模型 9	模型 10	模型 11	模型 12	模型 13	模型 14
R^2	0.21	0.061	0.210	0.210	0.214	0.061	0.214
Adjusted R^2	0.209	0.061	0.210	0.209	0.214	0.061	0.214
观察项	12432	12432	12432	12432	12432	12432	12432

注：* 表示 $p<0.05$；** 表示 $p<0.01$；*** 表示 $p<0.001$。

比较模型 10 与模型 12，发现加入了交互项 SdisM × TechM 之后，模型 12 的 R^2 值较模型 10 高，而且交互项的回归系数显著。说明变量 TechM 在自变量 SdisM 对 CopM 的影响中具有显著的调节作用，假设 7b 成立。在表 6-12 中给出的其他模型反映出一些有趣的现象。比较模型 1 和模型 3，社会接近性 SdisM 似乎对地理接近性 GeodisM 与节点距离 DisM 的关系不仅具有中介作用，而且具有调节作用。表现为模型 3 的 R^2 值相对于模型 1 的 R^2 值高，而且交互项 GeodisM × SdisM 的回归系数是显著的。但比较模型 8 和模型 11，二者的 R^2 值相同，GeodisM × SdisM 的回归系数也不显著。因此，社会接近性 SdisM 对地理接近性 GeodisM 与节点关系强度 CopM 的相互关系不具有调节作用。

综合以上分析，技术接近性在地理接近性与节点距离和关系重要程度的影响不具有显著的调节作用，它对社会接近性与节点距离的相互关系不具有调节作用，但在社会接近性影响节点关系重要程度的过程中具有显著的调节作用。简言之，假设 6a、假设 6b、假设 7a 不成立，假设 7b 获得支持，成立。

四、分析与讨论

基于电力系统（power system）相关技术领域的专利共同申请信息，构建由 112 家企业为主体的超本地知识流动网络，使用 QAP 多元回归方法检验了企业间的地理接近性、社会接近性和技术接近性对网络中节点连接的距离与关系重要程度的影响，得出的主要结论如下：

（一）在超本地创新合作背景下的技术知识流动网络中，地理接近性的作用并不显著

地理接近性是空间地理学派解释经济集聚的主要出发点。一般而言，知识扩散的渠道随地理空间的延伸而扩展，其主要原因在于作为知识载体的人员流动的

区间有限，而且地理空间上的距离越远，社会文化、语言习俗等因素也会对人员在文化差异较大地区本地网络的嵌入造成困难。因此，地理区间较远的组织之间的知识扩散渠道相对较长，且建立关系紧密的企业多在地理区域内较为接近。但是，在本书根据样本构建的超本地知识流动网络中，知识渠道越短的创新合作伙伴之间在地理上距离反而越远，地理接近性对缩短超本地知识交流网络中节点间的知识路径并没有显著的促进作用。这在一定程度上说明超本地技术知识流动并不严格遵循由远及近的基本规律，地理空间的阻隔作用有可能在全球化发展以及远程通信技术高度发达的今天被弱化了。我国近年来的劳动力流动覆盖范围进一步加大，东、中、西部的产业梯次转移造成了不同集群之间的相互交流日益活跃。随着我国“十三五”规划的推进和建设创新型国家的战略实施，借助互联网和信息技术推动各类信息平台和企业的跨界创新，在促进地域间技术知识交流的同时，也极大地促进了社会发展和文化交融。企业间密集往来的关系和开放性的创新要求使得那些在较远地理空间内的企业也能够较为容易地建立较短的知识交流路径并维持双方的社会互动关系。

上述结论与第五章我们南京、西安等地调研数据的结果出现了不一致，可能的原因在于：

其一，我们收集的专利样本主要在电力系统（power system）技术领域，而调研数据主要是在生物医药行业，两个技术领域的超本地合作模式不同。前者存在着大量海外合作伙伴，如核心层企业的超本地知识来源大部分是欧美国家以及来自中国台湾、日本、东南亚等地的企业。从国内企业与海外企业的专利合作申请数量看，国内企业与国外企业合作申请的专利明显较多，而且国内企业无论是专利数量还是拥有的知识路径均处于相对的劣势，因而海外企业在超本地知识网络中（以专利共同申请为基础构建的知识网络）成为主要的技术来源。大部分电力系统技术领域内样本企业在超本地知识流动网络中与国内同行企业相互间合作申请的专利较少，可能的原因在于国内企业的技术能力普遍较为薄弱，表现为拥有的专利数量与国外企业相比存在明显的差距。由于国内企业合作申请的专利数较少，那么以合作创新关系建立起知识流动路径的可能性要低一些，一定程度上削弱了地理接近优势对企业扩散创新知识的正向作用。

其二，专利数据具有一定的噪声。专利共同申请关系代表了组织间的创新合作关系，基于此类关系构成的知识交流渠道和一般的、传播较为简单技术知识的路径有所不同，它扩散的主要是具有较高创新性、价值性和新颖性的知识，并具有相对的系统性。在超本地知识流动网络中，我国企业间连接较少并不意味着知识交流集中现象的消失，只是在以专利合作申请衡量的、较高水平的知识交流路径并没有在很大程度上受到地理距离因素的约束，与超本地企业的此类交流也没有反映出由远及近的关系，统计检验的结果与传统的空间地理学观点并不一致。统计检验的基础是组织间正式合作建立的知识交流路径，因而研究结论在组织层面上的知识交流方面具有解释力。我们在回归分析中，将人员往来作为观察组织间社会接近性的基础。在检验社会接近性的中介作用时，给出了地理接近性对社会接近性的回归结果。发现超本地知识交流网络中，人际交流不仅没有表现出明显的地理集中趋势，而且二者之间具有微弱的负向关系。因而在人员交流层面上，样本企业之间的地理邻近优势不具有明显的作用。

其三，创新合作和知识流动对接近性程度的要求不同。一般而言，超本地合作创新要求企业之间形成较为体系化的新知识，参与的人员较多，持续时间较长，交换过程所依赖的条件更高。而超本地流动的知识可以是片段的、不连续的知识元素，参与人员较少，持续时间较短，方式灵活多样。例如，同学间的闲聊、网上虚拟社区的在线交流或者老同事间聚会等。对于前者而言，持续性的知识交换是创新的基础，对双方接近性程度要求更高，而后者对交互双方接近性程度的要求相对较低。由此使得本书的检验结果出现差异，即地理接近性对超本地创新合作的效果具有较为显著的影响，而对于超本地知识流动则并不是关键因素（当考虑了其他类型的接近性因素以后）。

（二）技术相似性越近的企业之间在超本地知识流动网络中的距离越短且关系相对越重要

从回归的结果看，企业之间的技术知识基础的相似性仍然对知识交流有重要的正向影响。尽管技术接近性仅仅在社会接近性影响节点之间关系重要程度的过程中具有一定的调节作用，而对其他接近性的影响不具有较明显的调节作用，它本身作为重要的因素能够促进企业间的跨国技术知识交流。这与目前大部分的实证研究结论相同，当技术结构趋同时，企业之间开展直接合作创新的可能性较高，从而技术知识交流也较多。技术基础相近有助于企业间对相互知识的理解，可以更好地吸收对方的知识，进而提高技术合作的效率。技术结构差异较大的企业之间往往缺少直接的创新合作关系，因而以正式的组织创新合作关系建立的直接知识交流渠道较少。除此以外，技术接近性对社会接近性的回归系数为正且显著，表明技术背景越接近的企业，技术人员之间的交流越多。

但是，技术接近性对于节点关系重要程度的回归系数较小，表明该变量的影响尽管显著，但是较弱，因而不是提高网络中节点关系重要程度的主要因素。这在一定程度上反映了技术接近性作为影响因素的局限性，企业间的技术知识结构的相近对于二者建立直接和相对重要的知识交流渠道具有一定的促进作用，但不是决定因素。技术领域的接近在本质上更可能是一种基本条件，而非必要条件。另外，技术接近性可以调节社会接近性对节点关系重要程度的影响，技术较为接近的企业间人员交流越频繁，相似技术知识基础的人员交流越有利于促进企业间的正式创新合作，并建立较为稳固的知识交流关系。

（三）社会接近性的作用显著，且在技术接近性影响节点距离的过程中具有一定的中介作用

回归结果表明，人际间的社会互动有利于促进网络中企业间的知识流动。本书中，对社会接近性的界定主要侧重于其社会关系的嵌入程度方面，而其中的社会关系的嵌入程度以企业之间的人员往来作为识别依据。在本书采用的共同发明人指标中主要包含了两类社会交往形式：一类是企业间基于正式的创新合作而发生的人际交往，另一类是人力资源在企业之间的流动从而将原有的私人关系拓展到不同的组织。因而，社会接近性取值高的组织之间存在着较为密切的人员间知识交流关系。这两类社会关系间建立的基础是人际互动，但又有所区别，前者更依赖于组织层面的互动，后者则更直接地表现为私人间的社会交往。这两类形式的人际交流有助于加深企业之间社会关系的嵌入程度，企业之间的社会交互越密集，在网络中的知识流动渠道越短，而且企业间基于创新合作的知识交流渠道越重要。这一点在以往研究中也得到证明，例如 Almeida 等（2000）电话访谈了 8 家企业：飞利浦（Philips）、西门子（Siemens）、国家半导体（National Semiconductors）、富士通（Fujitsu）、得州仪器（Texas Instruments）、IBM、Intel 和三星（Samsung），发现 Intel 的跨国人员流动对企业文化的国际化具有重要作用，克服了语言和文化障碍。富士通和 IBM 投入大量精力塑造企业合作文化和行为惯例以降低文化差异。飞利浦、西门子的工程师和 IBM 的研发管理人员非常重视企业员工在公司构建的人际网络。因而人员往来对企业间突破本地知识网络的束缚、获取外部异质性技术知识十分关键。

更重要的是，这种社会接近性并没有局限于地理空间的约束，地理接近性与社会接近性不仅没有正相关关系，反而具有明显的负相关关系。如前文所述，社会接近性指标包括了基于组织正式合作与人员私人交流以及离职等情况所带来的组织间社会关系。若前一种情况容易突破地理空间的局限，那么后一种情况则反映出在超本地知识流动网络中，企业之间的人员往来没有受到地理空间的阻碍作用，也没有出现明显的劳动力地方化现象。技术接近性同属于一个企业集团以及使用同样的语言均对企业人员之间的交往具有显著的正向影响，当然也许还存在许多有助于国际间人员往来的因素。至于这几个因素是否为主因素，已经超出了本书的讨论范围。

社会接近性对技术接近性影响网络中成员距离的过程中具有一定的中介作用，即技术背景相接近的企业通过人员的密切往来可以建立较短的知识扩散路径，说明在人际关系的作用下，技术人员在组织间构筑了更为丰富的知识流动渠道，有利于企业在较短的路径中获取知识。尽管没有证据表明技术接近性引致的人员互动有利于企业关系重要性的加深，但不可否认的是，社会接近性是企业间的知识交流关系得以形成的重要影响因素，它对网络中的节点连接具有更为直接的作用。

（四）使用同一语言、隶属于同一集团的企业之间更倾向于建立较为直接的知识交流渠道

我们界定的社会接近性主要从人员交流角度考虑，在以前的许多研究中，企业之间的隶属关系以及语言均作为基于不同角度的社会接近性的一个衡量指标。在本书中，考虑到这些刻画社会接近性的指标较为粗略，我们作为控制变量放入到回归方程中。回归结果表明，属于一个集团的企业在网络中的距离较短，但关系重要程度却呈负向关系。通过进一步分析发现，样本中的几个大集团主要是台资和日资企业。这些企业在中国有着众多的分公司、子公司，这些分公司、子公司之间以及与母公司之间往往有相当的共同申请的专利。但是，这些企业与中国其他企业之间也有着较多的合作申请专利，尤其是不同集团的分公司、子公司之间也有较多的、共同申请的专利。这反映跨国企业在华的分支机构之间的合作与知识交流十分频繁，有些是直接进行，有些则通过一些中国企业作为媒介建立间接的知识交流渠道。

语言差异因素也有一定的影响，使用相同语言的企业之间有更短的网络连接，但对关系重要程度却也表现出负向效应。这一点与地理接近性的回归结果一致，在前面的分析中已经提过，地理上较为接近的企业之间反而对深化合作并提升知识交流关系的重要性没有明显的影响。过去大部分研究认为地理上较远的区域在文化习惯上的差异会对知识交流造成阻碍，然而从语言差异的回归结果来看，这种障碍确实弱化了。

除此以外，企业创新实力接近性作为控制变量放入到方程以描述企业间创新能力整体差异。结果表明，若企业之间创新实力的差异较为明显，其在网络中反而具有较近的连接，但在关系重要程度方面没有明显的联系。可能的解释是创新能力较弱的企业倾向于从整体创新实力较强的企业获取创新知识，但由于相互间的差异较大，要维持长期的知识交流关系较为困难。

有必要强调的是，回归检验的基本对象是组织之间基于合作创新的知识交流关系的距离与相对重要程度。专利是企业重要的创新产出，企业间共同申请专利的行为不同于一般意义上的技术合作，它代表了较为深入、紧密的合作关系，共同申请的专利数量是企业间合作创新程度的直接体现。因此，可以将专利合作视作企业间合作创新的一个重要方面。从回归的结果看，样本企业之间基于合作创新产生的知识交流关系明显地受到了人员社会往来较大程度的影响。本研究的回归结果证实了作为个人层面的人际交流与组织层面的技术知识交流之间具有显著的关系，至于企业之间建立基于创新合作的知识交流关系的具体动机以及由企业人员交流引致组织层面的正式技术知识交流的具体过程有待于通过进一步的实地调查访谈来加以确定。

尽管尚有其他影响组织间基于合作创新产生的技术知识交流的因素，但我们从接近性的角度展开分析有助于分清三种接近性对于集群企业通过超本地创新合作获取技术知识的作用，识别出哪些更重要、更具有直接作用的接近性因素，从而能够更清楚地认识集群企业在超本地创新合作过程中面临的有利条件和不利条件，有助于集群企业更好地利用网络中的创新合作关系和基于人员合作形成的社会交流关系进行技术知识的获取和吸收，进而使得自身的创新能力得到提升。同时，对于加强集群外部技术知识在本地企业间的扩散和再认识、再创造，借助技术人员的交流或流动进行二次创新以培育区域创新体系的相关政策选取与制定也具有重要的现实意义。

本章小结

本章主要论证三种接近性对超本地知识流动网络中节点连接的影响。首先介绍了回归分析的因变量、自变量和控制变量的测算方法，由于变量反映的是企业与企业之间的关系，因而使用矩阵形式表征企业之间的因变量、自变量与控制变量取值并作为回归分析的基础。其次使用社会网络分析中的 QAP 多元回归方法检验了地理接近性、社会接近性与技术接近性对超本地知识流动网络中节点连接的距离与关系重要程度的影响。

回归结果表明，地理接近性对网络中节点连接的影响不显著，地理较为接近的企业在网络中的距离反而越远，且对节点关系重要程度的影响不显著。但是，技术接近性和社会接近性对节点距离与关系重要程度均有显著的影响。其中，技术越接近的企业，在网络中的距离越近且双方的关系重要程度越高，而社会接近性程度较高的企业在网络中的知识流动路径越短，关系重要程度较高。总体而言，技术接近性与社会接近性都有显著的影响，是对超本地知识流动具有较强解释力的变量，地理接近性的解释力不强。另外，使用同一语言、隶属于同一集团的企业间更倾向于建立较为直接的知识交流渠道，但知识交流的关系并不一定更重要。企业之间在创新实力方面的差异对于相互间建立知识连接的距离和重要程度的影响不显著。因此，本书的主要研究假设大部分得到支持。主要研究假设的回归结果如表 6–13 所示。

表 6–13　主要研究假设的检验结果

编号	假设内容	检验结果
假设 1a	地理上较为接近的企业在知识流动网络中的距离越近	不支持
假设 1b	地理上较为接近的企业之间的知识交流关系越重要	不支持
假设 2a	社会接近性程度较高的企业之间在知识流动网络中的距离越近	支持
假设 2b	社会接近性程度较高的企业之间知识交流越重要	支持
假设 3a	技术接近性较大的企业间在知识流动网络中的距离越近	支持
假设 3b	技术接近性较大的企业之间的知识交流关系越重要	支持

为进一步分析三种接近性之间的关系，本章还建立了以社会接近性为地理接近性、技术接近性与因变量之间的中介变量的模型以及以技术接近性为地理接近性、社会接近性对因变量作用的调节变量模型。通过 QAP 回归检验，发现技术接近性在影响节点距离时，社会接近性具有中介作用，但在影响节点关系重要程度时没有证据支持社会接近性的中介作用。技术接近性对地理接近性与节点距离和关系重要程度的影响不具有显著的调节作用，它对社会接近性与节点距离的相互关系中不具有调节作用，但在社会接近性影响节点关系重要程度的过程中具有显著的调节作用。

第七章 结合 SNA 和 NK 模型的知识网络结构分析

第一节 不同层面的网络结构分析

接近性对网络结构的作用机制需要在识别知识流动路径的基础上展开分析，这部分的实证分析研究范式有所不同，主要结合可视化技术和复杂网络分析工具进行。SNA 的结构分析为实证检验提供了一套完整的分析指标和方法体系。更重要的是，结构分析能够将网络中知识交流密集的区域和关键节点析出。通过对比网络结构属性和网络图的展示将不同接近性促成的知识流动路径清晰地反映出来，有利于识别主要的知识流动渠道及其促进或阻碍因素。结构分析是 SNA 最具特色和不断发展的研究方法。在 SNA 的分析方法体系中通常用表征网络节点关系的邻接矩阵来测度待观察变量，以此为基础可以进行关系数据的回归检验并作为结构分析中网络结构属性指标测算的基础。因此，本书实证部分采用的两种方法都是 SNA 重要的组成部分，体现了 SNA 分析的本质特点，即以连接解释结构，以结构分析网络内在的连接，二者相互联系，互为补充。在具体的分析中，我们依据专利数据构建不同类型的网络，主要包括基于专利引用（以往研究中最常用的专利指标）数据构建的专利引用网络或超本地知识溢出网络、基于专利共同申请构建的超本地知识流动网络（组织层面的显性和隐性知识流动）以及发明人合作网络（个人层面的显性和隐性知识流动）。在此基础上，从网络整体、局部和关键节点三个层面加以对比分析，从而析出接近性的影响。

一、网络整体结构特性

（一）描述网络结构的主要指标及其计算方法

在展开结构分析之前，首先简要介绍一下在结构分析中常用的分析指标及其计算方法。描述网络结构的指标主要有网络密度、网络中心势、平均路径长度、平均连接数等。在节点层面上，主要有度数中心性、中间中心性、接近中心性、集聚系数等。假定网络规模，即网络中的节点数量为 n，则网络中的实际连接数为 m。

网络密度反映网络节点连接的密集程度，是网络中的实际连接数与最大可能连接数之比。对于无向网络而言，由于最大可能的连接数为 $n(n-1)/2$，因此其密度 $D=m/[n(n-1)/2]$。对于有向网络而言，最大可能的连接数为 $n(n-1)$，则密度为 $D=m/[n(n-1)]$。

网络中节点之间的距离指的是两个节点 i、j 最短连接路径的长度 l_{ij}，网络的平均路径长度是指所有节点之间的距离的均值 $\bar{L}$，使用 UCINET 可以直接给出，选择 Network-Cohension-Distance，由软件计算出所有可达连接的节点对的平均距离。

网络的平均连接数 $\bar{m}$ 计算方法较为简单，等于实际连接数与网络节点数的比值 m/n。

集聚系数（cluster coefficient）$Cluster_i$ 通常反映了网络的集团化程度，主要考察与网络某个节点有连接的其他节点之间的关系密集程度，因而它是与节点 i 有连接的其他节点相互间实际存在的连接数与潜在最大连接数的比值，计算公式为：$Cluster_i=K_i/[k_i(k_i-1)]$，其中 K_i 表示与节点 i 有连接的节点之间的相互连接数，k_i 表示节点 i 的连接数。集聚系数的取值较高。

网络中心势的计算涉及节点的中心性，因此首先介绍节点的中心性计算方法。节点的中心性分为三种：度数中心性（degree centrality）、中间中心性（betweenness centrality）和接近中心性（closeness centrality）。

度数中心性是基于节点的度，即连接数的中心性。连接数较高的节点具有较高的中心性。对于无向网络而言，节点最大的连接数为 n–1。因而节点的度数中心性就是节点的度与最大可能连接数的比值 $C_i=d_i/(n-1)$。

对于有向网络而言，节点最大可能连接数为（n－1）/2，因而节点的度数中心性是出度（节点连向其他节点的连接数）与入度（其他节点连向该节点的连接数）之和除以最大可能连接数的比值 $C_i=(d_{in}+d_{out})/[(n-1)/2]$。

网络的中心势描述的是网络的整体中心性，计算思路为先找到网络中中心性最高的节点，计算其他节点与该节点的中心性差值。对差值加总，再求该差值之和与差值总和的最大可能值的比值。具体计算公式为：

$$C=\{\sum_{i=1}^{n}(C_{max}-C_i)\}/max[\sum_{i=1}^{n}(C_{max}-C_i)] \quad (7-1)$$

节点的中间中心性描述节点在多大程度上处于其他节点对的捷径上。假定节点 j、k 间存在的捷径为 g_{jk}，其中经过节点 i 的捷径数为 g_{jk}（i），那么节点 i 处于节点 j、k 之间捷径上概率为 $b_{jk}(i)=g_{jk}(i)/g_{jk}$。节点 i 中间中心度为 $C_{ABi}=\sum_{j}^{n}\sum_{k}^{n}b_{jk}(i)$。网络节点最大中间中心度为 $C_{max}=(n^2-3n+2)/2$，节点 i 的中间中心性就是其中间中心度与最大可能值的比值：$C_{RBi}=2C_{ABi}/(n^2-3n+2)$。

网络的中间中心势为：

$$C_B=\frac{\{\sum_{i=1}^{n}(C_{ABmax}-C_{ABi})\}}{(n^3-4n^2+5n-2)}=\sum_{i=1}^{n}(C_{RBmax}-C_{RBi})/(n-1) \quad (7-2)$$

节点的接近中心性衡量的是节点与网络中的其他节点的接近程度，即距离的长度。一个节点具有较高的接近中心性表明它与其他网络成员的距离都较短，处于整体上的中心位置。

在具体测度时，节点 i 的接近中心性是它与其他节点的距离之和与最小可能距离和的比值，$C_{RPi}^{-1}=\sum_{j=1}^{n}l_{ij}/(n-1)$。

网络的整体接近中心势为：

$$C_C=\frac{\sum_{i=1}^{n}(C_{RCmax}^{-1}-C_{RCi}^{-1})}{(n-2)(n-1)}\ (2n-3) \quad (7-3)$$

为简单起见，如无特殊说明，下文中的中心性主要指网络整体的中心势。若单指节点的中心性取值，会特别标识出。以上指标的计算均可通过社会网络分析软件 UCINET 完成。

另外，在局部网络或小团体分析中常用“成分”（component）探讨网络中的关系密集区域。“成分”是指网络中最大的关连子图，即“成分”中的所有网络成员之间都存在一条相互可达的路径。正由于“成分”中成员之间具有高度的连通度，从而一般将其作为网络中的主要团体。“成分”也成为了分析网络团体的重要指标，当“成分”中包含的网络成员 $m_{component}$ 占网络规模的比例越高时，说明这个团体对网络的影响越大，网络成员之间的连通度越高。

（二）专利引用网络与发明人合作网络的整体结构特性

在第六章的分析中，社会接近性作为重要的影响因素在回归结果中得到证明。在结构分析部分，有必要将基于组织交流与基于人员往来所建立的知识渠道加以区分，并对比分析其网络结构特性，由此才能清楚地显示社会接近性引致的网络结构变化。

本书样本中，基于引用专利（citing patent）识别出的超本地知识溢出网络主要从组织层面反映集群企业对超本地组织的技术知识的吸收，而发明人合作网络则代表了发明人的社会关系（或是知识交流关系）引致的关系流动网络。这两种知识流动渠道的区别不仅表现在交流层面上，还表现在渠道中所流动的知识类型中。在第二章中讨论过，专利引用识别的是显性知识在组织间的流动渠道，发明人合作可以反映隐性知识溢出的路径，二者分别代表了组织内知识在各自的“社会化”与“组合化”阶段经由组织和人员两个层面的、在不同“Ba”中的互动而发生的组织间知识流动。

为简化起见，所有企业名称由其在 DERWENT 数据库中的代码表示，节点大小取决于该企业的入度（in-degree），节点之间的连接线粗细表示企业间引用专利的次数。对核心层企业构成的专利引用网络进行二值化处理并测算网络结构属性。结果显示，该网络较为分散，密度为 0.0078，但是节点连接集中度很高，网络整体中心性为 0.795。通过对节点度的排序，网络中出度（out-degree）最大的是 DERWENT 代码为 HONH-N 的节点，其出度为 225，同时它也是入度（in-degree）最大的节点，其值为 33。该企业是一家台资企业，在电子产业领域属于龙头企业，连接了大量的供应商与分包商。在超本地合作过程中，既是重要的知识传播者，也是重要的技术创新者。

为便于比较，将基于专利引用与发明人合作的超本地知识网络的主要结构属性进行对比。表 7-1 是根据 51 家中国企业的专利引用与发明人合作数据，采用 UCINET 软件所计算的专利引用网络与发明人合作网络的主要结构属性。

从表 7-1 中可以看出，使用样本数据构建的专利引用网络和发明人合作网络的网络密度 D 比较低，分别为 0.0078 和 0.0069。由于整体网络密度是实际观察到的连接数与所有可能发生的连接数的比值，较低的网络密度说明这两个网络相

表 7-1 专利引用网络与发明人合作网络基本结构属性

网络结构指标	专利引用网络	发明人合作网络
网络规模 n	309	236
密度 D	0.0078	0.0069
中心性 C	0.795	0.11
集聚系数 $Cluster_i$	0.683	0.667
平均连接数 $\bar{m}$	4.74	3.1
最大成分规模 $m_{component}$	12	19
最大成分所占比率（%）	3.9	8.4

对比较分散，大部分节点之间缺少相互连接的渠道，整体上属于关系较为稀疏的网络。在专利引用网络中，最大的节点连接数为 225，平均连接数约为 5。而发明人合作网中最大节点连接数为 30，平均连接数约为 3，说明网络中没有可以连接到足够比例节点的中心节点。与企业发明人合作网络相比，专利引用网络具有更高的中心性，说明存在着一些节点占有了网络中较高比例的连接。相当部分节点拥有的连接数较为有限，标志着知识渠道的分布是较为不均衡的。

将核心层企业样本之间基于专利引用形成的知识溢出渠道（即超本地显性知识连接）用 Netdraw 软件作图，其所构成的网络连接的分布情况如图 7-1 所示。

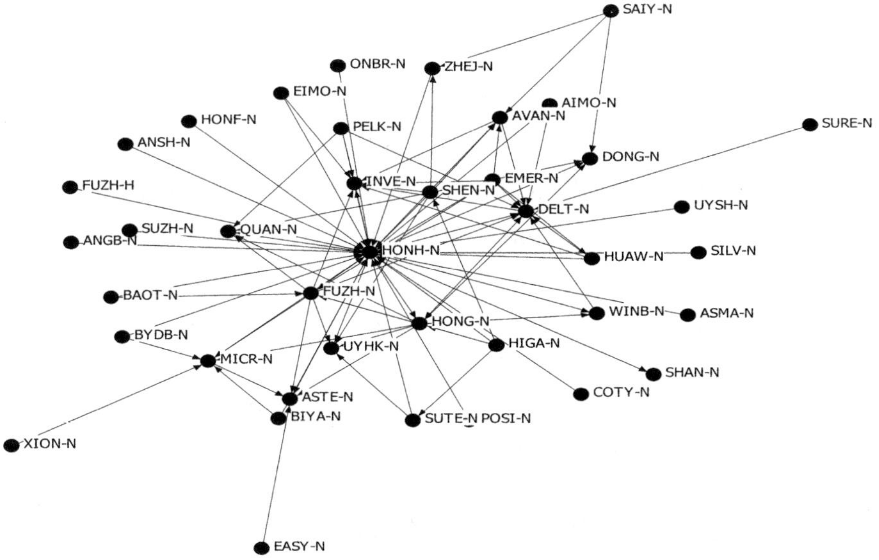

图 7-1 核心层企业间的专利引用网络

图 7–1 显示的结果与上面的分析大体一致，该网络中存在着一些孤立点，大部分的引用来自于少数几家企业，少部分节点拥有明显较多的连接数。

（三）超本地知识流动网络整体结构特性

将最终样本中 112 家企业基于专利共同申请连接起来构建组织层面的超本地知识网络。采用社会网络分析软件 UCINET 将相应的连接矩阵变成图谱。网络中的节点大小代表与网络中其他节点的连接数的多少，节点间连线的粗细表明企业间合作次数，连接数超过 10 的节点用方格表示。通过网络结构属性指标的测算，该网络的密度为 0.3，并非高度密集的网络，但较之专利引用网络则要密集得多。我们通过测算发现网络中出现了一些中心节点，其中心性取值为 0.37。另外，集聚系数为 0.566，说明网络中存在着围绕一些重要节点形成的密集群体。但是与超本地知识溢出网络相比，显性知识流动网络的中心性明显较低，这意味着尽管网络中有中心节点，但不存在对网络整体有巨大影响的单一节点。节点群集性只表现在网络中相对较小的局部，中心节点各自有自身的影响区域。尽管如此，在整体上，大部分网络节点处于一个较大的群落中。群落之外的网络节点很少，这表明大部分网络节点之间的联系比较紧密。

除此以外，网络的连接数分布同样不均衡。经测算，网络的平均连接数为 3.5，最大连接数为 44，最小连接数为 1，标准差为 4.85。即网络中连接数最大的节点拥有总连接数的 11.2%，最小的节点仅拥有 0.3%的连接。网络中拥有较高连接数的节点不多，占网络总节点数的比例较小，其中连接数最高的节点是 SHIH–C、HONH–N 和 HONG–N，分别为 44、18 和 16，是网络中的核心节点。

由于该网络是依据企业之间的专利共同申请关系而构建的，网络中的企业之间连线代表了企业之间在合作创新过程中的知识交流行为。由于专利代表了显性化的系统知识，因而网络成员交流的知识并非简单的知识元素或片段，而是进入到组合化的、系统的显性知识，这部分知识由共同申请专利的组织共享。所以，该网络中节点之间的知识交流实际上对应着第二章描述的组织间在知识组合化节点的知识交流行为。

二、网络中的凝聚子群分析

（一）知识溢出网络与专利发明人网络的比较

在前面的分析中，基于专利引用关系构建的超本地知识溢出网络与发明人合作网络的结构存在着较大的差异。本书从两个网络的局部进行比较分析。

在专利引用网络中，本书主要关注的是核心层企业的网络连接和相互间的知识溢出行为。为析出网络中关系紧密的群体，对网络进行凝聚子群分析。由于该网络是有向图，所以分析条件设定为“more than 3，strong”。处理结果表明，网络的最大成分（component）由 12 个节点组成。前面介绍过，“成分”是一个网络中最大的关联子图（connected subgraph），其中每个节点是相互可达的（reachable）。因此，这 12 个节点之间通过相互的专利引用可以将物化于专利中的组织知识在成分中扩散，而这一成分也是被引专利中将技术知识相互溢出扩散的重要群体。但这个群体也存在着较大的缺陷，即企业之间的箭头大部分是单向的，表明知识的流动不是互惠的，而是不对等的。这与发明人合作网络形成了鲜明的对比，图 7-2 是发明人合作的最大成分。

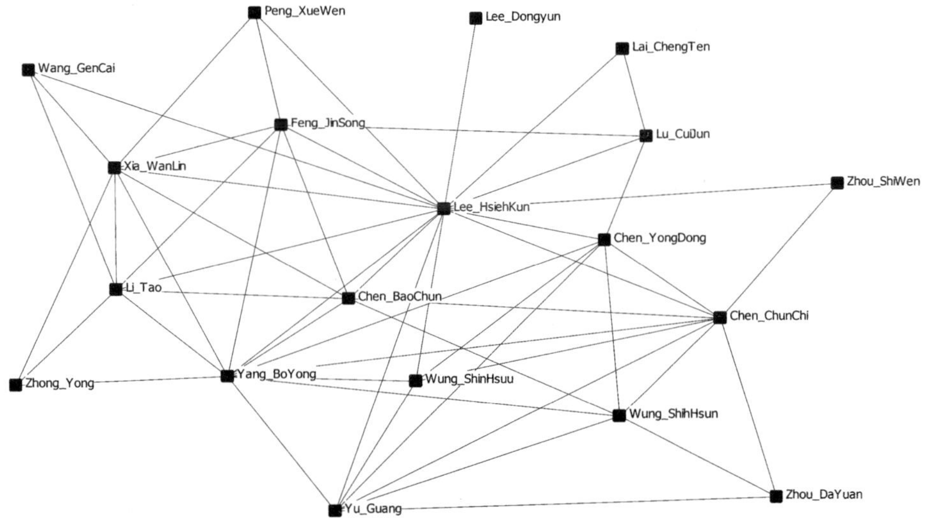

图 7-2 发明人合作的最大成分

图 7-2 中显示了在专利发明人合作网络中由 19 个发明人构成的“成分”。在该“成分”中，每个发明人都可以找到一条连接的路径。所有的节点（nodes）都是可达的（reachable）。该成分中的节点之间是两两相通的，在网络中该成分连接了更多的节点，有重要的影响力。图 7-3 展示了该成分所连接的所有节点，一共有 60 个，占网络整体规模的 25.4%，成为一个比较大的子群。这样的子群在样本构建的专利发明人合作网络中大致有四个，这些子群连通了几乎所有的节

点，而且子群的集聚系数较高，有较高的可达性（reachability），子群中往往存在着中心节点。

图 7-3　发明人合作网络的最大子群

由上面的分析可以看出，样本数据构建的专利引用网络和专利发明人合作网络在结构特性上有较大的差异。专利引用是组织之间交流的行为，而发明人合作网络中的知识流动渠道既有基于组织之间正式合作的人员知识交换，也有基于私人社会关系网络引致的知识流动。因而溢出网络中有两类知识渠道：①专利引用关系的知识溢出。②发明人共同发明活动中产生的知识溢出。发明人合作网络连接的相对紧密反映了隐性知识溢出渠道的相对丰富，这符合隐性知识扩散需要紧密接触的特点。

将核心层企业依据共有发明人节点连接起来，发现企业间的隐性知识交流网络形成了相对更大的关系密集群体。由于发明人合作所引致的知识流动是双向的，所以分析条件设定为“more than 3，weak”。结果显示，隐性知识溢出网络中的成分总共包含 31 个节点，占核心层企业总体的 60.78%。基于发明人合作关系识别的网络成分更大，且网络密度更高，说明人员往来引致的组织间知识溢出更密集。上述发现在一定程度上体现出了以往研究单独采用专利引用指标作为组织间知识流动渠道的局限性。

（二）基于专利共同申请的超本地知识流动网络与发明人共同申请的知识流动网络比较

以下分析基于专利合作申请的超本地知识网络的主要成分。如前文所述，由于企业之间创新合作所引致的知识流动是双向的，所以分析条件设定为“more than 3，weak”。生成的新成分囊括了超本地知识网络（基于专利合作申请）中 94.6%的节点，由此可知，该网络尽管节点连接数存在较大的差异，但节点之间的可达性较好。与专利引用网络相比，112 家企业之间的知识交流关系要更为密集一些，大部分的节点均囊括到了一个较大的技术知识交流群落中。可能的原因在于，专利引用网络中节点间的连接很多是单向的，而基于专利合作申请的超本地知识网络中则为双向连接，知识的互惠程度更高一些。

接下来将有共同发明人的企业连接起来，考虑基于人员交流的隐性知识的流动网络。分析其中的“成分”，发现所有的企业均在一个“成分”中，会形成一个节点间相互连接非常密集的网络，与其他企业拥有超过 50 个共同发明人的企业约占了网络总体的 1/5。许多原本不具有较多网络连接的节点，在这一网络中极大地增加了连接渠道，由此也提升了其在网络中的地位。而一些原本游离于网络“成分”之外的边缘企业也通过发明人之间的交流得以进入网络的中心，如代码为 ONBR-N、ANGB-N、INVB-N 等企业。

企业之间的共同发明人一般包括组织间合作、离职流动、公共顾问以及由其他社会关系建立的人员往来等几种情形。第一种情形主要来自于组织间的正式合作，是组织行为，后面几种则得益于基于人员互动的社会关系网络。若发明人之间的知识交流完全来自于组织合作，那么依据专利共同申请关系识别的网络应该与依据共有发明人为基础构建的网络在结构上是一致的，如此大的结构差异说明人员之间的社会关系在组织间知识交流过程中不仅提供了更多的知识流动渠道，而且改变了网络的整体结构。从网络中的密集群体分析中可以看到，社会接近性的作用是很显著的。

三、网络中的重要节点及其作用

（一）专利引用网络中的重要节点

对于知识溢出网络中的重要节点，仍然从组织和人员两个层面论述。首先分析溢出网络中重要的企业，表 7–2 总结了一些连接数较高的企业，以被引用专利数排序。

表 7–2　被引次数较高的专利企业

被引企业	被引专利数	被引次数	平均被引次数	国家或地区
HONH–N	190	308	1.62	中国台湾
DELD–N	29	41	1.41	美国
ITLC–N	28	40	1.43	美国
HEWP–N	34	38	1.12	法国
LEVI–N	26	37	1.42	美国
SMSU–N	19	23	1.21	韩国
FUIT–N	19	20	1.05	日本
IBMC–N	19	18	0.95	美国
DELT–N	16	17	1.06	中国台湾

在总共 285 家被引企业中，专利总被引次数为 1211 次。前 5 家被引用次数最多的企业的总被引次数为 637 次，占所有被引企业总被引次数的 52.6%。在上述被引次数最多的 15 家企业中，来自美国的企业最多，约占 46.7%。中国台湾企业约占 20%，日本企业占 13.3%。这些企业中没有一家来自中国大陆，说明样本内的中国企业的整体技术水平较低。从专利被引用角度看，缺乏有重要影响力的大陆企业。接下来分析参与中国企业专利发明活动的发明人网络。一些重要的发明人信息总结如表 7–3 所示。

表 7–3　共同发明经历较多的发明人及其发明专利

发明人	参与发明的专利数	参与发明专利的专利号
Lee Hsieh–Kun	28	7126824,6362963,6392885,6477048,7142430,7310229,7254029,7254028,7230828,7209356,7203066,7190588,7180743,7167370,7164583,7142422,7116556,7312994,7301774,7295437,7286363,7286350,7283361,7277288,7272007,7269012,7262969,7254021
Chen ChunChi	19	6343013,6418022,6449151,6452801,7116556,7292444,7289322,7286357,7283368,7277287,7256997,7254029,7254028,7254021,7251136,7239518,7218522,7180744,7180743
Xia WanLin	18	7142430,7142422,7126824,7310229,7304845,7298621,7295439,7295437,7292447,7286363,7283361,7277288,7269012,7227752,7209356,7190588,7167370,7164583

续表

发明人	参与发明的专利数	参与发明专利的专利号
Chen YunLung	16	7088587,7088584,7088580,7068502,7310235,7304840,7277279,7272011,7265971,7254041,7254037,7254011,7218508,7206197,7161798

注：4 个主要发明人获得授权的专利主分类号均为 361，属于电子系统与设备（Electrical Systems and Devices）相关技术领域。

表 7–3 中数据显示，一些高产的发明人参与了众多专利的发明活动，他们与其他发明人的合作为大量的专利之间建立连接提供了基础。在基于 USPTO 的专利数据识别的发明人合作网络中，参与了 190 项专利发明工作的发明人共有 254 名。其中，存在合作发明经历的发明人超过 230 名。这些发明人来自于 49 家企业、大学或科研机构，这在一定程度上反映了样本企业之间存在紧密的合作。

由于专利发明人之间的合作使得专利间建立联系，其相互连接路径在一定程度上反映专利间的知识关联。将高产发明作为合作网络中的中心节点，他们参与发明的专利在超本地知识网络中连通了较多的其他专利。利用 UCINET 软件分析，发现基于共同发明人识别出了更多的专利间知识流动渠道，190 项专利间通过专利引用建立的连接十分稀少，通过分析共同发明人关系使得 114 项专利间建立了连接。专利间的连接代表了知识的溢出渠道，网络中的一些高引用专利成为许多后续专利的潜在知识源，可以视作知识溢出网络中的中心节点。较多的专利集中于一个子群中，表明专利发明人间的知识交流有可能使得大量后续专利在发明过程中受益。

高产发明人不仅是企业重要的智力资产，而且一些较为活跃的发明人之间的知识交流，为企业提供了潜在的溢出路径。在网络中，一旦移除这些节点，会在较大程度上降低网络的集中程度。所以频繁的行业内技术人员尤其是重要技术专家的技术知识交流对构建高效便捷的知识共享体系具有不可估量的重要性。网络中的中心节点即高产发明人的存在使得局部网络形成了一些连通性较好的子群，子群内的节点之间知识溢出渠道比较多，可以看作是知识交流的密集区域。密集区域间的扩展则需要有中间节点将不同区域内的重要节点的影响扩大到更广的范围内。

针对高产发明人的连接网络分析还显示，只有专利号为 7286353 的节点沟通了局部网络中的两个较大子群，该专利主分类号为 361，属于电子系统和设备技术领域。它将一个包含 62 个节点的密集关系子群和一个包含 6 个节点的小团体连接起来。同时，在一些较大的子群内存在的一些节点的中间中心性（betweenness degree）取值较大。这些节点在各自的小团体内部起到一定的沟通团体中不同节点的作用。整体上“中间人”缺失，由此影响了知识溢出的路径长度，使得节点间缺乏较短的连接路径，由此会引起两个严重后果：

其一，技术知识资源的大量闲置。由于技术知识溢出网络的集散点（hub）功能缺失，大量技术知识不能扩散到可以展现其价值并得到充分利用的地方，而是在一个较小的局部网络中累积，成为一部分网络节点的冗余资源。这样的网络结构与知识路径分布会出现知识存量较大而产生的效用较小的现象。

其二，使知识流动通道发生阻滞，降低网络在知识传播方面的整体效能。在密集的网络中，知识拥有者之间基于错综复杂的关系所形成的直接连接和间接接触的路径往往会相互重叠。但由于缺乏建立连通渠道的中间节点，技术知识会过多地经由距离较长的间接渠道流动。间接路径的比率过高，占用了相当的路径资源，有可能造成直接连接路径的信息阻塞，从而引致知识流动渠道的有效使用率下降。当这种低效或无效使用达到一定的临界值时，整个网络的信息传播效能将发生骤降（罗家德，2005）。要充分利用网络中纵横交错的技术知识溢出路径，就必须识别并重视具有重要沟通作用的节点，进而通过这些节点形成更为有效的知识流动路径。

（二）超本地知识流动网络中重要节点

对比分析基于专利引用与基于人员合作的组织间知识交流途径可以看出，人员交往在超本地知识交流过程中具有重要的作用。由于该网络的数据只是样本核心层企业在美国专利数据库的数据，因而尽管其反映的趋势应引起重视，但本书更为关注的是全部样本企业的超本地知识流动网络中是否也存在类似的情形。

表 7-4 总结了依据节点的连接数识别的由 112 家中外企业组成的超本地知识流动网络中的重要节点。对比表中的数据可以看出，基于组织创新合作即专利共同申请构建的超本地知识流动网络中，连接数最高的前三家企业与网络中超过 70%的成员有知识流动的渠道。在国外企业中，日本企业对网络中基于创新合作的知识扩散具有举足轻重的作用，其次是中国台湾和美国。而中国企业只有 4 家，且这 4 家企业的连接数之和与排名第一的一家日本企业持平。由此可以看到，在网络中相对于国内企业，国外企业明显具有更为重要的地位。

但是，在基于共同发明人构建的网络中则出现了较为不同的情形。

一方面，企业连接数出现显著的增加，这不仅说明在电力系统技术领域内的 112 家企业之间技术人员的联系十分紧密，而且表明人员往来建立的组织间知识流动渠道远多于基于合作创新所带来的知识扩散路径。最活跃的企业与 90%左右的网络中其他企业有共同发明人，即使是位居第十的企业也有与近 80%的其他网络成员有共同发明人。由此可见企业间社会往来的紧密性。

表 7–4 基于专利合作的超本地知识流动网络中的重要节点

基于组织合作的 TOP10 企业	连接企业数	所属国家或地区	基于人员交流的 TOP10 企业	连接企业数	所属国家或地区
SHIH–C	44	日本	HONH–N	92	中国台湾
HONH–N	18	中国台湾	SHIH–C	92	日本
HONG–N	16	中国	HONG–N	87	中国
SAOL–C	13	日本	FUSH–N	86	中国
SHEN–N	11	中国	DELT–N	84	中国台湾
TOKE–C	11	日本	HONH–C	84	中国
HONH–C	10	中国	WINB–C	82	中国台湾
MITQ–C	9	日本	BIYA–N	80	中国
EMER–N	8	美国	BYDB–N	79	中国
FUSH–N	7	中国	ZHON–N	79	中国

另一方面，从企业国际角度观察，在基于合作创新的知识流动网络中，原本具有显著重要性的国外企业出现了相对的地位下降。人员交流最多的前十企业中，只有四家国外企业，中国企业依靠人员往来建立的组织间连接相对于一小部分较重要的国外企业而言略有逊色，但比大部分国外企业具有明显优势。表中还反映出中国大陆与中国台湾企业之间的人员往来与合作表现得十分突出，连接数位居前十的企业中有三家来自于中国台湾，一家来自于日本，其他全部为中国大陆的企业。

通过对比基于合作创新的超本地知识流动网络与基于人员往来的网络可以看出，企业之间的人员往来非常密集。基于人员互动所带来的组织间知识流动渠道显著地提升了我国企业整体上在网络中的地位。

第二节 社会接近性引致的网络度分布变化

在上一节，本书用较大的篇幅从网络整体、局部密集群体和重要网络节点三个层面展现了基于组织正式知识交流与人员关系网络产生的交流渠道对组织间知识流动网络的影响。本节在此基础上，通过对网络结构特性的比较来进一步深入认识社会接近性在改变网络结构方面的作用。

一、核心层企业超本地知识溢出网络结构特性与网络度分布对比

首先分析超本地知识溢出网络（专利引用网络）中由社会接近性引致的网络结构变动，其中社会接近性的作用通过发明人互动所构成的组织间知识溢出渠道表现。在网络构建部分论述过，跨国技术知识溢出网络中组织间的知识路径主要由专利引用关系建立。专利作为系统化的显性知识，其相互引用关系代表的是显性知识的溢出渠道，而发明人合作关系却可以反映隐性知识扩散的路径。因此，本部分为了区分由这两种指标识别的组织间知识溢出网络，将依据专利引用指标构建的网络称作显性知识溢出网络，将发明合作识别的网络作为隐性知识溢出网络。

表 7–5 中总结了核心层企业之间基于专利引用（显性知识溢出）和发明人合作（隐性知识溢出）产生的知识溢出网络主要结构特性，并给出了结合二者构建的超本地知识溢出网络的基本结构特点。

表 7–5 核心层企业知识溢出网络结构对比

	网络规模	密度	中心性	平均连接数	最大连接数	最大成分规模
显性知识溢出网络	51	0.04	0.67	3.44	35	12
隐性知识溢出网络	51	0.25	0.36	12.63	30	31
超本地知识溢出网络	51	0.27	0.53	14.35	40	35

从表 7–5 中数据可以看到，以专利引用衡量的组织间显性知识溢出网络的密度较低，中心性较高，节点连接数的差异很明显，“成分”规模较小。而基于共

同发明人的隐性知识的溢出网络密度有明显的提高，且整体集中度较低，连接数差异相对较小，“成分”规模明显较大。网络结构的差异表明人员交流为企业间的知识溢出提供了丰富的多条路径。

两个指标形成网络的结构在节点连接数分布的差异更大，图 7-4 比较了核心层企业在显性知识溢出、隐性知识溢出以及同等规模下随机网络中的连接数 k（in-degree 入度）的分布，连接数 k 和连接概率 p（k）取双对数的分布，如图 7-5 所示。

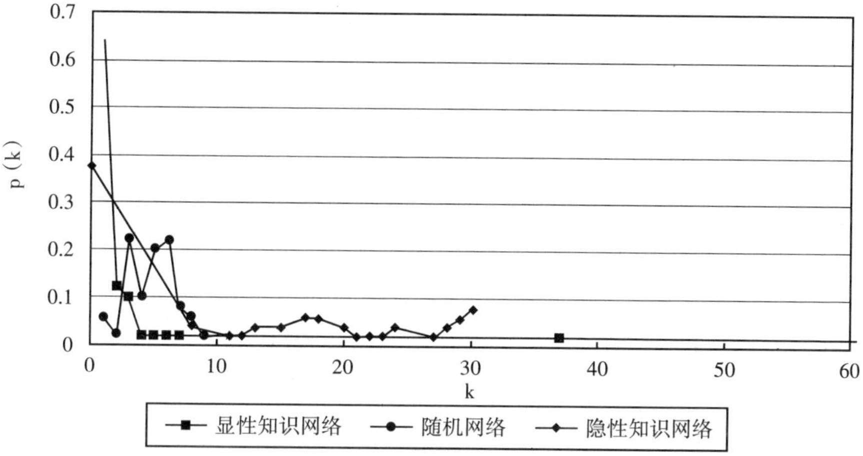

图 7-4 知识溢出网络的连接数分布

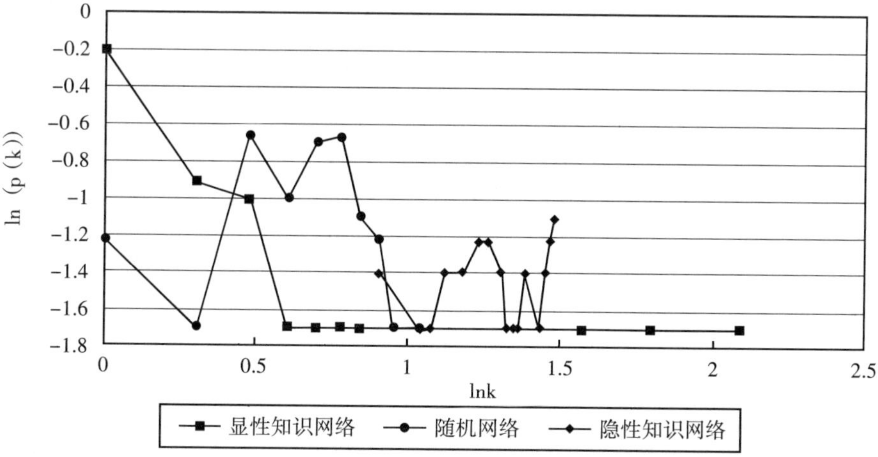

图 7-5 知识溢出网络的连接数分布特点

从图 7-4、图 7-5 中可以看到，组织间的显性知识溢出网络具有明显的幂律分布（power-low distribution）特征，是一个无标度网络（scale-free network），大部分节点的连接数很少，极少数节点的连接数很大。网络中的知识流动渠道被少部分节点所占有，这少部分节点通过其网络连接将网络中大部分溢出知识扩散到其所处的关系紧密的凝聚子群中，具有重要的信息集散和控制作用。而基于人员交流的知识溢出网络中节点度分布要均匀得多，网络节点连接数差距降低，知识来源的多样化程度提高了。

知识获取路径的多元化不仅使得大节点的知识可以扩散到更多的节点，而且对于小节点而言，有了可替代的知识来源，从而削弱了大节点对网络信息的控制作用。企业间的发明人合作在一定程度上代表了社会接近性程度的高低，人员合作关系密切的企业间的关系嵌入程度更深，社会接近性更大。由此，企业间的基于人员合作所表征的社会接近性可以改变知识溢出网络的结构特性。

二、超本地知识网络结构特性与度分布对比

社会接近性的作用是否在由 112 家企业构成的超本地知识网络中也能得以体现呢？以下采用与上一部分同样的方法和步骤进行分析。

在构建超本地知识流动网络时，所提出的方法主要依据企业之间的专利共同申请关系，这一指标反映的是组织层面的知识交流渠道。由于在组织间分享并留在组织层面的同一专利所记录的知识是已经显性化、系统化的知识，而隐性知识主要以人员为载体，因而在企业以共同发明人为依据识别的知识流动渠道可以反映出来。为了加以区分，将依据专利共同申请建立的网络称为显性知识流动网络，将根据共同发明人识别的网络称为隐性知识流动网络。另外，将二者结合起来形成新的超本地知识流动网络。

表 7-6 总结了分别依据专利共同申请、共同发明人指标识别的显性知识流动网络、隐性知识流动网络以及结合二者构建的超本地知识流动网络的结构属性。

表 7-6　超本地知识流动网络结构对比

	网络规模	密度	中心性	平均连接数	最大连接数	最大成分规模
显性知识流动网络	112	0.03	0.37	3.518	44	106
隐性知识流动网络	112	0.39	0.45	42.57	92	112
超本地知识流动网络	112	0.39	0.46	43.02	93	112

表 7-6 中数据反映出三个网络在结构属性上的明显差异。显性知识扩散网络密度较低，中心性较高且连接数差异较大。而基于共有发明人的隐性创新知识扩散网络密度和平均连接数均有大幅上升，极大地提升了组织间知识交流的紧密性。除此以外，由于人员间的相互连接，网络中的所有节点构成了唯一的成分，即知识在所有 112 家企业之间是相互可达的。

从图 7-6 看，显性知识和隐性知识扩散网络连接数分布的差异更为显著。我们进一步比较不同网络的连接数分布状况。图 7-6（a）描述了组织间基于合作创

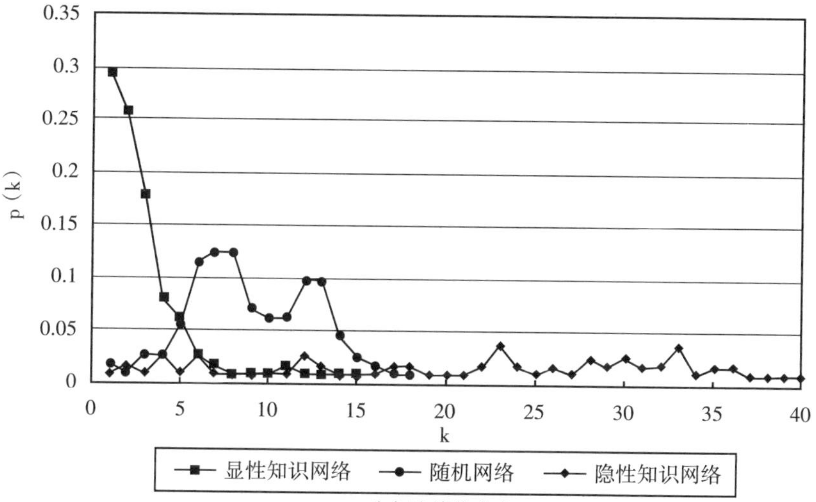

（a）连接数分布

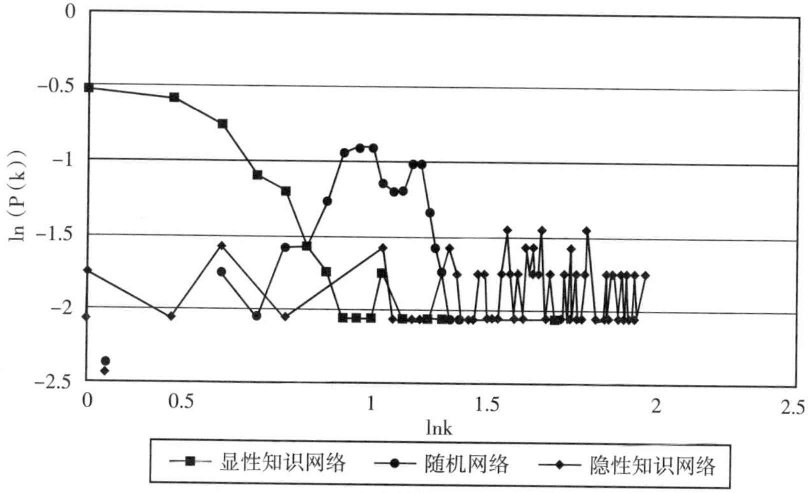

（b）连接数分布取对数

图 7-6　基于合作创新的显性和隐性知识扩散网络的连接数分布特点

新的显性知识和隐性知识扩散网络以及同等规模的随机网络连接数分布。图 7-6（b）进一步给出了将连接数 k 和连接概率 p（k）取对数的连接数分布。

可以看出，显性知识扩散网络的连接数分布具有明显的无标度性，网络中节点的连接数差异较大，核心节点掌握较多的知识流动渠道。而隐性知识扩散网络其连接数分布不具有幂律分布（power law distribution）特征。隐性知识扩散网络的集聚系数较高，为 0.8，而平均路径长度较短，为 1.64，具有明显的小世界网络特征。人际间的知识交流为企业所带来的潜在知识流动渠道使得企业知识获取路径的分布相对均匀，同时缩短了网络的整体距离，有利于知识的迅速扩散。由此可见，与超本地知识溢出网络中的情况相类似，基于发明人合作表征的社会接近性在超本地知识流动网络中同样表现出改变网络结构特性方面的重要作用。

除此之外，基于专利共同申请和发明人合作表征的显性知识与隐性知识两个网络的结构差异不仅反映出了组织间基于发明人合作所产生的知识流动渠道对改善边缘节点在网络中地位的作用，更重要的是，这一差别为今后有关知识网络中节点地位的研究提供了借鉴，即企业的地位不单单只由其基于正式合作的连接数反映，由发明人合作产生的企业间关系网络也需要考虑在内，这样才能得出正确的认识。这一发现对于集群企业的超本地创新合作极为重要。在实践中，企业层面的超本地合作如形成战略联盟、共建研发中心或生产工厂等通常前期投入大，而且具有较高的失败风险。对于中小型集群企业而言，组织层面的超本地合作成本过高，导致其外部合作大多依附于本地龙头企业，缺乏自主性，也难以规避风险。但借助发明人合作进行超本地知识获取则相对更为灵活多样，可以充分利用临时地理接近的优势，减少企业的沟通成本，提升中小型集群企业的超本地网络进入程度。当然，通过加强发明人合作的形式推进超本地知识连接的形成也存在一定缺陷。首先，企业难以有效地获得系统性的外部知识。其次，对于关键个体的依赖较大。当关键个体离开企业时，就可能造成企业的超本地知识连接的断裂。最后，基于发明人合作建立的超本地知识连接对集群企业创新的促进作用与组织本身的知识吸收能力、个体激励程度和创新意愿等诸多因素有关，存在着一定的不确定性。

第三节 多维接近性对超本地知识流动网络度分布的影响

在上一节的论证中，我们发现引入发明人合作因素后，节点度分布原本具有较大差异的超本地知识网络（分别以专利共同申请和专利引用为基础构建的知识网络）出现了较大的结构变化，其显著特征是企业间的知识连接变得十分密集。在本节中，我们采用无标度网络的形成规则，引入不同接近性因素，分析超本地知识流动网络度分布变化规律。

一、不考虑区域边界的技术接近性影响

（一）引入技术接近性的无标度网络演化模型

无标度网络是 20 世纪末发现的一种节点度服从幂律分布的网络，在这样的网络中节点的连接数即度（degree）的差异很大。它在真实网络中的存在是 Barabási 和 Albert（1999）在对万维网（world wide wed）的研究中发现的。以文本为节点、文本间的连接为边，他们发现万维网中极少数网站拥有大部分的连接，与此同时，绝大部分网站只有很少的连接数。网络中节点度分布是一种幂律分布，即网络中的节点拥有 k 个相连接节点的概率满足。万维网不是一个度分布服从泊松分布的 ER 随机网络（ER random network），而是一个无标度网络（scale-free network）（Barabási 等，1999；Barabasi 和 Albert，1999；Albert 等，1999）。在发现无标度网络存在的基础上，Barabási 等（1999）进一步提出了描述无标度网络演化生成的模型，即 BA 模型。该模型揭示了无标度网络形成的两个主要规则：增长性与优先连接性（Barabási 等，1999）。

（1）增长性：假定初始网络中有 m_0 个节点，每隔相同的时间间隔在网络中增加一个新的节点，新节点与网络中的 m 个节点建立连接（$m \leq m_0$）。

（2）优先连接性：新节点在选择连接对象时，假定新节点与节点 i 建立连接的概率 $\prod$ 正比于该节点的连接数 k_i，即 $\prod(k_i) = k_i / \sum_j k_j$。经过 t 个时间间隔的演化后，产生一个节点数为 $N = t + m_0$，边数为 mt 的网络，节点连接数为 k 的概率服从幂律分布。

BA 模型清晰有效地模拟了无标度网络的形成过程，是目前分析无标度网络结构特性的基础，在大量的相关研究论文中被广泛应用。但 BA 模型具有一定的局限性，模型假定节点在初始特性上是无差异的，这一点不太符合现实情况。另外，它对优先连接性的假定过于简单，现实中吸引其他节点与自身建立连接除了现有连接数以外，还有许多其他因素。在超本地知识流动网络中，拥有较大连接数的中心节点并不是吸引新节点建立连接的唯一因素，转移技术知识双方的技术知识背景同样也会产生不可忽视的作用。一般而言，技术相似程度越大，企业之间对技术知识的认识、评价和吸收同化也越有效，知识转移的可能性就越大。因此，本书在 BA 原始模型的基础上引入技术相似程度因素，给出新模型如下：

（1）增长性：初始网络有 3 个节点，即 $m_0=3$。每个节点分别表示与 1 个虚拟企业的技术相似程度高（p_1）、一般（p_2）、较低（p_3）的 3 个企业。虚拟企业的引入是为了保证初始网络中的企业不具有同质性，从而使得后续节点的加入有更多选择。假定 3 个节点的初始连接数 $k_1=2$，$k_2=2$，$k_3=2$（3 个初始节点的连接数一共存在 7 种不同的组合）。每隔相等的时间间隔加入 1 个新的网络节点，新加入的节点选择与网络中 3 个节点相连，$m=3$（m_0，m 的具体数字是可变的，只要满足 $m\leq m_0$）。为简单起见，我们假定新加入节点与虚拟企业的技术相似程度等概率地取 p_1、p_2、p_3，不妨假设 $p_1=0.9$，$p_2=0.7$，$p_3=0.1$。

（2）优先连接性：新加入的节点在与网络中节点 i 建立连接的概率取决于该节点的连接数以及两个节点间的技术相似程度，新节点与节点 i 的连接概率可表达为：

$$\Pi(k_i)=[(1-|p_i-p_n|)k_i]/\sum_j(1-|p_j-p_n|)k_j \tag{7-4}$$

式（7-4）中，p_i，p_n 分别表示 i 节点与新节点 n 相对于虚拟企业的技术相似程度，k_i 是节点 i 的度，即连接数。该式表示新加入的节点 n 优先与网络中技术背景较为接近、连接数较多的节点相连接。新加入网络中的节点要获得技术知识，不仅要考虑网络中现有节点的连接数，还要考虑与该节点的技术相似程度。当网络中待连接节点的连接数相同时，节点之间的技术相似程度就对节点连接的建立具有绝对影响（为简化起见，不考虑节点之间在其他方面的差异）。当连接数相等时，技术差异 $u_i=|p_i-p_n|$ 越小，即技术接近性 $1=|p_i-p_n|$ 越大，新企业 n 与企业 i 连接概率越高；而当企业之间的连接数不同时，对于连接数 k_i 较大的节点，若 $u_i=|p_i-p_n|$ 也较大，即技术接近性 $1=|p_i-p_n|$ 较小，那么其与新节点 n 的

连接概率可能会小于连接数 $u_i=|p_i-p_n|$ 较小，技术接近性 $1-|p_i-p_n|$ 较大的节点连接概率。

通过比较式（7–4）与 BA 模型中的优先连接概率 $\prod(k_i)=k_i/\sum_j k_j$ 可以看出，BA 模型是企业之间技术相似程度差异 $u_i=|p_i-p_n|=0$ 或技术接近性 $1=|p_i-p_n|=1$ 的特殊情形。将网络中企业间的技术相似程度差异作为知识流动的影响因素之一，那些技术接近性为 1 且连接数较大的节点获得新节点连接的概率会更大，而连接数小且技术接近性较小的点，其与新节点建立连接的概率会更小。随时间变化，连接概率高的点，连接数会更大，进而使得其获得相近技术新节点的连接概率更高；反之，连接概率小的节点获得新连接的可能性就越小，由此网络的发展具有一定的自强化特征。

t 个时间间隔后，新模型会产生一个节点数为 $N=t+m_0$、mt 条边的网络。在实际中，技术生命周期不同且企业间的技术相似程度可能会在一定时间段内发生变化，由此随着网络的不断生长，企业获取全局信息会更困难。为尽量减少以上因素的干扰，重点突出企业间技术相似程度的差异影响技术知识转移的途径、过程和一般趋势，研究采用的时间 t 较小，最终网络的节点数 $N=1500$。

仿真结果与证明如下。

根据新模型提出的演化规则，经过编程并运行，网络仿真结果如图 7–7 所示。

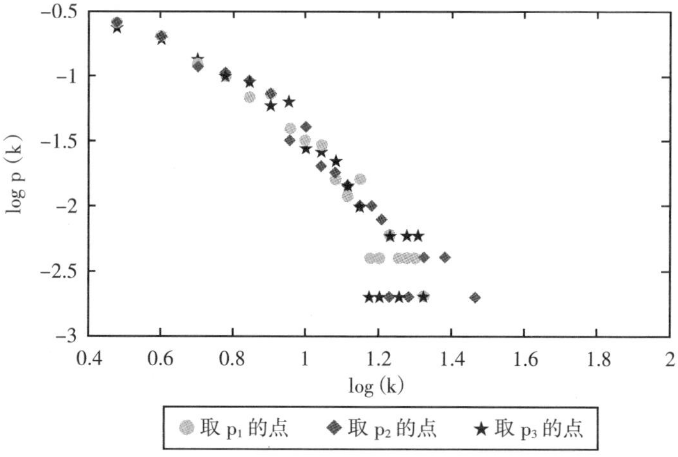

图 7–7　技术相似程度不同的网络节点度分布

为清楚地描述生成的网络的结构特点，图 7–7 中分别输出了网络中与虚拟企业的技术相似程度不同的节点度分布情况，它们均服从幂律分布。

图 7-7 将不考虑技术相似程度差异的 BA 模型节点度分布和新模型的节点度分布进行比较，在网络规模相同的情况下，两个模型中节点的连接数分布范围大致相同。但是，新模型中技术相似程度相同的节点（如技术相似程度取 p_1 的节点度分布）连接数的概率分布范围相对较小。可能的解释是，在技术背景差异较大节点的影响下，相近技术领域的节点度分布相对“均匀”一些。

（二）无标度网络中节点间技术接近性的影响

归结起来，我们构建的新模型所生成的网络，其基本的结构特征表现为节点度 k 服从幂律分布，即仍然是一个无标度网络。我们发现技术接近性仅影响连接数最高的节点，并没有改变网络中节点度分布的基本特征。在基于新模型生成的网络中，技术接近程度低的节点之间产生的连接数比较少，但技术接近性程度高的节点之间形成连接数则明显增加。由此，技术接近性成为节点连接出现差异的重要原因。但与一般的无标度网络不同的是，技术接近的节点度分布尽管服从幂律分布，但不同节点的连接数差异变小了，即相对“均匀”一些。下面，我们对上述发现进行详细分析：

（1）由于网络节点的连接数总体上服从幂律分布，因此在生成的网络中出现无标度性，即少量中心节点的产生。中心节点的连接数比其他一般节点明显增加。对于集群企业而言，中心节点可能出现在集群本地，如龙头企业，也可能是集群外部的大企业，如全球生产网络中的旗舰企业。在集群内外部的知识转移过程中，连接数大的中心节点（龙头企业或旗舰企业）影响范围较广，连接了集群区内外部的大量企业，并通过其构建的知识连接扩散技术知识信息，对网络整体层面的信息传播具有关键作用。幂律分布强化了中心节点的作用。一方面，沟通了超本地知识网络中的大部分企业或机构，是信息发布的中心；另一方面，控制了网络中相当部分的知识流动渠道，对技术知识的转移具有举足轻重的影响，是扩散中心。若中心节点对特定技术的评价或认识是负向的，就会在超本地知识网络中形成对该项技术的排斥；反之，若中心企业对特定技术知识形成积极评价，就会鼓动集群内外部个体接受该项技术。中心企业技术路径决定了整体网络的技术发展轨迹，由此表现出无标度网络的脆弱性，即网络中的知识流动和技术采纳依赖于少数的中心节点。

（2）从图 7-8 中可以看到，技术接近性较高的节点，相互间形成的连接相对较多，而技术接近性低的节点之间的连接数则明显较少。这意味着，网络中容易

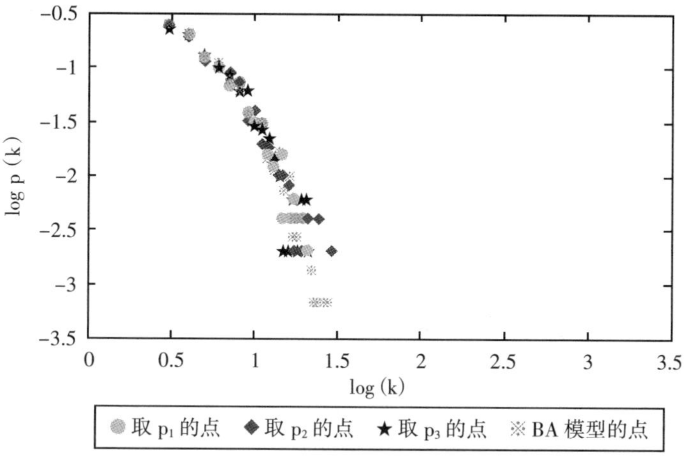

图 7-8　BA 模型与新模型的节点度分布

形成具有相同技术背景的企业群体。从关系强度的角度而言，企业间的技术接近性越高，越容易形成强关系（strong tie）。以往研究认为具有强关系的个体之间交流较为密切，相互信任程度高，双方在知识交换的广度、深度和效率方面与其他个体相比具有明显的差异。强关系的存在使得技术接近性程度较高的企业之间还在互动中产生特定的共享的技术语言和共有知识，进而提高双方知识体系的融合（Cohen 和 Levinthal，1990；Yli-Renko 等，2001）。强关系引致的密切互动关系促进了技术知识以双方都可以理解的形态转移，减少了跨组织边界的知识转移容易出现的误解、信息丢失与扭曲（Hansen，2002）。因此，技术接近性较高的节点间更容易进行新技术的认识、评判和吸收，在一定程度上提高了知识跨界转移的效率和效果。技术接近性引致的度分布变化对企业间的技术知识转移具有一定的正向作用。特别对于集群企业的超本地合作而言，具有相同的技术背景或者一定的技术相似性更容易形成较为紧密的关系，从而提升知识转移的效果。

然而，值得注意的是，过高的技术接近性容易将企业“锁定”在既有关系网络和技术路径中。一般而言，网络中心节点在有限资源约束和连接惰性（relational inertial）的驱使下，更倾向于维持网络的既有状态。结合仿真结果，可以看出技术接近性较低即知识异质性较强的节点之间连接数很少，大部分网络节点存在着被“锁定”于所处“技术群落”的趋势。在超本地创新过程中，如果大部分企业都处于相同或相似的技术体系中，有可能出现与集群本地封闭性网络相似的外界知识排斥性。特别是当具有较大影响力的中心企业对新技术、新知识的判断和理解出现偏差时，由于幂律分布特性，其他企业的连接较少，即使意识到中心企业的错误也难以在网络整体层面上加以纠错，放大了负效应出现的概率。由此，无标度网络中由于度分布差异造成的中心节点的强势地位与技术接近性的强化效应提升了超本地网络技术同化的可能。从动态角度，无标度网络中的中心企业随时会拥有越来越大的影响力，其对技术路径的选择很大程度上决定了超本地网络的知识分布与演进趋势。尽管知识传递过程中的“噪声”（有时候“噪声”也有可能起到有益的作用）会发挥一些作用，但在无标度网络的特殊结构下，其作用效果明显不如随机网络下的作用效果。

（3）技术异质性对无标度网络的节点度分布具有显著的影响，技术接近性较低的节点间所形成的连接降低了网络中心节点与边缘节点的连接数差异，从而可以在一定程度上调节无标度网络中心度分布的不均衡性程度。社会网络理论认为，技术异质性的企业间互动容易打破现有惯例和技术发展轨迹，引入非冗余知识，从而有利于根本性创新的产生。如果将不同技术群体相互连通，那么无标度网络的整体结构特性会发生较大的改变。中心节点不再是沟通大部分拥有少数连接的网络成员的重要途径，从而削弱了其影响力和控制力。那些连接数较少但处于“中间人”位置的网络节点可以部分取代中心节点的作用将非冗余的外部知识扩散到其他网络节点中去。

二、考虑区域边界的社会接近性与地理接近性的影响

（一）社会接近性与地理接近性影响下的无标度网络演化模型

上节考虑了无标度网络中技术接近性的作用，然而在许多真实网络中，企业选择区域外的合作伙伴并不仅限于技术背景接近，还受到两个因素的限制：一是企业之间的社会关系；二是企业的地理位置（Keller，2004），它们反映了网络中企业间建立连接的优先次序。一般而言，技术实力雄厚、专业化程度低、多样性高、合作伙伴多的企业获取新节点连接的可能性较大。另外，处于新加入节点地理范围之内或是能突破地理范围限制的跨国企业更容易获得较多的连接。在前面的论述中，基于组织层面的跨国知识交流网络节点度分布表现出幂律特征，是一个无标度网络。本节通过建模来分析无标度网络中社会接近性与地理接近性在网络演化过程中发挥作用的机制。在 BA 模型基础上，将两种接近性因素考虑在内而建立仿真模型，具体步骤如下：

（1）增长性。设定初始网络为拥有 m_0 个节点的星形网络，这样初始网络中一个节点的连接数为 m_0-1，其他节点的连接数均为 1，以此表示初始网络是一个以某个大型龙头企业或旗舰企业为核心的网络。随着超本地化的发展，区域外的企业分两个阶段加入网络：

第一阶段，超本地网络中一部分开放性程度较高的企业进入网络，由于这些企业的超本地业务较多，社会关系网络较广，从而地理距离的影响较小，在模型中设定其是基于全局信息的，建立连接的搜索范围是整个初始网络。网络每隔一个相同的时间间隔增加一个新节点，每个新节点进入网络时的连接数为 m_1（$m_1 \leqslant m_0$）。经 t_1 个时间间隔后，生成一个节点数为 $N_1=m_0+t_1$、边数为 $2(m_0-1)+2m_1t_1$ 的网络，形成了第一层网络。

第二阶段，当网络达到一定程度后（节点数为 N_1），社会关系网络更加本地化，受到地理位置和资源匹配的限制的新节点加入网络。这些节点对本地的市场及技术信息较为熟悉，但区域外的合作伙伴较少，其进入网络时的搜索范围不是整个网络，其建立连接的搜索范围根据其随机给定的坐标，选取 n_1（$n_1 \leqslant N_1$）个距离最近的节点，每个新加入节点与 m_2（$m_2<m_1 \leqslant m_0$）个节点连接，这一阶段的节点连接数 m_2 较小是因为社会关系网络的局限性，新加入节点数为 N_2，时间间隔为 t_2。这些节点形成外层网络。

（2）优先连接性。网络中新加入节点优先与搜索范围内连接数较大节点建立连接，即社会关系较广的节点优先获得连接。连接数较大的网络节点其技术人员与较多的节点存在人员往来，因而人际关系网络较为广泛，与新节点的人员发生交流的可能性更高。更多的人员往来使得双方的社会接近性得到提高，因此假定新节点与节点 i 的连接概率 $\prod$ 正比于该节点的度 k_i，即 $\prod(k_i)=k_i/\sum_j k_j$。经 t（$t=t_1+t_2$）个时间间隔后，生成的网络节点数为 $N=N_1+N_2=m_0+t_1+t_2$，边数为 $2(m_0-1)+2m_1t_1+2m_2t_2$。需要说明的是，第二阶段加入的企业节点也采用优先连接规则，但由于这些节点的搜索范围是基于局部信息的，因此它只在其搜索范围内选择优先连接度较大的节点。

（二）仿真结果与分析

采用 MATLAB6.5 编程并运行，绘制了节点数为 1500（第一阶段进入网络的节点数为 300，$m_1=4$；第二阶段进入网络的节点数为 1200，$m_2=1$）的网络节点度分布曲线，并与网络规模同为 1500，且 $m=3$（经多次仿真，m 取 2 或 4 对 BA

模型连接数分布曲线的影响较小，不妨取中间值 3）的 BA 模型节点连接数分布曲线作对比，结果如图 7–9 所示，横轴是节点连接数的对数，纵轴表示连接数概率的对数。

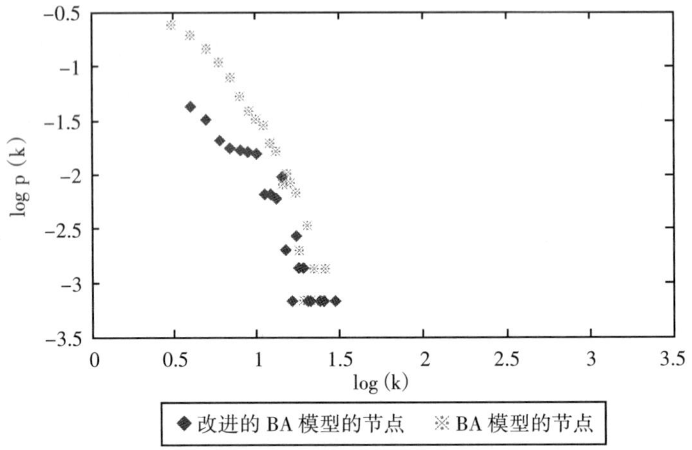

图 7–9　新模型节点度分布与 BA 网络节点度分布对比

图 7–9 对比了考虑社会接近性与地理接近性的模型与 BA 模型的节点度分布情况，可以看出新模型的节点度分布仍然表现出明显的幂律分布特征，只是相对于 BA 模型来说连接数差异较小一些。实际上，BA 模型所表现出来的节点度分布是新模型中当第二阶段节点的搜索范围为所有节点且每次增加的平均连接数与第一阶段节点相同时的特殊情况。通过多次仿真发现，改变初始第一阶段的节点数量 N_1、连接数 m_1 等重要参数会使得节点分布情况相对于 BA 模型的“均匀”程度不一样，但是整体上仍然表现出幂律分布特征。从生成的连接矩阵看，大部分社会关系网络广泛的第一层网络节点获得的连接数较大，但关系网络较小且局限于地方的外层节点的连接数较低，双方的差异很明显。对于小节点而言，地理接近性更多地体现出一种局限性，开放性程度高的大节点由于搜索范围大，合作伙伴多可以吸引到更多的连接。

网络的无标度性随着两个阶段节点的相对比例 N_1/N_2、两个阶段节点平均连接数比值 m_1/m_2 和搜索范围的取值不同而改变。这三个重要参数实际上分别描述了现实网络中超本地企业和地方企业各自的关系密集网络的作用大小和沟通结构洞的能力，它们对准确测度实际网络的无标度性具有关键作用。其中，连接数表现了社会网络的广度，搜索范围表达了地理空间的局限性。在仿真模型中，通过改变这三个参数能很好地反映社会接近性与地理接近性所带来的超本地知识流动网络中企业之间的地位差异，而且可以通过这一模型分析跨国企业和地方企业的关系密集网络以及沟通结沟洞的能力在技术知识超本地流动过程中所起到的作用、产生影响的途径。

多次仿真结果显示，在其他条件不变时，第一阶段具有较大社会网络并受到地理空间局限性较小的节点数较多，网络的无标度性更强。图 7–10 描述了在 1500 个节点的网络中，第一阶段节点数所占的比例增加时，最大连接数的变化趋势，横轴表示第一阶段的节点占整个网络节点数的比例，纵轴表示最大连接数。可以看出，当第一阶段的节点数越少时，大节点（核心企业）的连接数优势较小，而当第一阶段的节点数占总体网络的比例较大时，大节点的优势就比较明显了。这说明，网络中那些开放性程度高、社会网络较广、受地理局限性较小的节点增多会加大网络节点连接数差异。

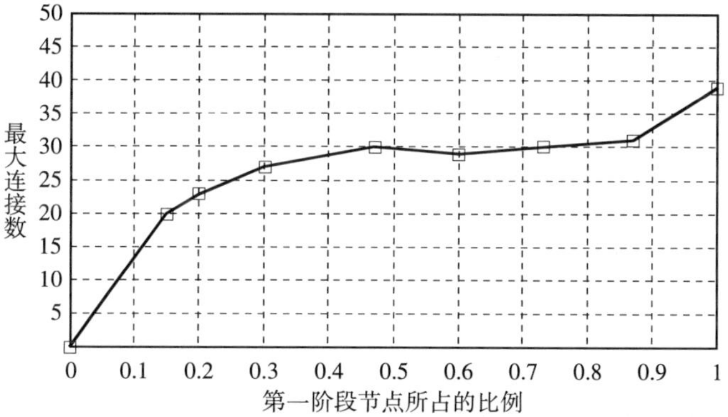

图 7–10　第一阶段节点占总节点数的比例与最大连接数的关系

此外，图 7–10 中最大节点连接数相对于网络整体规模来说比较小，而大部分节点的连接数远远小于最大连接数，说明网络中许多节点之间的距离大于 2，大节点是许多小节点赖以沟通的途径。对于社会关系网络有限的节点而言，通过更多的人员交流、扩大网络搜索范围可以使得网络中的小节点增加连接数，并由此降低大节点对网络知识流动路径的控制力。在不改变其他参数的情况下，增加第二阶段的搜索范围和平均连接数也会使得网络的无标度性发生改变。图 7–11 显示了规模为 1500 个节点的网络中，当第二阶段的节点搜索范围扩大，平均连接数增加时的仿真图像。

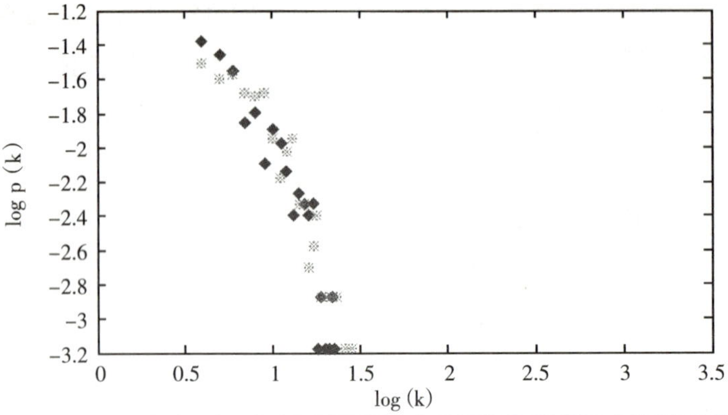

图 7-11 扩大搜索范围、增加连接数对网络结构的影响

结果表明，网络中大节点随着第二阶段节点搜索范围的扩大以及连接数的增加而更有可能获得这些节点的连接，表现为最大连接数的节点连接数增加。另外，小节点出现的概率减少，网络的整体连接数增加，网络连接数分布相对“均匀”一些。这意味着地方企业若通过人员交流建立更多的社会联系，则可以削弱地理距离带来的不利影响。通过更为广泛的社会关系网络在超本地网络中有更大的影响，则会使更多的地方企业与网络中的核心企业建立连接，从而降低连接数差异并提高网络的可达性。

由此可见，地理接近性所引致的社会关系网络的地理局限性，使得无标度网络中的小节点难以改变自身所处的边缘位置所带来的知识获取渠道的有限性。而社会网络扩张有助于改变无标度网络中的边缘节点不利的网络位置，企业通过加深人员往来，使得其知识获取渠道的地理空间局限性变小，有利于建立更多的连接渠道和对中心节点的依赖。

第四节 基于 NK 模型的知识网络动态仿真研究

上一节我们分析了不同接近性在无标度网络结构下对度分布的影响。对于集群企业的超本地合作过程而言，接近性带来的连接按照其来源的地理位置可分为本地与超本地连接两种类型。随着集群企业知识网络的外向拓展，超本地连接会越来越多地出现在整体网络中，即本地连接数与超本地连接数的比值会发生变化。基本的规律是随着超本地合作的深入，本地连接占比越来越少，非本地连接占比越来越大。在这一过程中，不同接近性起到怎样的作用？以往研究对此尚未进行深入探讨。本节我们借助模拟生物演化特征的 NK 模型，通过仿真建模的方式加以分析。

一、NK 模型与仿真设计

NK 模型主要用于分析生物基因的适应性演化过程，通过适应度景观（fitness landscape）描述生物基因的表型（phenotype）在基因型（genotype）和外部环境条件共同作用下的变化机理。由于 NK 模型将基因演化视作一个复杂系统的适应性过程，把系统内部模块化，在适应性搜索规则下探究系统组成之间的作用关系以及在系统整体层面上的影响，能够很好地处理系统复杂性与适应性的关系，因此在经济管理领域得到广泛的应用。

我们将集群企业的知识网络看作一个复杂系统，用 N 表征影响企业知识获取能力的接近性属性变量数，假定其结构受到单个个体的三类接近性属性的影响，类似于 NK 模型中的基因，由此 N＝3。借鉴 NK 模型中的等位基因串描述法则，我们设定三个参数分别描述网络节点的接近性属性，令每个接近性变量对应一定的知识获取能力取值 KP，计算公式为：$KPi=\omega_1 GPi+\omega_2 SPi+\omega_3 TPi$，其中 $\omega_1+\omega_2+\omega_3=1$，并设定接近性对企业知识获取能力的影响与情境相关。我们进行仿真分析的主要参数及说明如表 7–7 所示。

表 7–7　仿真参数设定与说明

仿真参数	参数描述	参数取值
N	影响知识交互的接近性维度	3
K	接近性之间的相互影响程度	1 或 2
GP	地理接近性参数	0~1 间的随机数
SP	社会接近性参数	0~1 间的随机数
TP	技术接近性参数	0~1 间的随机数
KP	企业知识获取能力	[0，1]
P	社会接近性变化概率	0~1 间的随机数
n	搜索范围内其他节点数	[1，N–1] 间的正整数

在仿真设计时，不仅依据 NK 模型的基本设定与原则，还引入了 SNA（社会网络理论）的结构生成法则，将接近性作为网络连接形成与变异的影响变量，以此推演集群企业的知识结构演化过程。

（1）初始化网络。依据集群知识网络的普遍特点，设定初始网络为一个由 100 个节点组成的 WS 小世界网络，地理接近性参数均为 1，代表封闭式的本地知识网络。网络结构变量随着超本地节点的引入而改变。在超本地情境下，按时间依次引入新节点，节点的地理接近性参数取值随机在 0~1 间分布。

（2）连接规则设定。假定一个概率 p 使得发生连接的节点之间社会接近性参数发生趋同变化，该概率取决于：①本地状态下的地理接近性和技术接近性；②超本地状态下技术接近性。节点之间的技术接近性除了取决于初始的技术参数外，还会随时间发生趋同变化。假定采用局部和全局两种搜索方法构建知识连接。

（3）网络结构演化。引入概率 p 使得发生连接的节点之间社会接近性参数发生趋同变化，即从 0 变为 1，该概率取决于：①本地节点之间的地理接近性和技术接近性；②超本地节点之间的技术接近性。假定技术接近性随时间发生趋同，经过 100 个周期后，测算网络节点的主要结构参数。

二、基于 NK 模型的仿真结果

（一）本地连接与超本地连接占比

在不同概率 p 下计算社会接近性参数趋同过程中（社会接近性提高），技术接近性提升造成的网络结构变化。依据连接规则，采用 MATLAB 软件编程计算不同概率下的结构参数与连接占比，结果如图 7-12 所示。

通过仿真发现，当个体间的技术接近性逐渐升高时，本地节点的连接比率下降，超本地节点之间连接比率上升，与此同时，地理接近性均值整体降低。由此表明在一定程度上，社会接近性不依赖于地理接近性而发挥效应。在社会接近性作用下，个体不一定优先选择地理接近的知识合作对象（至少其优先程度降低）。

（二）网络结构变化

我们通过改变接近性参数取值，对网络整体结构参数的变化进行观察，结果如图 7-13 所示。

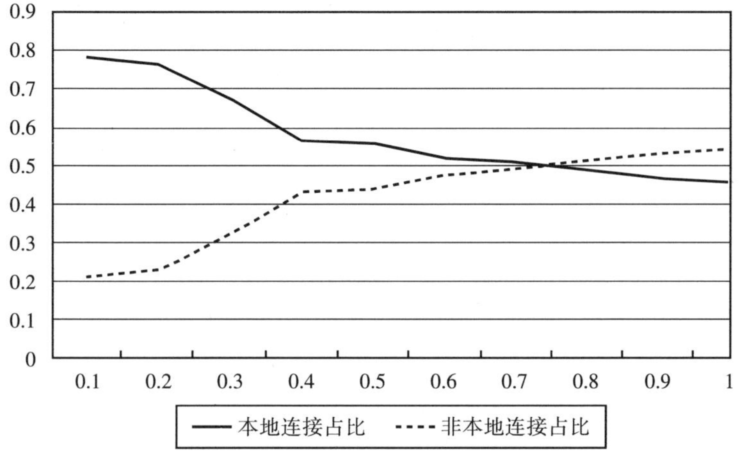

图 7-12　技术接近性变化下社会接近性对网络知识连接的效应

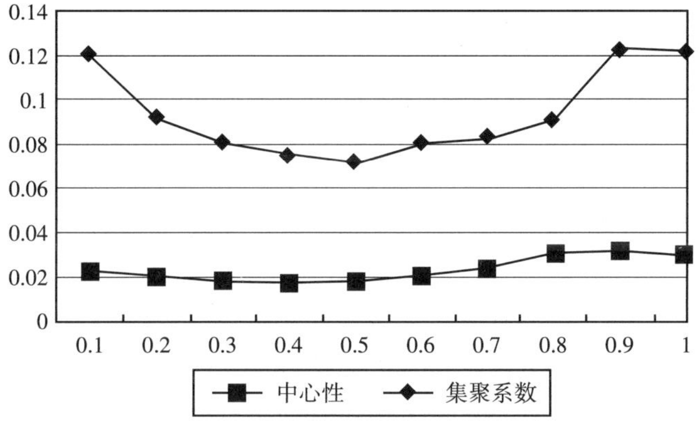

图 7-13　社会接近性变化引致的整体网络结构改变

我们发现，随着技术接近性程度的提升，p 变大，社会接近性参数趋同，网络中心性和集聚系数会先降低然后上升。网络中心性代表了网络节点整体连接的密集程度，图中的变化趋势说明了在技术接近性程度增强的情况下，一些网络中心区域开始发生崩解，在通过关系导向的重新连接后，若干中心节点出现，其占据的网络位置变得越来越重要。与此同时，网络集聚系数同样发生了相对平缓的变化，基本上也是一个先抑后扬的过程，尽管整体变化较小，但反映了网络节点分布出现整体上先分散后缓慢集中的基本演化特点。

我们在仿真演化的过程中，针对概率 p 的不同取值，记录所形成网络的连接矩阵，得到主要结构变量的变化，如表 7-8 所示。

表 7-8 网络结构变化

变量 概率	平均连接数	最大连接数	最小连接数	最小连接占比（%）	最大成分规模
p = 0.1	3.518	44	1	21.2	43
p = 0.4	3.526	42	1	17.3	37
p = 0.7	3.621	43	1	16.5	44
p = 0.9	3.672	45	1	19.6	46

综合上述结果，仿真分析结果显示接近性交互作用会引起集群知识网络的变化，原本连接密集的本地网络在接近性作用下出现了一定程度上的分解，而通过超本地创新引起的超本地节点进入集群主要企业的知识网络中，冲击了既有网络结构，推动了本地网络的开放性，也使得集群企业合作伙伴的构成更为多元化。

三、基于 NK 模型的仿真研究结论

（1）通过 NK 模型的构建与仿真分析，论证了接近性与企业知识网络结构之间存在内在联系，弥合接近性理论在“关系”和“结构”两层面研究的断层。我们发现，技术接近性与社会接近性作为独立维度的接近性在影响网络节点连接方面具有重要作用。通过改变社会接近性和技术接近性的参数取值，也可以促使本地节点的网络连接发生外向拓展。集群企业与外部合作者之间接近性的变化不仅会改变既有知识连接，还在群体层面上呈现出规律性，在适当的条件下有可能导致本地网络一定程度上的解构。

（2）提出了基于 NK 演化规则和 SNA 网络生成规则的仿真模型，为观察集群知识网络结构动态演化过程提供了新的工具。NK 模型在经济管理领域内得到了较多的应用，然而既有研究极少针对网络结构展开分析，缺少适用的分析工具。我们综合 NK 模型简洁的互动关系模拟规则和 SNA 方法成熟的结构分析工具体系，设计了新的网络结构分析模型，对既有研究进行了完善和拓展。

（3）从多维接近性角度深入揭示了集群企业知识网络的外向拓展的基本规律，提升了既有理论对集群企业超本地创新实践活动的针对性和适用性。仿真分析的结果表明，社会接近性程度变大时，关系紧密的节点不局限于地理上接近的节点，在技术接近性的作用下转而连接部分超本地节点，因此通过培育良好的社会

互动关系可以在一定程度上帮助企业获得跨地域的合作伙伴。集群企业在超本地合作创新过程中可以充分利用技术接近性和社会接近性的正向作用拓展远距离知识连接。

本章小结

本章从网络整体、网络局部凝聚子群和重要个体三个层面，分析了依据样本数据构建的超本地知识流动网络的结构特点。以专利引用数据识别的基于组织间显性知识流动路径的分布在网络中较为分散，集中趋势低，并且缺乏作为构建组织间“发起 Ba”“对话 Ba”的凝聚子群。但考虑我国企业间以发明人合作为替代的隐性知识流动路径后，网络的密度、集聚性有明显的改变，原本具有无标度性的网络出现了较大的凝聚子群。在以专利共同申请为边构建的超本地知识流动网络中出现同样的现象，组织间基于正式合作形成的网络整体表现出明显的集中趋势，即网络中存在着一个较大的凝聚子群，少数节点各自形成较小的团体。而将基于专利发明人合作识别的隐性知识扩散路径引入网络后，发现网络所有节点全部进入到同一个凝聚子群中，且平均连接数显著增加。

随后，本章对比分析了不考虑发明人合作和考虑发明人合作后的网络结构特性。发现在前一种情况下两个网络均具有一定的无标度性，而考虑发明人合作关系后，组织间知识交流网络不仅出现了规模更大的关系密集区域，而且网络结构发生了较大的变化，从明显具有无标度特征的网络转化为集聚程度更高、平均路径更短的网络。这表明，组织间的人员交流不仅增加了组织间知识流动渠道，而且改变了网络整体结构特性，对知识流动效率的提高具有积极作用。在研究中，发明人合作是识别组织间社会接近性的主要依据。因此，网络结构分析的结果表明，社会接近性可以引致超本地知识流动网络结构特性的改变。

本章最后采用仿真方法分析了无标度网络中，技术接近性、社会接近性与地理接近性对网络结构演化的作用。研究发现，技术接近性对网络整体结构特性的影响较小，异质性的节点可以在一定程度上降低节点连接数分布的失衡。局限于一定地理空间、同时社会关系网络较小的节点在网络中更容易成为边缘节点，而扩展自身的社会关系网络并且减少地理空间的局限性可以降低知识获取过程中对中心节点的依赖。随着技术接近性程度的提升，集群企业的超本地连接比例增加，网络中心性和集聚系数会先降低后上升，说明超本地创新知识流动过程中技术接近性的影响越来越强。

第八章　基于多维接近性的集群企业超本地创新与知识网络扩张策略

集群企业的超本地创新关键在于破除本地的封闭性，积极拓展知识网络的地理边界。多维接近性学派将企业间的知识交互条件从单一维度的地理空间延伸到结合技术、社会、关系、制度和文化等多维空间上的相似性，更适合分析集群企业的超本地创新问题。通过第五章到第七章实证研究和仿真分析的结果，我们论证了以下观点：多维接近性作用于交互过程，不仅促进知识连接的形成，也通过形成特定行为规则在网络整体层面上影响知识流动的效率。因此，从接近性培育角度可以为促进集群企业的超本地创新提供有效措施。本章结合研究结果以及调研过程中与企业相关技术人员、管理人员的访谈，分析推动集群企业超本地创新和知识网络扩展策略。

第一节　超本地情境下超本地合作创新战略

超本地情境下集群企业创新活动面临的最大挑战是组织惯例、制度、习俗和技术路径的排斥。通过引入多维接近性研究视角，揭示了不同接近性交互效应对集群企业超本地创新效果的影响。基于社会接近性交互效应的检验结果我们发现，集群企业的组织外迁（生产部门或研发部门的外迁）以及与超本地合作者构建研发机构有助于企业从本地知识路径中“脱嵌”，转而适应基于不同社会背景、知识背景的超本地创新环境。结合地理接近性交互效应检验结果，我们进一步发现，集群企业通过外迁以及保持与外部机构的密切合作可以在一定程度上缓解地理距离对合作创新的不利影响，即有助于知识网络在较远的地理空间内进行外向拓展。综合起来，如图 8-1 所示。

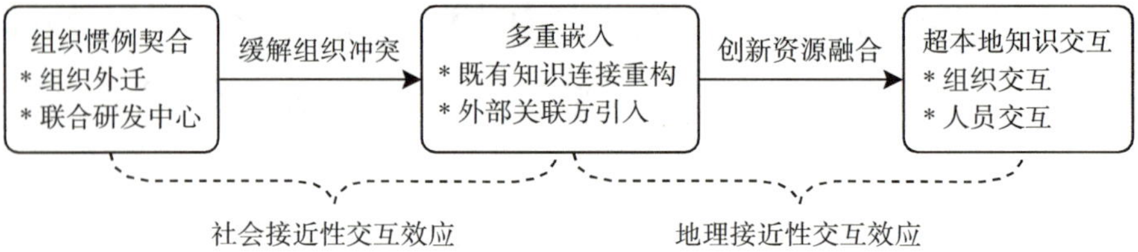

图 8-1　基于多维接近性效应的超本地创新战略实施条件

我们研究认为，集群企业的超本地合作创新战略的实施关键有两个：关系引导和地理布局。具体而言，集群企业需要通过社会接近性的培育实现组织间的制度和惯例契合，为多重嵌入提供可行条件。集群企业与外部合作伙伴的组织契合程度越高，创新风险越小，双方在集体学习、知识转换和技术沟通过程中的冲突越有可能得到解决，从而有利于取得较好的超本地创新效果。与此同时，集群企业还需选择相对有利的空间范围作为外部网络拓展的边界。在超本地嵌入程度较低的情况下，不利于寻找较为遥远的合作伙伴进行创新活动。我们认为超本地创新战略的两个关键要素互为补充，应该在企业战略制定过程中同时得到充分关注。

第二节
超本地创新过程中发挥接近性效应的机制体系

接近性是一种感知的心理距离，除了地理接近性与客观空间位置密切相关外，其他大部分类型的接近性依赖于互动、社会环境、历史文化和技术路径等非空间因素。尽管不同接近性的形成路径存在着显著差异，但其效应发挥遵循着一定的共有路径。在集群企业的超本地创新过程中，要有效地培育、利用和强化多维接近性效应，就必须在识别共有路径的基础上进行顶层设计，从机制层面形成“接近性—创新互动—接近性强化”的良性循环，从而保证超本地创新活动的可持续发展。

概括而言，在超本地创新过程中，集群企业应首先培育与超本地组织的接近性，在此基础上识别不同接近性作用机理，然后着力于探究发挥接近性效应的途径以此推动超本地创新绩效的提升和知识交互的持续进行。基本思路如图 8–2 所示。

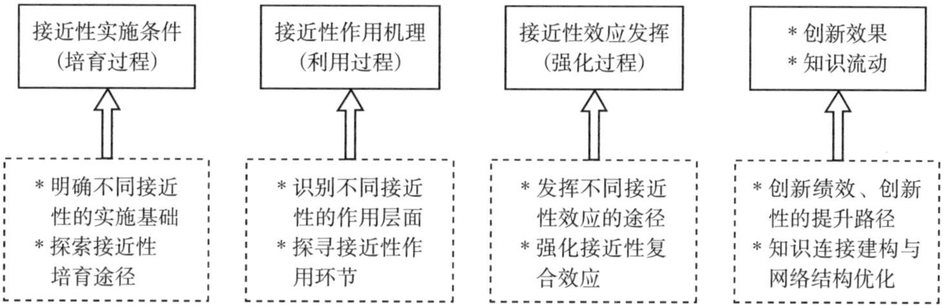

图 8–2　发挥多维接近性效应的机制设计

具体而言，集群企业应注重一些关键要点，主要包括：

其一，在培育不同接近性过程中，首先应识别不同接近性的实施基础，例如社会接近性要求双方具有类似的行为惯例、价值体系、相似的制度条件和人文环境。技术接近性则要求互动双方具有相近的技术背景、可理解的技术语言以及对特定技术的共同认知。在此基础上，企业结合自身与对方的特点，综合考虑如何采取措施为拉近双方“距离”创造好的条件。如果自身与对方在特定维度的“距离”较远，那么应该制订相应的对策加以调整。

其二，在接近性作用机理的识别环节，集群企业应特别注意接近性对超本地创新的影响是多方面的。集群企业不仅要识别当前对超本地创新影响较为重要的接近性因素及其作用机理，还要区分不同接近性的作用。例如，如果集群企业与不同行业的非本地企业进行创新合作（“互联网 + 制造业”已经成为大量集群升级的首选），此时技术接近性的作用有可能在合作初期并不强，双方建立知识连接的基础可能更依赖于社会接近性，此时集群企业应考虑如何充分发挥社会接近性的影响以提升知识流动效率和创新效果。但随着合作的深入开展，特别是新产业业态的形成，双方共同创造出的新产品或服务会扩充各自的技术基础。原本异质性程度较大的合作双方此时会逐渐建立共同的技术语言和知识库，此时技术接近性会成为影响后续创新行为的主要因素。集群企业应将视野集中于如何充分识别和发挥技术接近性的作用上，从而最大限度地利用不同接近性效应推动超本地创新的开展。

其三，在接近性效应发挥阶段，集群企业需要综合利用不同接近性效应。第五章和第六章我们采用不同的样本数据论证了接近性之间的交互作用，这些发现对于集群企业的超本地创新极为重要。以往研究大多强调集群本地化过程中的多维接近性效应，对于集群企业的超本地创新活动缺乏指导作用。我们理论论证了即使在超本地情境下，多维接近性仍然具有显著的交互作用，但不同的是其效应存在差异。对于集群企业而言，应充分认识到超本地情境下社会接近性并不依赖于地理接近性，也几乎对知识连接的构建没有相互影响，但当二者都较为接近时，更有利于创新绩效的提升。技术接近性则对社会接近性效应具有一定的正向调节作用。集群企业要依据超本地创新活动的具体情形，注重对上述交互效应的利用，以减少超本地创新的风险，提升创新产出的技术先进性和产出效率。

以上是建立于集群企业层面的分析，但机制实施的重要主体——集群管理部门更应该在上述几个方面做好服务支持。首先，集群管理部门应创造机会鼓励和推动集群企业的外向拓展行为，例如展开跨集群合作、引入外部战略投资者、积极推动与其他区域实体的产业对接，开展多种形式的集群内外企业互动交流并创设相应的信息平台和服务平台加以管理等，为集群企业与非本地企业的接近性培育提供机遇。其次，采取措施促进新产业、新业态的出现。通过加大投资、提供各类优惠条件、引进人才和企业、拓宽融资渠道等措施保证集群企业的外部合作顺利进行。最后，构建开放式的集群，破除集群内部保守体制，积极推进集群整体“走出去”。以资源整合与开放式创新为标志的超越集群战略是未来我国集群发展的方向。作为集群管理部门应该善于借助多维接近性效应，鼓励集群企业拓展其知识网络和资源整合网络的地理边界，以此在未来的竞争中取得先行优势。

第三节

结合组织与个人的多层面知识网络外向拓展

集群企业的超本地创新活动通常以组织间正式契约为依托，采用分工合作、优势互补的形式进行创新。尽管组织层面的正式合作对于集群企业极为重要，但从知识管理和知识创造过程而言，显性知识和隐性知识在组织内部从组织到个体两个层面的往复循环才构成持续创新的完整知识螺旋。在这一过程中，不仅组织层面的系统知识，而且个体层面的非系统化的知识元素都是企业知识整合与创新的基础。我们在调研中发现，个体层面的组织外学习在大多数企业都未受到充分重视，从而在企业超本地创新过程中仅仅依靠组织间的正式合作，忽视了个体间的联系纽带的培育，也未见相应的措施加以保障。依据超本地情境下多维接近性与企业创新的关系，我们从个体层面和组织层面设计两种知识外向拓展策略，如图 8–3 所示：

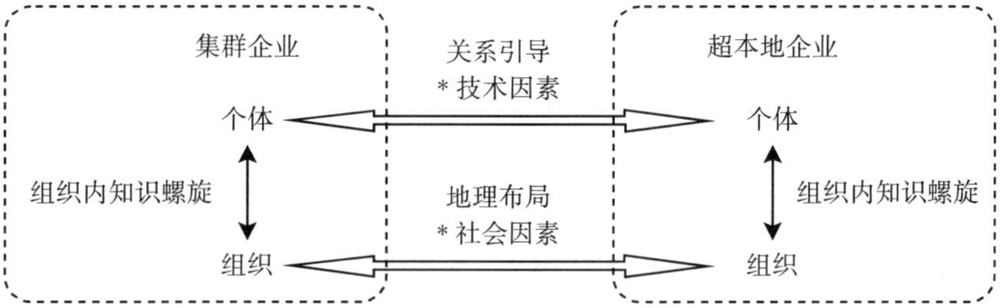

图 8–3 基于多维接近性的双层面知识连接构建策略

在组织层面上，集群企业要注重合理布局其外部合作伙伴以保证创新合作效果，尽量与地理上较为接近性的外部组织建立密切联系，在相近的社会背景下有助于相互理解和冲突协调。对于地理遥远的外部组织，如果能够培育较高程度的社会接近性，集群企业可以在一定程度上嵌入超本地社会文化网络，增进信任可以缓解地理因素的不利影响，特别是对于复杂技术的获取，应注重合作双方的相互信任，如订立长期合约、投入一定消耗性资本和共同承担分险等。集群企业对外部知识伙伴的选择应以自身资源投入加以平衡，在地理布局上形成明确的目标。

在人员层面上，集群企业应创设条件保证企业与外部人员的跨层面对接，充分利用企业人员已有的社会关系构建外部知识获取渠道。利用多种机会加大与外部人员的合作，如利用报告邀请、外聘高技术人才、组织专家交流会以及定期专题演讲等形式让具有先进知识的个体将外部知识带进组织，为企业所吸收利用。但我们研究发现，基于人际关系形成的知识连接对企业创新的贡献与双方的技术相似性程度有密切关系。因此，集群企业应尽可能地增加技术人员与外部同行的技术交流机会，例如可以建立相关行业技术的专家库，通过互联网技术建立虚拟专家社区推进组织内外部人员的知识互动。

第四节 区域知识网络布局与资源超本地深度融合

我们通过实地调研和访谈发现，局限于本地知识网络的集群企业较少，大部分企业均拥有较为广泛的外部合作关系。在进一步的实证分析中，结合回归检验的结果和有关接近性与知识网络结构的仿真研究，我们形成以下几个观点：

其一，基于区域层面的知识网络融合对集群企业未来发展具有重要作用。在新经济地理学的理论体系中，知识流动具有地方化或本地集中的特性，因而在以往研究中，大量研究者为政府提供的策略是推动形成诸如产业集群、本地创新体系等地方化的、以地理空间集中为特点的知识共享网络的构建。然而，从硅谷、班加罗尔、意大利制造业集群等国外长盛不衰的高科技集群与传统产业集群的发展看，在尽可能大范围内汲取与整合创新资源是集群保持旺盛生命力的源泉。我国集群发展到今天，普遍出现低水平恶性竞争以及在产业链条上的低端锁定，这与过于地理集中存在着内在联系。例如，笔者在调研过程中发现，作为我国陶瓷行业主要生产基地的佛山陶瓷集群，其产品在国内国际上均具有良好的口碑。然而经过近 40 年的发展，其设计素材仍然主要依靠国外（如意大利、西班牙等地），导致大量企业的产品在国内市场上严重的同质化，在国际市场上则大量采用贴牌的方式销售。西方发达国家在信息化的第一轮浪潮中纷纷布局，已经形成了广泛而密集的全球资源整合网络，对于我国集群企业的转型升级造成了更多的困难。但是，我们可以依托创新性国家战略与“互联网+”跨界创新模式兴起的良好契机，抓紧实现本地与超本地相结合的跨区域知识网络。可以预见的是，我国集群企业知识网络的未来发展趋势将以多重嵌入、跨集群发展以及本地与超本地有机融合为主要特点。

其二，构造区域范围内的创新体系，有助于集群企业与外部组织的科技资源深度融合。集群的核心理念是将生产、创新与销售资源有效地整合，在一定空间范围内实现有机融合，从而带来显著的外部规模经济并降低创新不确定性和交易成本。在现代经济背景下，空间的概念已经和规模生产时代的地理空间不完全一致了。在寻求新技术、新知识或新生产要素的驱动下，集群企业与其他集群的企业之间的合作已经成为常态。例如，佛山陶瓷集群企业不仅与本地企业形成密集的生产、研发网络，而且与景德镇、淄博、郑州等地的陶瓷集群企业具有非常密切的业务关系，大量企业相互间签订了合作协议，人员往来十分频繁。不仅如此，借助互联网络技术的虚拟集群也已经大量出现并在整合资源与提升企业创新效率方面发挥出了巨大的作用。因此，在区域范围内整合创新资源是集群企业提升自主创新能力的大势所趋。应当大力推动区域创新体系的构建，借助多种接近性效应将同行业或相近行业的企业有机地结合在一起，提高集群企业知识共享网络的集聚程度和连通性。创新体系的构建应借助生态网络的思想，即要求网络成员相互依存、协同发展，有序衔接，在网络中发挥各自优势，融合各自的技术知识，共同完成复杂技术创新与模块式创新，从而提升集群企业的创新能力。

其三，优化区域层面的知识网络结构有利于集群企业调整创新路径，保持创新活力。有效的共享与创造知识是提升集群企业创新能力的基础。在跨区域的知识共享过程中，企业面临的主要困难是如何有效地识别、获取与整合外部异质性知识，特别是对于隐性知识、复杂知识的获取与传递。在新经济地理与空间经济学看来，正是因为隐性知识和复杂知识的传递效率随着地理距离的延长而显著降低，因此，集群企业的跨区域知识共享是缺乏效率的创新活动。本书的研究发现，在基于专利的知识传递过程中，地理接近性的影响并不显著，而共同专利发明人表征的企业间人员往来是具有显著正向影响的因素。这一发现表明，集群企业通过提升人员层面的往来是可以推动超本地知识网络有效运行的。而本书的网络结构分析则表明，提升技术接近性也会促进企业在知识网络中构建更短的连接路径，从而提升知识共享的效率。鉴于此，笔者认为建立有效率的、区域层面的知识网络是可行的。通过在更大的空间内共享知识，可以在一定程度上避免集群陷入本地化路径锁定的状态，及时准确地预测行业发展趋势并感知市场需求变化，从而能够在整合多样化、非冗余知识的基础上快速地调整其技术路径，保持创新活力。因此，集群企业要注重区分和利用不同接近性对知识网络连接的影响机制，优化自身外部知识网络结构，提升网络中的地位以获得更多的创新收益。

第九章　主要结论与研究展望

本章首先对全书的研究结论进行总结，其次从“本地—超本地”网络趋同路径、嵌入机制转换和集群企业跨界连接形成等几个方面给出进一步研究的设想。

第一节 主要研究结论

一、超本地情境下社会接近性对集群企业创新具有关键作用

进入21世纪以来，我国产业集群在得到迅速发展的同时，也陷入了低端锁定、创新活力衰退等发展困境之中。如何突破集群企业知识网络的封闭性，实现本地与超本地相结合的跨集群发展是我国集群企业创新亟待解决的重要问题。本书基于多维接近性视角，通过收集南京、西安等地集群企业数据，实证检验了超本地情境下不同接近性对集群企业创新绩效的影响。研究表明，集群企业与超本地企业之间的社会接近性正向影响创新绩效，主要体现在企业拥有的超本地亲密伙伴数量（强关系）与超本地外设机构数（嵌入程度）两个方面。交流频次与可持续性两个指标没有明显的效应。实证结果体现了超本地知识交互的独特性，即脱离了有助于频繁面对面接触的地理条件，社会接近性对集群企业创新的影响机制发生了变化。另外，研究结果还表明，技术接近性不仅自身对创新绩效具有积极作用，而且还能提升社会接近性效应，即相似的技术背景会促进集群企业与超

本地企业之间的知识互动，有利于创新。

这一发现的理论价值主要体现在以下三个方面：

（1）对超本地情况下社会接近性和地理接近性机制做了深入的探讨。厘清了超本地情境下社会接近性和地理接近性对集群企业创新绩效和技术创新存在相关关系。超本地情境下地理接近性与集群技术创新和创新绩效正相关。同样地，超本地情境下创新合作过程中社会接近性和集群技术创新和创新绩效正相关。

（2）拓展了接近性研究的“地理局限”，进一步丰富和完善了多维接近性研究框架。基于情境的接近性研究完全可以在区分本地与超本地条件的基础上，将知识交互规律及其对创新的影响纳入到统一的理论体系中进行探讨，从而为既有有关“地理决定论”和“地理已死”两种流派研究的争论提供更为深入的认识和可行的分析框架。

（3）借助社会结构和关系网络对产业集群中超本地嵌入的研究，论证了超本地嵌入对临时地理的重要性。同时，通过社会网络厘清了知识溢出在社会接近和地理接近中的扩散路径。并且强调了接近性促进知识共享，从而提升企业创新绩效的作用。

该研究结论对集群企业超本地创新活动的启示体现在以下几个方面：

（1）跨界的个体和组织构成的网络是知识共享的推动者，知识创新过程是在企业网络下进行的。企业基于网络形成的嵌入关系实现知识共享从而促进企业知识创新。

（2）企业在超本地创新合作过程中不能脱离既有的技术基础，过于追求技术知识的异质性。选择具有一定技术相似程度的超本地合作伙伴有助于集群企业取得更好的创新效果。

（3）通过稳定的超本地社会关系，充分发挥技术知识背景相似的社会背景下对维持相互知识互动关系的强化作用，嵌入由本地与超本地企业构成的多重网络中有助于提升自身的创新能力。

超本地情境下的社会接近性对创新的影响是产业集群以及创新管理研究领域所面临的崭新问题。尽管我们论证了社会接近性与集群企业创新绩效之间的正向关系，然而超本地情境下社会接近性如何产生信任并降低不确定性的作用机制？这一作用机制与本地情境下的社会接近性作用路径存在怎样的差异？主要的影响因素有哪些？如何在多维接近性整体框架下解析其复合效应？以上一系列问题还有待于进一步论证，也是有价值的研究方向。此外，由于本书采用的样本容量相对有限且主要集中于生物医药行业，尚未涉及一般制造业产业集群，研究结论难免存在一定的局限性。在未来研究中，还需要获取更广泛的数据以论证本书回归结果的一般性。

二、超本地情境下地理接近显著影响集群企业创新

突破低端锁定，实现转型升级是我国产业集群在新时期的重要任务。如何突破创新的封闭性与地域性，推动集群企业保持持续的创新能力是现阶段需要重点关注的理论问题。以往研究对于超本地情境下的接近性效应研究不足，难以对集群企业如何突破地域限制、实现跨地区创新合作提供有效的理论指导。针对这一问题，本书通过对南京、西安等地多个高新区内产业集群的调研，基于多维接近性视角构建了理论分析模型，回归检验了相关假设。研究结果表明：首先，超本地情境下，地理接近性对于集群企业的技术创新性和创新绩效具有显著正向影响。这意味着尽管现代化的通信技术和交通条件改善了长距离知识交互的发生条件，但在现阶段仍然不能忽视空间因素所带来的负面影响。其次，超本地情境下社会接近性对集群企业的创新也具有积极影响，但是更侧重于具有完备组织形态和亲密关系的互动，而不是类似于本地条件下的正式与非正式相结合的互动模式。由于在分散空间内的合作更为困难，集群企业需要以较为亲密且正式的关系为基础完成与超本地企业的创新互动。最后，社会接近性可以部分调节地理接近性与集群企业创新之间的关系。调节效应产生的基础并非互动频次，而是关系的紧密性和表征组织惯例、规范相近的合作机构的设立。这一结果充分证实了情境差异和距离的远近会导致接近性相互作用效果的不同。

本书结合超本地情境，从多个空间维度观察集群企业与超本地企业的创新互动，深化了有关接近性与集群企业创新之间关系的认知，既在理论上论证了多维接近性理论的整体性，也在新的研究背景下拓展和完善了多维接近性的理论框架。另外，通过多种接近性因素相互效应的检验，厘清了地理接近作为单一视角与地理接近性效应之间的差异，即尽管地理接近性单一视角存在局限性，但也不能否定地理接近性的作用。对于集群企业而言，超本地知识交互对于集群企业未来的创新活动具有越来越重要的地位，因此有必要深入地认识超本地情境下的地理接近性作用规律。同时，在追求技术知识异质性、合作关系超本地化的过程

中，也要考虑与合作伙伴地理分布所带来的影响，分析判断如何在有限资源约束下最大化地获取异质性创新资源，由此制定适宜的创新策略。

由于不同接近性之间的作用过程往往相互交织，极为复杂，尽管在一定程度上探讨了超本地情境下不同接近性与企业之间的相关关系，但未能详尽解释接近性变量对集群企业创新的影响路径和作用机理。同时，由于数据和样本规模均有限，还未能将更多的接近性交互作用引入分析模型中。因此，在进一步的研究中，还需要通过进一步完善理论模型并获取更丰富的相关数据来加以验证。

三、不同接近性对超本地知识流动网络中节点连接的影响存在显著差异

一般而言，在超本地知识流动网络中，社会接近性和技术接近性程度较高的企业之间知识连接的距离越近且关系越重要。但地理接近性对网络节点相互间知识连接的影响不显著，说明地理空间上的接近更可能是促进超本地知识流动的充分但非必要条件。

地理区间的集聚可能会促进知识的流动，但在非集聚形态的网络组织内，其他类型的接近性同样可以引致技术知识的超本地流动。本书的样本企业之间基于创新合作而建立知识交流关系显著地受到了人员间社会互动以及技术相似性的积极影响。社会接近性的显著影响表明人员往来频繁的企业之间更容易形成较短且较紧密的知识连接，这一点不仅符合社会网络理论的基本观点，而且在结构分析中找到了更多的证据。在考虑了企业间的发明人往来关系后，发现所有的企业都进入到一个相互连通的群体中，而且相互的知识连接非常密集，网络结构也因此发生改变。由此可见，重视企业间的社会接近性对于企业构建密集和通畅的知识获取路径十分重要。企业之间的社会往来提供了相互学习的机会，一些重要的技术人员如高产的专利发明人可以有多种形式为组织间的知识流动建立渠道。例如，通过组织间的正式合作与其他组织的人员产生知识交流，或者其离职后受雇于另一家企业从而将自己以往在不同企业积累的技术知识带到新的工作地点，这些重要技术人员和以往同事的私人关系也是不同组织产生知识流动的潜在渠道。

技术接近性对组织知识获取的积极作用在研究中同样得到了证明，相近的技术知识背景有利于企业之间建立较短且较为重要的知识交流路径。在开展技术研究和创新活动中，同行专家的知识基础和智力支持是研究人员或技术人员的重要

资源。而且同行共用的技术语言和相应的技术知识基础足以克服许多的交流障碍，甚至可以提高技术知识的交流效率。因为同行专家对知识潜在价值的判断最为准确，更容易吸收相近技术领域内的技术知识并有效地整合进现有知识体系中。但是，本书的研究并没有发现地理接近性对网络节点连接的形成和连接的重要性具有明显的促进效应。

值得注意的是，虽然在本书的回归结果中没有发现地理接近性对组织间知识交流的显著作用，但考虑到研究所采用的实证数据是以技术领域为数据收集的主要依据，构建的网络中大部分节点在地域上没有出现集聚特征，因此本书的研究结论并不否定在一些产业集中区域内具有集聚形态的网络组织中地理接近性的作用。技术接近性与社会接近性在非地理集聚组织间的知识流动过程中具有显著的作用，说明地理空间上的接近性不是促进知识流动的必要条件。在传统的经济地理学派的观点看来，地理区域内特殊的制度环境会形成独一无二的行为习惯、规则与共享的价值观和对知识的理解，因而会引致知识尤其是隐性知识在地理空间中的集聚。社会主体在地理空间的密集接触所产生的独特社会文化与技术背景一直被视作影响创新知识产生、识别、扩散与吸收的重要因素。从这个意义上讲，是地理接近性促成了社会接近性，进而对知识扩散产生作用，这一论据有力地解释了产业集中现象，在许多的基于产业集群、创新集中区域如硅谷等典型的创新组织形式的实证研究中得到支持。但是，本书的研究发现，在不同的地理区域之间，基于人员交往的企业间创新知识扩散路径十分密集，网络形态表现出较高的集聚系数与较短的平均路径长度。本书的研究结果揭示了企业间社会网络的重要作用，超本地知识流动网络的密集结构预示着技术的专业化不一定在某个特定地理区域中高度集中，同行业企业之间的区域间创新合作与知识扩散仍然十分活跃。

四、多维接近性对超本地知识连接存在交互效应

本书的回归结果表明，地理接近性、社会接近性与技术接近性三种接近性并不是孤立起作用的，其相互之间存在着内在联系。社会接近性在技术接近性影响网络中节点距离的过程中具有一定的中介作用，社会接近性并没有局限于地理空间的约束，地理接近性与社会接近性不仅没有正相关关系，反而具有明显的负相关关系。社会接近性对技术接近性影响网络中成员距离的过程中具有一定的中介作用，即技术背景相接近的企业通过人员的密切往来可以建立较短的知识扩散路

径。除此以外，技术接近性在社会接近性影响节点之间关系重要程度的过程中具有一定的调节作用，说明企业之间技术人员在合作交流的过程中有助于处于较近区域的组织之间建立更密切的知识交流关系，而技术领域的接近可以强化这类社会关系在知识交流过程中的作用。因而在同一技术领域内的人员间更容易建立较强的人际关系并且这一关系有利于组织间的知识交流渠道重要性的提升。在不同的社会网络中，三种接近性的作用也可能会有所差异，从本质上而言，不同接近性的有机耦合是组织间知识交流得以展开的基础。但是，无论是在地理集中的产业区还是非集中的企业合作网络中，成员间的社会互动以及由此产生的有关规则、惯例等组织社会环境因素都不可避免地对组织间知识交流带来影响，所不同的仅仅是受影响的程度会因具体情况而产生差异。

社会连接可以突破组织和区域的边界，为组织间搭建知识扩散的渠道并形成有效的知识交流网络。因此尽管企业之间没有集中于相近的地理区间，却嵌入到同一个社会网络中。这一点在基于本研究样本企业构成的超本地知识流动网络中较为明显，发明人之间的合作将所有企业全部纳入到一个“成分”中，由此揭示了社会关系网络对区域中非集聚形态的企业之间知识扩散与获取超本地技术知识的作用机制。从组织间知识交流网络中所暗藏的社会条件出发，相对于将其视为纯粹的经济地理现象，更有利于得出较为深入的认识和发现那些更具一般性的因素。尽管本书没有探讨产业集群等地理集聚经济体中的知识流动规律，但由于集群内外的企业同样存在广泛的业务与合作关系，社会连接同样也会在集群内外部渗透、重叠，延伸和扩展区域内经济主体的知识获取触角，因此本书的研究也从侧面反映了地理空间内集聚所产生的对技术知识流动的促进作用至少不完全来自于地理上的接近性。

五、不同接近性对节点度分布和网络地位的影响具有明显差异

通过网络结构特性对比，发现超本地知识流动网络呈现出连接稀疏、集中程度高的结构特性。网络中集群企业之间的连接数差异较大，连接数分布表现出明显的幂律特性。网络中的知识流动渠道大部分被极少数企业控制，大部分节点之间直接的相互沟通渠道很少。而依据组织间共有发明人的知识连接则要密集得多，组织间的转移途径更为丰富且来源多样化。尽管在研究中将人员交流作为隐性知识流动的替代，但个人也是组织知识的重要载体，其承载着组织知识的某些

片段和组成元素，人际交流不仅有助于不可言传的知识的扩散，也会将这些可编码、可言传的知识片段和知识元素在不同的组织间转移。

人员交流是知识流动的重要途径，其不仅为组织增加了知识流动渠道，更重要的是网络整体的结构特性发生了根本的改变。本书以共同发明关系来识别企业之间基于人员交流引致的知识流动渠道，发现在不考虑人员交流时，核心层企业相互间的直接连接较少，并且分布不均衡，网络度（入度，即由其他企业指向该企业的连接数）分布具有幂律特征。而引入人员交流的知识传播渠道后，网络节点度分布不再具有明显的幂律特征，大部分节点之间建立了连接而且出现了较大的凝聚子群。在超本地知识流动网络中同样如此，原本节点度分布服从幂律分布的网络在考虑了依据共有发明人识别的企业间知识扩散路径后，网络表现出了较高的集聚系数和较短的平均路径长度。在这样的网络中，知识传播十分迅速。企业若重视人员交流提供的潜在知识流动途径并将之转化为现实的知识获取途径，就能更有效地从网络中获取与创造知识。因此，存在于组织内外的、可将个人知识通过讨论、对话、共享等手段明晰化而转化为组织知识的“Ba”是组织获取知识的有用途径。人员交流有利于集群企业更迅速有效地获取超本地企业的溢出知识以及扩散通过合作创新的新知识。发明人之间的社会关系网络为个人隐性知识转化为群体隐性知识以及组织内的显性知识转化为组织群体的显性知识提供了丰富的路径，这些知识进入组织内部后再分别进入到各自的知识创造螺旋中。由此，组织间经由发明人合作建立的社会关系网络不仅有利于组织的技术创新，同时也有助于企业网络整体知识交流与创新能力提升。

随着企业人员交往密切程度的提高，企业之间的知识流动网络会从较为集中的形态转变为连接数分布更为均匀、知识连接渠道可以覆盖到网络中更广泛的区域。企业在网络内的位置并非是一成不变的，局限于一定地理空间内的企业在不具有集聚特征的跨国网络中，难以得到更多的连接，从而无助于提升网络中边缘节点的网络地位。而技术接近性尽管有利于建立更多的节点连接，但不能改变无标度网络度分布的不均衡性，引入技术结构差异较大的节点反而可以降低网络中心节点的控制力，通过增加边缘节点的连接数来改善其所处的网络位置。对于节点度分布的改变最具有影响力的因素是社会接近性。在无标度网络优先连接规则的作用下，即使是第二阶段进入网络的、超本地化程度较低的网络节点如能扩大其社会网络，并借助社会连接来增加自身知识获取渠道的，就可以在网络的演化过程中不断增加连接的概率，进而成长为具有较多连接数的节点。这样，具有更广泛社会网络的企业更能够摆脱对中心节点的依赖，从而提升自身的网络地位。

在基于样本数据构建的超本地知识流动网络中也存在着类似的情况，交流渠道的增加弱化了网络节点在连接数方面的不均衡程度，降低了大企业对知识渠道的控制程度。一些小的企业尽管在组织层面上建立的知识获取渠道较少，但他们通过人员往来建立的社会关系网络可以极大地增加自身的知识获取路径，通过改变知识交流网络结构进而促进企业间知识扩散的效率，并改善一些网络中边缘企业所处的地位。

第二节 有价值的未来研究方向

一、多维接近性作用下集群“本地—超本地”网络融合路径分析

集群企业的超本地创新面临着多重嵌入的难题。其一，企业需要摆脱既有网络中社会规制和技术路径的绝对影响。为了与外部异质性合作伙伴的深度合作，集群企业进行的适应性改变会导致本地化的社会规制崩解和行为惯例的约束衰减。当本地企业的多重嵌入成为常态时，引入的外部合作者对本地网络的冲击加强，推动本地网络由封闭性向开放性转换。其二，集群企业所引连的超本地知识连接也发生适应性改变，社会接近性的提升带来新的社会规制力的增强，在强化的关系连接中，逐步从外部开放性知识渠道转化为相对封闭网络的延伸。在双向变化过程中，关系规制力、行为规范和技术结构在不同路径驱动下走向融合，本地网络与超本地网络的反向演进促成二者的归并。具体路径如图 9-1 所示。

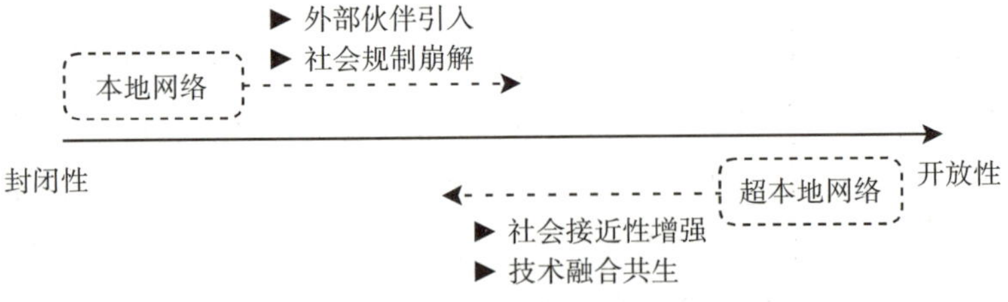

图 9-1 “本地—超本地”网络演进的融合路径

这一过程中的实施关键是集群企业依托社会接近性的内容转换，从新的关键因素入手重构组织间行为惯例、价值体系和组织制度，建立双方可信的合作基础。在此基础上，构筑共同的技术语言体系，以减弱地理接近性和技术异质性引致的知识转移困难。因此，接近性的构成变化是集群企业制定和调整合作策略的基础。集群企业的行为在集群整体层面上会改变既有网络形态，促使封闭的本地网络转化为“本地—超本地”相融合的半封闭式网络。我们 2014 年对广东佛山陶瓷集群的调研中发现，大量本地生产型企业与成都、景德镇、郑州等地的陶瓷集群具有生产协作关系，不仅在上述地区分设加工厂，同时不同地区的产业集群之间在研发环节也存在大量的互包（相互发包）现象。2014~2015 年对南大科技园、南京生命科技园等地生物医药产业集群的调研中发现，2/3 左右的本地企业主要依赖于超本地知识进行创新活动。

二、接近性作用下集群企业本地“脱嵌”与多重嵌入的转换机制研究

在“本地—超本地”网络融合过程中，集群企业面临的另一个难题是如何从既有网络部分“脱嵌”转而形成多重嵌入。我们基于多维接近性整合视角对此进行了分析。我们认为，影响企业间知识合作关系的接近性因素转变会引起知识网络封闭性—开放性转变，归结起来有以下几种典型情境：

对于基于技术导向寻求外部合作伙伴的集群企业而言，当地理接近性起到主导作用时，会引发技术接近性以相对较快的速度在企业间形成，超本地企业由于技术差距与交流成本较高，在合作过程中不具备竞争优势，因此知识空间网络逐渐走向封闭状态。但是，当技术冗余达到一定程度后，本地创新潜力下降，对集群企业知识合作绩效的负效应日益突出，改革要求强烈，此时封闭的本地网络崩解重构具备了内在的动因。技术接近性不再依赖于地理接近性，而是在技术导向的情况下脱离地理空间的束缚，新的技术接近的成员会逐渐替代本地知识网络成员的地位，出现技术空间上集聚而地理空间分散的创新空间新形态。集群企业外迁、多重嵌入均属于此类现象。

对于基于关系导向寻求外部合作伙伴的集群企业而言，组织间的社会接近性主要依赖信任和产生的社会规制来促进创新互动。在地理接近性占主导的情况下，社会接近性通常带有明显的地域特征，排他性较强，提高了超本地企业的进

入成本。但过强的社会约束也会形成负担，有可能排斥创新行为，因而当本地网络成员特别是关键企业出现“脱嵌”现象时，社会接近性与地理接近性的相互强化机制衰退，个体对于本地特色的社会关系依赖程度降低，嵌入空间从本地网络转向跨本地网络，即单一嵌入到多重嵌入。社会接近性与地理接近性的脱钩，导致创新空间在特定区域内崩解，转而向多区域内重构，其空间集聚程度与分布取决于社会关系的维持渠道与社会纽带的主要影响因素。

三、多维接近性与集群企业跨界连接关系研究

跨界连接（cross-cutting ties）是企业超越组织、社会、地理和技术等多维度边界形成的外部知识连接。从连接主体所属的不同层面划分，跨界连接表现为组织跨界和个体跨界两种形式。前者较为正式，通常以项目和共建工程等为载体，后者则主要基于非正式人际关系。两个层面的跨界连接通过不同的作用路径影响企业对外部知识的吸收整合和创新互动，对于集群企业摆脱本地封闭性网络的技术路径锁定、走出低端锁定的困境具有重要意义。集群企业的跨界连接需要突破既有技术路径与封闭式网络对于创新的阻碍，不同的地理空间内社会、技术和关系环境均存在明显差异，因此会受到地理距离因素的影响。

在组织层面上，跨界连接所沟通的合作伙伴所处地点越远，意味着保持较高的互动频次更为困难，文化冲突的不利影响也更为明显，影响了知识交互的效果。跨界双方的地理距离越远也迫使企业投入更大的资源和精力来维持相互理解及信任，组织间的深入契合无论在管理层面还是在技术层面均面临更大的成本，不利于合作关系的维持。企业有可能在成本压力下以牺牲更优的创新效果为代价选择距离更近的“次优”合作伙伴。同时，距离越远，组织之间技术发展路径差异越明显，加大了知识整合的困难，给创新过程带来更大的不确定性，也不利于最终的创新效果。在个体层面上，既有研究认为，个体跨界的效果取决于不同团队认同度的一致性。一般而言，地理距离越远，组织间认同度差异越大，加之集群企业的组织文化深受本地化社会环境的影响，导致集群企业人员与外部个体的交互面临更大的合法性挑战，更容易诱发价值观冲突，从而对个体跨界效果产生不利影响。同时，个体跨界连接通常嵌入于相互交织的关系网络中，需要处理“一对多”而非简单的二元关系。地理距离越远，个体间的异质性程度越大，在有限资源集合的约束下，个体只能维持较少的跨界连接数，降低了知识溢出的机

会。尽管个体跨界也可以通过虚拟社区进行，但缺乏现场互动会导致知识碎片化和隐性知识的缺失，因此也不能完全摆脱地理距离的不利影响。

我们通过实证研究发现，当地理距离越远时，集群企业通过外迁或者保持与其他外迁组织的联系等途径对创新带来的积极影响越被削弱。这在一定程度上验证了地理学派的观点，说明空间距离对合作创新的影响仍然不可忽视。与以往研究不同的是，地理距离对超本地合作机构数、与超本地人员的联系频次没有显著的调节作用。

四、网络结构的动态演化及其对集群企业超本地创新的影响

网络演化的内在驱动力是成员间的社会互动，它引致了网络节点连接的分化组合。在 Nonaka 知识螺旋理论区分的知识创造 4 个不同阶段中，节点连接所依赖的社会互动主体与互动方式是有所区别的。隐性知识的共享主要依靠人际关系而不仅仅是组织间的正式合作，而那些成体系的知识发生转移则更倾向于在组织间的持续合作中发生。就知识载体的交流互动阶段而言，不同阶段的知识流动发生在特性差异明显的不同“Ba”中，这些“Ba”各自对应着不同类型知识的产生、分享和组合的重要阶段。以人员为载体的隐性知识转移主要发生于“发起Ba”和“对话 Ba”。而显性知识主要在“系统 Ba”中得以组合化，组织间的正式合作可以参与这一阶段的知识整合过程并在组织间共享。另外，此类知识由于已经显性化可以记录于文件如专利说明书、科技文献之中，故可以通过公开渠道发生知识溢出。“系统 Ba”创造的系统知识主要发生在组织层面上，但一些关键人员的流动同样会带来其他组织的、较为系统的知识，因此网络成员基于组织层面和个人层面的节点连接都会影响产生于“系统 Ba”中的知识在不同组织间的流动。这些不同“Ba”中的个体会通过组织合作和个人流动、合作等形式构造出新的连接渠道并对应不同类型知识的流动。本书的分析尚未能深入到这些具体过程中，也没有给出明确界定各个阶段知识流动的实证分析指标，因此今后的研究有必要构造出更为细致的实证指标，以了解基于不同“Ba”中社会互动产生的组织与个人节点连接分布特点及其对组织间知识交流网络结构的影响。

尽管我们的实证分析是在企业层面展开的，但依据我们提供的知识流动路径识别方法，按年份的先后顺序就可以追踪特定专利技术的流动路径。在进一步的研究中，还可以通过对企业技术人员的访谈、问卷调查等获得更为详细的信息，

以深入认识我国集群企业超本地知识流动网络随超本地创新不同阶段所发生的变化，分析企业不同“Ba”中建立知识连接的内在驱动因素和外在影响因素。

五、社会互动的具体影响与约束因素及其对组织间跨国技术知识交流的影响

知识在区域间和区域内的流动既是一个经济现象，也是一个社会现象。Granovetter（1992）在对比分析有关经济学、社会学对劳动力市场的研究范式差异时指出，个人的行为是嵌入（embed）于其所在的社会与经济关系网络中的。人的关系紧密的伙伴或知己与其在劳动力市场之中的流动和工作经历有关，作为网络中的个人，其行为不能摆脱关系网络中其他人的影响。在个人的行为效用函数中，其他人的效用函数并不是向新古典经济学通常所处理的那样相互无关联，相反它是个人效用函数的重要影响因素，即个人之间的效用是相互依赖的。人的社会性，如个人对社会地位、信任、声誉、威望的追求以及群体责任、规范惯例的制度性约束使得人的行为如 Granovetter 所说的那样“是经济动机与非经济动机的复杂结合”。

本书的研究揭示了人际交流对超本地知识流动网络结构的影响，但尚没有讨论关系形成的具体因素。研究采用的是与知识流动关系最为直接的发明人合作关系，此类关系构建的社会网络中对知识流动的反映较为可信。但是，社会关系的种类繁多，能够产生信任并相互间传播知识的社会关系所构成的人员或组织间关系网络往往可能会相互重叠，关系重叠对知识交流的效应并非简单的“1+1”的线性关系，一种关系对另一种关系可能会有强化作用，如朋友关系与同事关系。除此以外，在不同的地方社会环境与组织合作情境下，不同类型的社会关系对知识流动的影响也是不同的，因此对于何种社会关系能够产生最大的影响不可一概而论。社会网络研究的本源仍然要归结于人的互动，而人际间基于不同联系和原因建立起来的社会关系是叠加的，对这些节点连接的识别与区分是展开社会网络分析以确定网络具体内驱因素的关键。在进一步的研究中，应该探寻超本地创新背景下人际交流更微观的驱动与约束因素及其对知识获取与扩散行为的影响，通过深入调查，结合更多的社会情境因素以更深入地剖析人际间超本地知识交流关系建立与重构的本源，分析比较不同关系模式下的知识流动效率，从而认识具有良好知识传播效应的人际互动形式。探究引致不同人员之间知识传播效率差异的

影响因素，以此为基础来分析基于人员交流的组织间知识交换行为的决定因素。

六、网络结构、节点所处的位置与集群企业超本地创新绩效的关系

结构是网络成员节点连接在一定规则下整体上的表现。若以社会网络的节点对（dyadic nodes）为分析对象，那么关注点主要集中于双方节点连接的有无和强度。但在网络层面，网络形态以及节点所处的网络位置对知识获取与知识扩散均有重要的影响。例如，小世界网络被大量研究认为是较为完美的知识传播网络，在小世界网络中处于不同网络位置的节点所控制的知识路径有所差异。在密集关系内部的节点拥有较多的冗余知识路径，其中流动和扩散的知识有助于企业的渐进性创新。而处于关系密集群体之间连接纽带位置的节点能够带来新颖和非冗余的知识，这些知识对组织的根本性创新而言十分关键。除小世界网络以外，无标度网络也是现实中普遍存在的网络，网络中的核心节点控制了大部分知识路径，并由此可以获得较多的网络节点的知识。而网络边缘位置的节点往往连接数较少，且大部分边缘节点之间相互连接需要通过核心节点取得联系。因此，在无标度网络中，边缘节点的知识获取能力相对较低，网络节点的整体创新能力与核心节点有较大关系。在这些独具特性的网络结构下，知识流动效率不同，处于不同网络位置节点的知识获取对其他节点的依赖程度也有差异。知识获取能力和整体流动效率以及新颖知识在不同群体间的传播渠道分布特点都会对网络中节点的创新能力和创新绩效的提升产生影响。

因此，网络的整体结构与节点所处的位置对创新知识的获取和扩散具有不同的影响，并由此可能影响网络节点和网络整体的创新绩效。本书探讨了网络结构对知识流动的影响，在进一步的研究中，需要观察的主要问题是：不同结构下的企业节点如何利用自身所处的网络位置来提升创新能力，以及如何通过扩展网络连接来改善不利的网络位置以此来促进创新知识的获取。对这些问题的分析有助于弄清网络整体结构、网络位置与企业创新绩效之间的关系，对于研究超本地创新背景下的知识管理问题和指导我国企业集群超本地创新的可持续发展具有较重要的理论与现实意义。

附录 1 调研问卷

填写说明

请您在备选答案中，找出最符合贵公司情况的答案。在相应的答案选项上打钩（√）。除非特别说明，本问卷均为单项选择。您的所有回答将严格保密，分析结果将是基于数据统计的结论性报告，不会泄露任何个体（个人或者企业）特征。本次调查不会用于任何形式的个体（个人或者企业）表现评价，答案无对错之分，只有真假之别，请您提供真实有效的信息。请在两周内将填报完毕后的问卷命名为“公司全名”的 Word（或者 PDF）文档返回至原始发送信箱。

若您还有任何疑问或不清楚的地方，请随时与调研组联系，电话、E-mail 或您认为方便的任何方式均可以使用。若您需要本书成果摘要，请提供个人通信资料，以便本调研完成后及时反馈。

一、基本信息

公司名称			注册日期		
公司地址					
联系人		职位		联系电话	
E-mail					
公司性质	□国有企业　□集体企业　□港澳台公司 □合资企业　□外资独资公司　□民营企业 □合伙企业　□其他，请填写：				

续表

行业产业特征	□电子信息　□生物医药　□节能环保　□物联网和新一代信息技术 □新材料　□新能源　□其他，请填写：
行业寿命周期阶段	□幼稚期　□成长期　□成熟期　□衰退期
企业所处阶段	□种子期　□创建期　□成长期　□扩张期 □成熟期
主要服务市场地理特征	□国外　□国内　□本地　□定向
主要合作企业地理特征	□国外　□国内　□本地　□定向
员工数量	□<20 人　□ 20~50 人　□ 50~100 人　□ 100~300 人　□ 300 人以上
资产规模	□50 万元以下　□ 50 万~200 万元　□ 200 万~1000 万元　□ 1000 万元以上
年销售额	□ 100 万元以下　□ 100 万元~200 万元　□200 万元~500 万元 □ 500 万元~1000 万元　□ 1000 万元~2000 万元　□ 2000 万元以上
资本回报率	□<5%　□ 5%~10%　□ 11%~20%　□>20%
纳税规模	万元　（请按实际财务报表填写）

二、创新效果

1. 产品创新性

产品的技术创新性	完全不同意—完全同意
近三年来，我们的产品实现了技术的重大突破	1　2　3　4　5
在产品开发中我们整合了大量的新知识	1　2　3　4　5
与竞争对手相比，我们公司的产品技术含量更高	1　2　3　4　5
与竞争对手相比，我们公司的产品提供了与其截然不同的功能	1　2　3　4　5
产品的市场创新性	
我们的产品满足了顾客新的需求	1　2　3　4　5
我们的产品开辟了新的市场区域	1　2　3　4　5
基于已有产品，我们采取新的营销方式	1　2　3　4　5
基于已有产品，我们不断开拓新的分销渠道	1　2　3　4　5

2. 新品开发绩效

测量指标	完全不同意—完全同意
在最近的一年，我们的新产品开发产生的利润整体达到了公司计划目标	1　2　3　4　5
在最近的一年，我们的新产品市场占有率整体达到了公司计划目标	1　2　3　4　5
在最近的一年，我们的新产品开发进度整体达到了公司的计划目标	1　2　3　4　5
在最近的一年，我们所接到顾客对新产品质量的投诉率整体在公司计划允许的范围之内	1　2　3　4　5

三、企业合作

1. 贵公司研发人员在进入贵公司之前大多数是在什么单位工作：（　　）。

A. 本地高校　　B. 外地高校　　C. 本地企业　　D. 其他

2. 贵公司近三年申请专利数：（　　）。

A. 100 项以上　　B. 11~100 项　　C. 1~10 项　　D. 暂无

3. 贵公司获取技术知识的主要地区：（　　）。

A. 本地（市/县）　B. 本地（市/县）外，省内

C. 省外，国外　　D. 海外

4. 贵公司合作 1 年以上的本地技术合作伙伴（企业或研发机构）数为：（　　）。

A. 10 个以上　　B. 6~10 个　　C. 1~5 个　　D. 暂无

E. 不清楚

5. 贵公司合作 1 年以上的外地（省外国内）技术合作伙伴（企业或研发机构）数为：（　　）。

A. 10 个以上　　B. 6~10 个　　C. 1~5 个　　D. 暂无

E. 不清楚

6. 贵公司合作 1 年以上的海外技术伙伴（企业或研发机构）数为：（　　）。

A. 10 个以上　　B. 6~10 个　　C. 1~5 个　　D. 暂无

E. 不清楚

7. 贵公司与主要技术合作伙伴（企业或研发机构）的合作时间：（　　）。

A. 10 年以上　　B. 6~10 年　　C. 1~5 年　　D. 1 年以内

E. 没有持续合作

8. 贵公司与主要技术合作伙伴（企业或研发机构）的技术交流频次：（　　）。

A. 每天　　B. 每周　　C. 每月　　D. 每年

E. 不定期

9. 贵公司研发人员与本地其他企业技术研发人员的交流频次：（　　）。

A. 每天　　B. 每周　　C. 每月　　D. 每年

E. 不定期

10. 贵公司研发人员与外地企业技术研发人员的交流频次：（　　）。

A. 每天　　B. 每周　　C. 每月　　D. 每年

E. 不定期

11. 贵公司研发人员与海外企业研发人员的交流频次：（　　）。

A. 每天　　B. 每周　　C. 每月　　D. 每年

E. 不定期

12. 贵公司与技术合作伙伴（企业或研发机构）的合作形式主要为：（　　）。

A. 项目合作　　B. 专利合作　　C. 人员合作　　D. 其他

13. 贵公司与主要技术合作伙伴（企业或研发机构）的关系类型为：（　　）。

A. 隶属于同一集团　　B. 拥有合资公司

C. 拥有共同合作研发机构　　D. 主要为业务关系

E. 相互持股

14. 贵公司与主要技术合作伙伴（企业或研发机构）属于：（　　）。

A. 同一行业，同一生产环节　　B. 同一行业，不同生产环节

C. 不同行业，同一生产环节　　D. 不同行业，不同生产环节

15. 贵公司主要技术人员（研发人员）的外部技术交流对象为：（　　）。

A. 本地同行业企业的技术人员　　B. 本地不同行业企业的技术人员

C. 外地同行业企业的技术人员　　D. 外地不同行业企业的技术人员

16. 贵公司技术人员与其他企业研发人员合作交流关系：（　　）。

A. 有长期（1 年以上）的合作关系　　B. 存在半年以内的合作交流

C. 一月以内的合作关系　　D. 无合作交流

E. 不清楚

17. 贵公司的主要生产基地或厂区近期是否外迁：（　　）。

A. 已经外迁　　B. 已部分外迁

C. 尚未外迁，有外迁打算　　D. 尚无外迁计划

18. 贵公司拥有的外地研发机构或合作研发机构数为：（　　）。

A. 5 个以上　　B. 4~5 个　　C. 1~3 个　　D. 暂无

E. 不清楚

19. 企业拥有的外地分公司、子公司数为：（　　）。

A. 5 个以上　　B. 4~5 个　　C. 1~3 个　　D. 暂无

E. 不清楚

20. 贵公司与本地外迁企业的技术合作情况：（　　）。

A. 保持密切的技术合作关系　　B. 保持技术合作，但不如以往密切

C. 极少进行技术合作　　D. 没有技术合作

E. 不清楚

21. 贵公司与非本地合作伙伴日常交流乘坐主要交通工具的通行时间：（　　）。

A. 3 小时以内　　B. 3~12 小时

C. 13~24 小时　　D. 24 小时以上　　E. 海外

附录 2 中国在美国专利库申请专利所属的主要技术领域

主分类号	频次	比率（%）	技术分类说明
361	312	6.64	Electricity：Electrical Systems and Devices
514	100	2.13	Drug，Bio-Affecting and Body Treating Compositions
502	91	1.94	Catalyst，Solid Sorbent，or Support Therefor：Product or Process of Making
438	90	1.92	Semiconductor Device Manufacturing: Process
439	72	1.53	Electrical Connectors
435	68	1.45	Chemistry：Molecular Biology and Microbiology
257	59	1.26	Active Solid-State Devices（e.g.，Transistors，Solid-State Diodes）
424	57	1.21	Drug, Bio-Affecting and Body Treating Compositions
455	57	1.21	Telecommunications
362	56	1.19	Illumination
360	55	1.17	Dynamic Magnetic Information Storage or Retrieval
370	48	1.02	Multiplex Communications
165	43	0.92	Heat Exchange
29	39	0.83	Metal Working
324	39	0.83	Electricity：Measuring and Testing
702	34	0.72	Data Processing：Measuring, Calibrating，or Testing
359	32	0.68	Optics：Systems（Including Communication）and Elements
375	31	0.66	Pulse or Digital Communications
208	30	0.64	Mineral Oils：Processes and Products
250	30	0.64	Radiant Energy

续表

主分类号	频次	比率（%）	技术分类说明
423	29	0.62	Chemistry of Inorganic Compounds
313	27	0.57	Electric Lamp and Discharge Devices
315	27	0.57	Electric Lamp and Discharge Devices：Systems
16	26	0.55	Miscellaneous Hardware
365	26	0.55	Static Information Storage and Retrieval
428	26	0.55	Stock Material or Miscellaneous Articles
526	26	0.55	Synthetic Resins or Natural Rubbers—Part of the Class 520 Series
200	25	0.53	Electricity：Circuit Makers and Breakers
720	25	0.53	Dynamic Optical Information Storage or Retrieval
585	23	0.49	Chemistry of Hydrocarbon Compounds
378	22	0.47	X-Ray or Gamma Ray Systems or Devices
385	22	0.47	Optical Waveguides
363	21	0.45	Electric Power Conversion Systems
280	20	0.43	Land Vehicles
530	20	0.43	Chemistry：Natural Resins or Derivatives；Peptides or Proteins；Lignins or Reaction Products Thereof
536	20	0.43	Organic Compounds—Part of the Class 532-570 Seriesv

注：主分类号采用 USPTO3 位数技术分类。

附录 3 专利数超过 1500 件的技术分类

技术类别	专利数（件）	涉及的技术领域说明
T01	10630	Digital Computers（G06C -F） Electronic data processors, interfaces and program -me control. Mechanical digital computers
L03	7901	Electro- （in） organic, chemical features of conductors, resistors, magnets, capacitors and switches, electric discharge lamps, semiconductor and other materials, batteries, accumulators and thermo-electric devices, including fuel cells, magnetic recording media, radiation emission devices, liquid crystals and basic electric elements.Growing of single crystals of semiconductors and their doping are included, but semiconductor devices, where the manufacture is not claimed are excluded.Electrography, electrophotography, magnetography, electrolysis, electrophoresis, power plant, X -ray and plasma -techniques, ion -exchange resins, polyelectrolytes, electroplating, metal electrodeposition, electroforming, anodising, electrolytic cleaning, cathodic protection and electrolytic or electrothermic production or refining of metals are all covered elsewhere（Sections G, J, K and M）
W01	7298	Telephone and Data Transmission Systems （H04L, M, Q） Error detection and correction. Code conversion. Synchronising. Secret data communication. Data networks （LAN, WAN, etc）. ISDN. Baseband and broadband data transmission.Exchanges, call metering, test equipment, equipment racks. Subscriber equipment, cordless and cellular phones. Telephone line and cable installation
U14	6866	Memories, Film and Hybrid Circuits （G11C, H01L） Digital memories including magnetic, optical, semiconductor, ferroelectric analog memories.Testing of memories.Thermoelectric devices.Superconductive materials and devices.Thin film arrays and layers.Thick film and hybrid circuits including multilayer ceramic wiring boards.Electroluminescent light sources.Passive displays, especially liquid crystal display
P81	6304	Optics （G02）
U11	6267	Semiconductor Materials and Processes （C30B, H01L） Materials, substrate and layer processing, packages and mountings, assembly, testing, and handling aspects of all semiconductor devices, included in U12, U13, U14. Aspects of manufacture specific to devices such as LEDs, lasers, solar cells and especially thick film and hybrid circuits are covered in U12 and U14

续表

技术类别	专利数（件）	涉及的技术领域说明
T04	5483	Computer Peripheral Equipment（G06K）Card and tape punches and readers. Magnetic, optical and smart cards. Serial and line printers. VDUs, character and graphics generators. Pattern recognition, magnetic ink recognition, bar coders. COM equipment
W02	4958	Broadcasting, Radio and Line Transmission Systems（H01P, Q, H04, H04K）Aerials, waveguides, resonators and other distributed constant components.Transmitters, transceivers, transponders.Communication receivers.Line transm ission systems. Radio systems, including diversity, relay, mobile (including cellular). Optical and ultrasonic wave transmission systems.Spread Spectrum communication.Secret communication, jamming. Facsimile. TV systems, including colour, stereoscopic, cable, subscription, satellite and high definition. Stereo-phonic broadcast systems
V04	4724	Printed Circuits and Connectors（H01R, H05K）PCBs and their manufacture. Low power connectors. Electronic apparatus, housings and constructional details. RFI/EMI screening. General circuit manufacture
W04	3997	Audio/Video Recording and Systems (G10H, G11B, H04N) Loudspeaker enclosures, cross-over networks. Audio disc recording and reproducing equipment. Audio magnetic tape recording and reproduction. Sound mixers. Electrical musical instruments. Video cameras, camera recorders, electronic still-picture cameras.Studio equipment eg video mixers, special effect apparatus.Projection TV.Video tape and disc recording and reproduction.Video games, karaoke.Electronic educational apparatus.Sports equipment.Speech coding, analysis and synthesis.Antiphase sound cancelling
P85	3528	Education, cryptography, adverts（G09）
U12	3454	Discrete Devices（H01L）Individual semiconductor devices, as either discrete components or specific parts of integrated circuit. Examples are LEDs, including LED arrays, semiconductor lasers, photovoltaic cells and arrays, discrete photodetectors, semiconductor transducers, diodes, capacitors, bipolar transistors, thyristors, unipolar transistors eg.FET, HEMT, and quantum interference devices.Also, defines specific application of inventions in U11
T03	2502	Data Recording (G11B) Analogue and digital recording on tape, disc etc, using for example, magnetic, optical, magneto-optical, capacitive methods
P84	2347	Other photographic (G03D-H)
A85	2202	Electrical applications
A89	2196	Photographic, laboratory equipment, optical -including electrophotographic, thermographic uses
P75	2119	Typewriters, stamps, duplicators（B41J-N）
X16	1785	Electrochemical Storage (H01M) Primary, secondary and fuel cells and batteries.Battery chargers. Non-electrochemical storage of electric energy
V06	1768	Electromechanical Transducers and Small Machines (H04R, H03H, H02K) Audio-communication-and measurement type transducers. Electromechanical resonators. Small electric machines

续表

技术类别	专利数（件）	涉及的技术领域说明
S06	1737	Electrophotography and Photography（G03，G03G）Cameras，film projectors and processing（electrical aspects only). Electrography，xerography. Rotary press printers（electrical aspects only）
W03	1679	TV and Broadcast Radio Receivers（H04）AM/FM/SW radio receivers，car radios. TV receivers. Teletext，high definition，satellite，stereophonic. Remote control. Audio amplifiers. AV systems and interconnection
U24	1558	Amplifiers and Low Power Supplies（H03F，H03G，G05F，H02M）DC，LF and HF amplifiers，parametric，magnetic，dielectric amplifiers. Gain control. Volume compression or expansion. Limiters. Voltage and current stabilisation，power supplies，converters，inverters，rectifiers. Low power protection

资料来源：本表中涉及的技术领域的说明来源于 ISI Web of Knowledge 网站，在线查阅网址为：http://images.isiknowledge.com/WOK46P9/help/zh_CN/DII/hcodes_classes.html#class_Electrical_Electronic。

参考文献

［1］Abramovsky L.， Simpson H. Geographic proximity and firm-university innovation linkages: Evidence from Great Britain［J］. Journal of Economic Geography，2011，11（6）：949-977.

［2］Acs Z. J.，Anselin L.，Varga A. Patents and innovation counts as measures of regional production of new knowledge［J］. Research Policy，2002，31（7）：1069-1085.

［3］Agrawal A.，Cockburn I.，McHale J. Gone but not forgotten：Knowledge flows，labor mobility，and enduring social relationships［J］. Journal of Economic Geography，2006，6（5）：571.

［4］Agrawal A.，Kapur D.，McHale J. How do spatial and social proximity influence knowledge flows? Evidence from patent data［J］. Journal of Urban Economics，2008，64（2）：258-269.

［5］Aguiléra A.，Lethiais V.，Rallet A. Spatial and non-spatial proximities in inter-firm relations：An empirical analysis ［J］. Industry and Innovation，2012，19（3）：187-202.

［6］Alañón-Pardo A.，Arauzo-Carod J-M. Agglomeration accessibility and industrial location：Evidence from Spain ［J］. Entrepreneurship & Regional Development，2013，25（3）：135-173.

［7］Alavi M.，Leidner D. E. Review：Knowledge management and knowledge management systems：Conceptual foundations and research issues［J］. MIS Quarterly，

2001, 25 (1): 107-136.

[8] Albert R., Barabási A. L. Statistical mechanics of complex networks [J]. Reviews of Modern Physics, 2002, 74 (1): 47-97.

[9] Albert R., Jeong H., Barabási A. L. Internet: The diameter of the world wide web [J]. Nature, 1999, 401 (6749): 130-131.

[10] Allen J. Power/economic knowledge: Symbolic and spatial formations. In: Bryson J. R., Daniels P. W., Henry N., Pollard J., editors. Knowledge, space, economy [M]. Routledge: London, 2000: 15-33.

[11] Almeida P., J. Song, et al. Are firms superior to alliances and markets? An empirical test of cross-border knowledge building [J]. Organization Science, 2000, 13 (2): 147-161.

[12] Almeida P., Kogut B. Localization of knowledge and the mobility of engineers in regional networks [J]. Management Science, 1999, 45 (7): 905-917.

[13] Almeida P., Phene A. Subsidiaries and knowledge creation: The influence of the MNC and host country on innovation [J]. Strategic Management Journal, 2004, 25 (8/9): 847-864.

[14] Amin A., Cohendet P. Architectures of knowledge: Firms, capabilities, and communities [M]. Oxford University Press, Oxford, 2004.

[15] Andrews K. M., Delahaye B. L. Influences on knowledge processes in organizational learning: The psychosocial filter [J]. Journal of Management Studies, 2000, 37 (6): 797-810.

[16] Autant-Bernard C., Billand P., Frachisse D., et al. Social distance versus spatial distance in R&D cooperation: Empirical evidence from european collaboration choices in micro and nanotechnologies [J]. Papers in Regional Science, 2007, 86 (3): 495-519.

[17] Balconi M., Breschi S., Lissoni F. Networks of inventors and the role of academia: An exploration of Italian patent data [J]. Research Policy, 2004, 33 (1): 127-145.

[18] Bangara A., Freeman S., Schroder B. Legitimacy and accelerated internationisation: An Indian perspective [J]. Journal of World Business, 2012, 47(4):

623-634.

[19] Barabási A. L., Albert R. Emergence of scaling in random networks [J]. Science, 1999, 286 (5439): 509-512.

[20] Barabási A. L., Albert R., Jeong H. Mean-field theory for scale-free random networks [J]. Physica A, 1999, 272 (1-2): 173-187.

[21] Barabási A. L., Albert R., Jeong H. Scale-free characteristics of random networks: The topology of the world-wide web [J]. Physica A: Statistical Mechanics and its Applications, 2000, 281 (1-4): 69-77.

[22] Barabási A. L., Ravasz E., Vicsek T. Deterministic scale-free networks [J]. Physica A: Statistical Mechanics and Its Applications, 2001, 299 (3-4): 559-564.

[23] Barabel M., Huault I., Meier O. Changing nature and sustainability of the industrial district model: The case of technic valley in France [J]. Growth and Change, 2007, 38 (4): 595-620.

[24] Barney J. B. Firm resources and sustained competitive advantage [J]. Journal of Management, 1991, 17 (1): 99-120.

[25] Barney J. B. Resource-based theories of competitive advantage: A ten-year retrospective on the resource-based view [J]. Journal of Management, 2001, 27 (6): 643-650.

[26] Bathelt H., Henn S. The geographies of knowledge transfers over distance: Toward a typology [J]. Environment and Planning A, 2014, 46(6): 1403-1424.

[27] Bathelt H., Malmberg A., Maskell P. Clusters and knowledge: Local buzz, global pipelines and the process of knowledge creation[J]. Progress in Human Geography, 2004, 28 (1): 31-56.

[28] Bin G. Technology acquisition channels and industry performance: An industry-level analysis of Chinese large-and medium-size manufacturing enterprises[J]. Research Policy, 2008, 37 (2): 194-209.

[29] Bŏnte W. Inter-firm trust in buyer-supplier relations: Are knowledge spillovers and geographical proximity relevant? [J]. Journal of Economic Behavior & Organization, 2008, 67 (3-4): 855-870.

［30］ Boorman S. A. A combinatorial optimization model for transmission of job information through contact networks ［J］. The Bell Journal of Economics, 1975, 6 (1): 216-249.

［31］ Boschma R. A. Proximity and innovation: A critical assessment ［J］. Regional Studies, 2005, 39 (1): 1-14.

［32］ Boschma R. A., Ter Wal A. L. J. Knowledge networks and innovative performance in an industrial district: The case of a footwear district in the South of Italy ［J］. Industry & Innovation, 2007, 14 (2): 77-199.

［33］ Boschma R., Frenken K. The emerging empirics of evolutionary economic geography ［J］. Journal of Economic Geography, 2011, 11 (2): 295-307.

［34］ Boschma R. Proximity and innovation: A critical assessment ［J］. Regional Studies, 2005, 39 (1): 61-74.

［35］ Bourdieu P., Wacquant L. J. D. An invitation to reflexive sociology ［M］. Chicago, IL: University of Chicago Press, 1992.

［36］ Breschi S., Lissoni F. Knowledge networks from patent data ［M］. Handbook of Quantitative Science and Technology Research: The Use of Publication and Patent Statistics in Studies of S&T Systems, 2004: 613-643.

［37］ Breschi S., Lissoni F. Knowledge spillovers and local innovation systems: A critical survey ［J］. Industrial and Corporate Change, 2001, 10 (4): 975-1005.

［38］ Breschi S., Lissoni F. Mobility and social networks: Localized knowledge spillovers revisited ［M］. CESPRI Working Paper. Milan: University Bocconi, 2003.

［39］ Breschi S., Lissoni F. Mobility of skilled workers and co-invention networks: An anatomy of localized knowledge flows ［J］. Journal of Economic Geography, 2009, 9 (4): 439-468.

［40］ Broekel T., Boschma R. Aviation, space or aerospace? Exploring the knowledge networks of two industries in the Netherlands ［J］. European Planning Studies. 2011, 19 (7): 1205-1227.

［41］ Broekel T., Boschma R. Knowledge networks in the Dutch aviation industry: The proximity paradox ［J］. Journal of Economic Geography, 2012, 12 (2): 409-433.

[42] Brown P., McNaughton R., Bell J. Marketing externalities in industrial clusters: A literature review and evidence from the Christchurch New Zealand electronics cluster[J]. Journal of International Entrepreneurship, 2010, 8 (1): 168-181.

[43] Burt R. S. Brokerage and closure [M]. New York: Oxford University Press, 2005.

[44] Burt R. S. Secondhand brokerage: Evidence on the importance of local structure for managers, bankers, and analysts [J]. Academy of Management Journal, 2007, 50 (1): 119-148.

[45] Burt R. S. Social contagion and innovation: Cohesion versus structural equivalence [J]. American Journal of Sociology, 1987, 92 (6): 1287-1335.

[46] Burt R. S. Structure Holes: The social structure of competition [M]. Cambridge: Harvard University Press, 1992.

[47] Burt R. S. The contingent value of social capital [J]. Administrative Science Quarterly, 1997, 42 (2): 339-365.

[48] Cantner U., Graf H. The network of innovators in Jena: An application of social network analysis [J]. Research Policy, 2006, 35 (4): 463-480.

[49] Cantner U., Meder A. Regional effects on cooperative innovation activities and the related variety of regional knowledge bases [J]. Jena Economic Research Papers, 2009, 64 (1): 1-27.

[50] Cantner U., Meder A. Technological proximity and the choice of cooperation partner [J]. Journal of Economic Interaction and Coordination, 2007, 2 (1): 45-65.

[51] Cantù C. Exploring the role of spatial relationships to transform knowledge in business ideas. Beyond a geographic proximity [J]. Industrial Marketing Management, 2010, 39 (6), 887-897.

[52] Cairncross F. The death of distance: How the communications revolution is changing our lives [M]. Boston: Harvard Business Press, 2001.

[53] Caragliu A., Nijkamp P. The impact of regional absorptive capacity on spatial knowledge spillovers: The Cohen and Levinthal model revisited [J]. Applied Economics, 2012, 44 (11): 1363-1374.

[54] Carbonara N., Giannoccaro I. Interpreting the role of proximity on industrial district competitiveness using a complexity science-based view and systems dynamics simulation [J]. Journal of Geographical Systems, 2011, 13 (4): 415-436.

[55] Carlino G.A., Carr J.K. Clusters of knowledge: R&D proximity and the spillover effect [J]. Business Review, 2013 (3): 11-22.

[56] Carrasco J.-A., Miller E. J. The social dimension in action: A multilevel, personal networks model of social activity frequency between individuals [J]. Transportation Research Part A, 2009, 43 (1): 90-104.

[57] Castellani D., Jimenez A., Zanfei A. How remote are R&D labs? Distance factors and international innovative activities [J]. Journal of International Business Studies, 2013, 44 (7): 649-675.

[58] Chen L.C., Lin Z.-X. Examining the role of geographical proximity in a cluster's transformation process: The case of Taiwan's machine tool industry [J]. European Planning Studies, 2014, 22 (1): 1-19.

[59] Cho H., Lee J. S., Stefanone M, et al. Development of computer-supported collaborative social networks in a distributed learning community[J]. Behavior and Information Technology, 2005, 24 (6): 435-447.

[60] Coe D. T., Helpman E. International R&D spillovers [J]. European Economic Review, 1995, 39 (5): 859-887.

[61] Cohen W. M., Levinthal D. A. Absorptive capacity: A new perspective on learning and innovation [J]. Administrative Science Quarterly, 1990, 35 (1): 128-152.

[62] Coleman J. S. Social capital in the creation of human capital[J]. American Journal of Sociology, 1988, 94 (1): 95-120.

[63] Cowan R., Jonard N. The dynamics of collective invention [J]. Journal of Economic Behavior and Organization, 2003, 52 (4): 513-532.

[64] Crescenzi R., Nathan M., Rodríguez-Pose A. Do inventors talk to strangers? On proximity and collaborative knowledge creation [J]. Research Policy, 2016, 45 (1): 177-194.

[65] Csardi G., Strandurg K. J., Zalanyi L., et al. Modeling innovation by a

kinetic description of the patent citation system[J]. Physical A: Statistical Mechanics and its Applications, 2007, 374 (2): 783–793.

[66] Dachs B., Pyka A. What drives the internationalization of innovation? Evidence from European patent data [J]. Economics of Innovation and New Technology, 2010, 19 (1): 71–86.

[67] Delany J. Aspects of donative resource allocation and the efficiency of social networks: Simulation models of job vacancy information transfers through personal contacts [D]. New Haven: Yale University, 1980.

[68] Delgado M., Porter M. E., Stern S. Clusters, convergence, and economic performance [J]. Research Policy, 2014, 43 (10): 1785–1799.

[69] Deng Y. The value of knowledge spillovers in the US semiconductor industry [J]. International Journal of Industrial Organization, 2007, 26 (4): 1044–1058.

[70] Dominicis L. d., J.G.M. Florax R., Groot HLFd. Regional clusters of innovative activity in Europe: Are social capital and geographical proximity key determinants? [J]. Applied Economics, 2013, 45 (17): 2325–2335.

[71] Doran J., Jordan D., O'Leary E., The effects of the frequency of spatially proximate and distant interaction on innovation by Irish SMEs [J]. Entrepreneurship & Regional Development, 2012, 24 (7–8): 705–727.

[72] Duguet E., MacGarvie M. How well do patent citations measure knowledge spillovers? Evidence from French innovative surveys [J]. Economics of Innovation and New Technology, 2005, 14 (5): 375–393.

[73] Dyer J. H., Nobeoka K. Creating and managing a high–performance knowledge–sharing network: The toyota case [J]. Strategic Management Journal, 2000, 21 (3): 345–367.

[74] Ernst D. Global production networks and the changing geography of innovation systems: Implications for developing countries [J]. Economics of Innovation & New Technology, 2002, 11 (6): 497–523.

[75] Ernst D., Kim L. Global production networks, knowledge diffusion, and local capability formation [J]. Research Policy, 2002, 31 (8–9): 1417–1429.

[76] Escribano ά, Fosfuri A., Tribó J. A. Managing external knowledge flows:

The moderating role of absorptive capacity [J]. Research Policy, 2009, 38 (1): 96–105.

[77] Evans T.S., Lambiotte R., Panzarasa P. Community structure and patterns of scientific collaboration in business and management [J]. Scientometrics, 2011, 89 (1): 381–396.

[78] Fallah M. H., Ibrahim S. Knowledge spillover and innovation in technological clusters [C] . International Association for Management of Technology 2004 Conference Washington D.C., 2004 (1): 55–71.

[79] Felzensztein C., Gimmon E., Carter S. Geographical co–location, social networks and inter–firm marketing co–operation: The case of the salmon industry[J], Long Range Planning, 2010, 43 (5–6): 675–690.

[80] Felzensztein C., Huemer L., Gimmon E. The effects of co–location on marketing externalities in the salmon–farming industry [J]. Journal of Business and Industrial Marketing, 2010, 25 (1): 73–82.

[81] Ferru M. Formation Process and Geography of Science–Industry Partnerships: The case of the University of Poitiers [J]. Industry and Innovation, 2010, 17 (6): 531–549.

[82] Fitjar R. D., A. Rodríguez–Pose. When local interaction does not suffice: Sources of firm innovation in urban Norway [J]. Environment and Planning A, 2011, 43 (6): 1248–1267.

[83] Fitjar, R. D., F. Huber. Global Pipelines for innovation: Insights from the case of Norway [J]. Journal of Economic Geography, 2015, 15 (3): 561–583.

[84] Fitjar R.D., Huber F., Rodríguez–Pose A. Not too close, not too far: Testing the Goldilocks principle of "optimal" distance in innovation networks [J]. Industry and Innovation, 2016, 23 (6): 465–487.

[85] Fleming L., Frenken K. The evolution of inventor networks in the Silicon Valley and Boston region [J]. Advances in Complex Systems, 2007, 10 (1): 53–71.

[86] Fleming L., King C., Juda A. I. Small worlds and regional innovation [J]. Organization Science, 2007, 18 (6): 938–954.

[87] Fleming L., Marx M. Managing creativity in small worlds [J]. California

Management Review, 2006, 48 (4): 6-27.

[88] Florida R. Bohemia and economic geography [J]. Journal of Economic Geography, 2002 (2).

[89] Freel M.S. Sectoral patterns of small firm innovation, networking and proximity [J]. Research Policy, 2003, 32 (5): 751-770.

[90] Frost T. S. The geographic sources of foreign subsidiaries' innovations [J]. Strategic Management Journal, 2001, 22 (2): 101-123.

[91] Garud R., Nayyar PR. Transformative capacity: Continual structuring by intertemporal technology transfer [J]. Strategic Management Journal, 1994, 15 (5): 365-385.

[92] Geldes C., Felzensztein C., Turkina E., Durand A. How does proximity affect interfirm marketing cooperation? A study of an agribusiness cluster [J]. Journal of Business Research, 2015, 68 (2): 263-272.

[93] Gertler M. S. Best practice? Geography, learning and the institutional limits to strong convergence [J]. Journal of Economic Geography, 2001, 1 (1): 5-26.

[94] Gertler M. S. Tacit knowledge and the economic geography of context, or the undefinable tacitness of being (there) [J]. Journal of Economic Geography, 2003, 3(1): 75-100.

[95] Gilbert M., Cordey-Hayes M. Understanding the process of knowledge transfer to achieve successful technological innovation [J]. Technovation, 1996, 16 (6): 301-312.

[96] Gilsing V., Nooteboom B., Vanhaverbeke W., et al. Network embeddedness and the exploration of novel technologies: Technological distance, betweenness centrality and density [J]. Research Policy, 2008, 37 (10): 1717-1731.

[97] Giuliani E. The selective nature of knowledge networks in clusters: Evidence from the wine industry [J]. Journal of Economic Geography, 2007, 7 (2): 139-168.

[98] Giuri P., Mariani M., Brusoni S., et al. Inventors and invention processes in Europe: Results from the PatVal-EU survey[J]. Research Policy, 2007, 36 (8): 1107-1127.

[99] Giuri P., Mariani M. When distance disappears: Inventors, education, and the locus of knowledge spillovers [J]. Review of Economics & Statistics, 2012, 95 (2): 449-463.

[100] Gomes-Casseres B., Hagedoorn J., Jaffe A. B. Do alliances promote knowledge flows? [J]. Journal of Financial Economics, 2006, 80 (1): 5-33.

[101] Graf, H. Gatekeepers in regional networks of innovators [J]. Cambridge Journal of Economics, 2011, 35 (1): 173-198.

[102] Granovetter M. Economic action and social structure: The problem of embeddedness [J]. American Journal of Sociology, 1985, 91 (3): 481-510.

[103] Granovetter M. S. The strength of weak ties [J]. American Journal of Sociology, 1973, 78 (6): 1360-1380.

[104] Granovetter M. The socialogical and economic approaches to labor market analysis: A social structure view. In: Granovetter M, Swedberg R, editors. The sociology of economic life [M]. Boston: Harvard Business School Press, 1992.

[105] Granovetter M. The strength of weak ties: A network theory revisited [J]. Sociological Theory, 1983 (1): 201-233.

[106] Granovetter M. Toward a socialogical theory of income differences. In: Berg I, editor. Socialogical perspectives on labor Markets [M]. New York: Academic Press, 1981: 25-26.

[107] Grant R. M. Prospering in dynamically-competitive enviroment: Orgnizational capability as knowledge intergration [J]. Organization Science, 1996, 7 (4): 375-388.

[108] Greenaway D., Guariglia A., Yu Z. The more the better? Foreign ownership and corporate performance in China [C]. University of Nottingham Research Papers, 2009: 1-48.

[109] Hagedoorn J., Cloodt M. Measuring innovative performance: Is there an advantage in using multiple indicators? [J]. Research Policy, 2003, 32 (8): 1365-1379.

[110] Hall B. H., Jaffe A. B., Trajtenberg M. The NBER patent citations data file: Lessons, insights and methodological tools [R]. NBER Working Paper, 2001

(8498).

[111] Hansen M. T. Knowledge networks: Explaining effective knowledge sharing in multiunit companies [J]. Organization Science, 2002, 13 (3): 232–248.

[112] Hansen M. T. The search–transfer problem: The role of weak ties in sharing knowledge across organization subunits [J]. Administrative Science Quarterly, 1999, 44 (1): 82–85.

[113] Hansen T. Juggling with proximity and distance: Collaborative innovation projects in the Danish cleantech industry [J]. Economic Geography, 2014, 90 (4): 375–402.

[114] Hansen, T. Substitution or overlap? The relations between geographical and non–spatial proximity dimensions in collaborative innovation projects[J]. Regional Studies, 2015, 49 (10): 1672–1684.

[115] Han Y. J., Park Y. Patent network analysis of inter–industrial knowledge flows: The case of Korea between traditional and emerging industries [J]. World Patent Information, 2006, 28 (3): 235–247.

[116] He J., Fallah M. H. Is inventor network structure a predictor of cluster evolution? [J]. Technological Forecasting and Social Change, 2009, 76 (1): 91–106.

[117] Henn S., Bathelt H., Knowledge generation and field reproduction in temporary clusters and the role of business conferences [J]. Geoforum, 2015, 58 (1): 104–113.

[118] Howells J. R. L. Tacit knowledge, innovation and economic geography [J]. Urban Studies, 2002, 39 (5–6): 871–884.

[119] Hu A. G. Z., Jaffe A. B. Patent citations and international knowledge flow: The cases of Korea and Taiwan[J]. International Journal of Industrial Organization, 2003, 21 (6): 849–880.

[120] Hu A. G. Z. The regionalization of knowledge flows in east Asia: Evidence from patent citations Data [J]. World Development, 2009, 37 (9): 1465–1477.

[121] Huber F. On the sole and interrelationship of spatial, social and cognitive

proximity: Personal knowledge relationships of R&D workers in the cambridge information technology cluster [J]. Regional Studies, 2012, 46 (9): 1169-1182.

[122] Huber G. P. Organizational learning: The contributing processes and the literatures [J]. Organization Science, 1991, 2 (1): 88-115.

[123] Hussler C. Culture and knowledge spillovers in Europe: New perspectives for innovation and convergence policies? [J]. Economics of Innovation and New Technology, 2004, 13 (6): 523-541.

[124] Ibrahim S. E., Fallah M. H., Reilly R. R. Localized sources of knowledge and the effect of knowledge spillovers: An empirical study of inventors in the telecommunications industry [J]. Journal of Economic Geography, 2009, 9 (3): 405-431.

[125] Inoue H. Souma W., Tamada. S. Spatial characteristics of joint application networks in Japanese patents [J]. Physica A, 2007, 383 (1): 152-157.

[126] Jaffe A. B. Demand and supply influences in R&D intensity and productivity growth [J]. The Review of Economics and Statistics, 1988, 70 (3): 431-437.

[127] Jaffe A. B., Fogarty M. S., Banks B. A. Evidence from patents and patent citations on the impact of NASA and other federal labs on commercial innovation [J]. The Journal of Industrial Economics, 1998, 46 (2): 183-205.

[128] Jaffe A. B. Technological opportunity and spillovers of R&D: Evidence from firms' patents, profits, and market value [J]. The American Economic Review, 1986, 76 (5): 984-1001.

[129] Jaffe A. B., Trajtenberg M., Fogarty M. S. Knowledge spillovers and patent citations: Evidence from a survey of inventors [J]. The American Economic Review, 2000, 90 (2): 215-218.

[130] Jaffe A. B., Trajtenberg M., Henderson R. Geographic localization of knowledge spillovers as evidenced by patent citations[J]. The Quarterly Journal of Economics, 1993, 108 (3): 577-598.

[131] Kabo F. W., Cotton-Nessler N., Hwang Y., et al. Proximity effects on the dynamics and outcomes of scientific collaborations [J]. Research Policy, 2014, 43 (9): 1469-1485.

[132] Kalapouti K., Varsakelis N. C. Intra and inter: Regional knowledge

spillovers in European Union [J]. The Journal of Technology Transfer, 2015, 40 (5): 760–781.

[133] Keller W. Geographic localization of international technology diffusion [J]. American Economic Review, 2002, 92 (1): 120–142.

[134] Keller W. International technology diffusion [J]. Journal of Economic Literature, 2004, 42 (3): 752–782.

[135] Kogler D.F., Rigby D.L., Tucker I. Mapping knowledge space and technological relatedness in US cities [J], European Planning Studies, 2013, 21 (9): 1374–1391.

[136] Koh H., Riedel N. Assessing the localization pattern of German manufacturing and service industries: A distance-based approach [J], Regional Studies, 2014, 48 (5): 823–843.

[137] Krackhardt D., Kilduff M. Friendship patterns and culture: The control of organizational diversity [J]. American Anthropologist, 1990, 92 (1): 142–154.

[138] Krackhardt D. Predicting with networks: Nonparametric multiple regression analysis of dyadic data [J]. Social Networks, 1988, 10 (4): 359–381.

[139] Krackhardt D. QAP partialling as a test of spuriousness [J]. Social Networks, 1987, 9 (2): 171–186.

[140] Krackhardt D. The strength of strong ties: The importance of philos in organizations [J]. Networks and Organizations: Structure, Form, and Action, 1992 (1): 216–239.

[141] Labrianidis L. Kalantaridis C., Dunford M. Delocalization of economic activity: Agents, places and industries [J]. Regional Studies, 2011, 45 (2): 147–151.

[142] Lagendijk A., Lorentzen A. Proximity, knowledge and innovation in peripheral regions. On the intersection between geographical and organizational proximity [J], European Planning Studies, 2007, 15 (4): 457–466.

[143] Lane P. J., Lubatkin M. Relative absorptive capacity and inter organizational learning [J]. Strategic Management Journal, 1998, 19 (5): 461–477.

[144] Laura D., Florax R. J. G. M., Groot H. L. F. Regional clusters of inno-

vative activity in Europe: Are social capital and geographical proximity key determinants? [J]. Applied Economics, 2013, 45 (17): 2325-2335.

[145] Leamer E. E., Storper M. The economic geography of the Internet age [J]. Journal of International Business Studies, 2001, 32 (4): 641-666.

[146] Lee G. Direct versus indirect international R&D spillovers [J]. Information Economics and Policy, 2005, 17 (3): 334-348.

[147] Lee G. The effectiveness of international knowledge spillover channels [J]. European Economic Review, 2006, 50 (8): 2075-2088.

[148] Lee P. C., Su H. N., Wu F. S. Quantitative mapping of patented technology-The case of electrical conducting polymer nanocomposite [J]. Technological Forecasting and Social Change, 2010, 77 (3): 466-478.

[149] Leonard-Barton D., Sensiper S. The role of tacit knowledge in group innovation [J]. California Management Review, 1998, 40 (3): 112-132.

[150] Letaifa S.B., Rabeau Y. Too close to collaborate? How geographic proximity could impede entrepreneurship and innovation[J]. Journal of Business Research, 2013, 66 (10): 2071-2078.

[151] Levin D. Z., Cross R. The strength of weak ties you can trust: The mediating role of trust in effective knowledge transfer[J]. Management Science, 2004, 50 (11): 1477-1490.

[152] Lichtenberg F. R., de la Potterie B. P., Str P., et al. International R&D spillovers: A re-examination [R]. NBER Working Paper, 1996.

[153] Lichtenberg F. R., Pottelsberghe de la Potterie B. International R&D spillovers: A comment [J]. European Economic Review, 1998, 42 (8): 1483-1491.

[154] Li M., Gao F. Why Nonaka highlights tacit knowledge: A critical review [J]. Journal of Knowledge Management, 2003, 7 (4): 6-14.

[155] Lin N. Social capital: A theory of social structure and action [M]. New York: Cambridge University Press, 2001.

[156] Lin N. Social structure and network analysis [M]. Cambridge: Sage Publications, 1982.

[157] Li W., Veliyath R., Tan J. Network characteristics and firm perfor-

mance: An examination of the relationships in the context of a cluster [J]. Journal of Small Business Management, 2013, 51 (1): 1-22.

[158] Li X., Chen H., Huang Z., et al. Patent citation network in nanotechnology (1976-2004) [J]. Journal of Nanoparticle Research, 2007, 9 (3): 337-352.

[159] Lucas R. E. On the mechanics of economic development [J]. Journal of Monetary Economics, 1988, 22 (1): 3-42.

[160] Lundquist K.-J., Trippl M. Distance, proximity and types of cross-border innovation systems: A conceptual analysis[J]. Regional Studies, 2013, 47 (3): 450-460.

[161] Lundvall B., Johnson B. The learning economy [J]. Industry & Innovation, 1994, 1 (2): 23-42.

[162] MacGarvie M. The determinants of international knowledge diffusion as measured by patent citations [J]. Economics Letters, 2005, 87 (1): 121-126.

[163] Malecki E. J., Varaiya P. Innovation and changes in regional structure. Peter Nijkamp (ed), Handbook of regional and urban economics [M]. North-Holland: Amsterdam, 1987.

[164] Manuel Expósito-Langa, F. Xavier Molina-Morales, José-Vicente Tomás-Miquel. How shared vision moderates the effects of absorptive capacity and networking on clustered firms' innovation [J], Scandinavian Journal of Management, 2015, 31 (3): 293-302.

[165] Marek P., Titze M., Fuhrmeister C. et al. R&D collaborations and the role of proximity [J]. Regional Studies, 2017, 51 (12): 1761-1773.

[166] Mariani M. What determines technological hits? Geography versus firm competencies [J]. Research Policy, 2004, 33 (10): 1565-1582.

[167] Mariotti S., M. Mutinelli, et al. Productivity spillovers from foreign multinational enterprises to domestic manufacturing firms: To what extent does spatial proximity matter? [J]. Regional Studies, 2015, 49 (10): 1639-1653.

[168] Maskell P., Bathelt H., Malmberg A. Building global knowledge pipelines: The role of temporary clusters[J]. European Planning Studies, 2006, 14 (8): 997-1013.

[169] Maskell P., Malmberg A. Localised learning and industrial competitive-ness [J]. Cambridge Journal of Economics, 1999, 23 (2): 167-185.

[170] Mattes J. Dimensions of proximity and knowledge bases: Innovation be-tween spatial and non-spatial factors [J]. Regional Studies, 2012, 46 (8): 1085-1099.

[171] Maurseth P. B., Verspagen B. Knowledge spillovers in Europe: A patent citations analysis [J]. The Scandinavian Journal of Economics, 2002, 104 (4): 531-545.

[172] Ma Z. Z., Lee Y., Chen C. F. P. Booming or emerging? China's techno-logical capability and international collaboration in patent activities [J]. Technological Forecasting and Social Change, 2009, 76 (6): 787-796.

[173] Menzel M.P., Fornahl D. Cluster life cycles-dimensions and rationales of cluster evolution [J]. Industrial and Corporate Change, 2010, 19 (1): 205-238.

[174] Menzel M. P. Interrelating dynamic proximities by bridging, reducing and producing distances [J]. Regional Studies, 2015, 49 (11): 1892-1907.

[175] Milgram S. The small world problem [J]. Psychology Today, 1967, 2 (1): 60-67.

[176] Mina A., Ramlogan R., Tampubolon G., et al. Mapping evolutionary trajectories: Applications to the growth and transformation of medical knowledge [J]. Research Policy, 2007, 36 (5): 789-806.

[177] Moodysson J. Principles and practices of knowledge creation: On the or-ganization of "buzz" and "pipelines" in life science communities [J]. Economic Ge-ography, 2008, 84 (4): 449-469.

[178] Morgan K. The exaggerated death of geography: Learning, proximity and territorial innovation systems [J]. Journal of Economic Geography, 2004, 4 (1): 3-22.

[179] Morrison A., Rabellotti R. Knowledge and information networks in an Italian wine cluster [J]. European Planning Studies, 2009, 17 (7): 983-1006.

[180] Morrison A., Rabellotti R., Zirulia L. When do global Pipelines enhance the diffusion of knowledge in clusters? [J]. Economic Geography, 2013, 89 (1):

77–96.

[181] Mowery D. C., Ziedonis A. A. The geographic reach of market and non-market channels of technology transfer: Comparing citations and licenses of University Patents. In: Cantwell J., editor. Globalization and the Location of Firms [M]. Edward Elgar: Northampton, 2004.

[182] Murray F. Innovation as co–evolution of scientific and technological networks: Exploring tissue engineering [J]. Research Policy, 2002, 31 (8–9): 1389–1403.

[183] Nelson R. R., Winter S. G. An evolutionary theory of economic change [M]. Cambridge: Harvard University Press, 1982.

[184] Newman M. E. J. The structure and function of complex networks [J]. SIAM Review, 2003, 45 (1): 167–256.

[185] Nonaka I. A dynamic theory of organizational knowledge creation [J]. Organization Science, 1994, 5 (1): 14–37.

[186] Nonaka I., Takeuchi H. The knowledge–creating company: How Japanese companies create the dynamics of innovation [M]. New York: Oxford University Press, 1995.

[187] Nonaka I. The knowledge–creating company [J]. Harvard Business Review, 1991, 69 (6): 96–104.

[188] Nonaka I., Toyama R., Konno N. SECI, Ba and leadership: A unified model of dynamic knowledge creation [J]. Long Range Planning, 2000, 33 (1): 5–34.

[189] Nonaka I., Toyama R., Nagata A. A firm as a knowledge–creating entity: A new perspective on the theory of the firm[J]. Industrial and Corporate Change, 2000, 9 (1): 1–20.

[190] OECD. OECD Reviews of Innovation Policy: China [M]. Pairs: OECD Publising, 2008.

[191] Owen–Smith J., Powell W. W. Knowledge networks as channels and conduits: The effects of spillovers in the Boston biotechnology community [J]. Organization Science, 2004, 15 (1): 5–21.

[192] Pennings J. M., Harianto F. Technological networking and innovation implementation [J]. Organization Science, 1992, 3 (3): 356–382.

[193] Peri G. Determinants of knowledge flows and their effect on innovation [J]. Review of Economics and Statistics, 2005, 87 (2): 308–322.

[194] Picci L. The internationalization of inventive activity: A gravity model using patent data [J]. Research Policy, 2010, 39 (8): 1070–1081.

[195] Polanyi M. Personal knowledge: Towards a post–critical philosophy [M]. Chicago University of Chicago Press, 1958.

[196] Polanyi M. The study of man [M]. Chicago: The University of Chicago Press, 1959.

[197] Polanyi M. The tacit dimension [M]. New York: Anchor Day Books, 1962.

[198] Porter M. E. Clusters and the new economics of competition [J]. Harvard Business Review, 1998, 76 (6): 77–90.

[199] Presutti M., Boari C., Majocchi A. Inter–organizational geographical proximity and local start–ups' knowledge acquisition: A contingency approach [J]. Entrepreneurship & Regional Development, 2013, 25 (5–6): 446–467.

[200] Presutti M., Boari C., Majocchi A. The importance of proximity for the start–ups' knowledge acquisition and exploitation[J]. Journal of Small Business Management, 2011, 49 (3): 361–389.

[201] Presutti M., C. Boari, et al. Distance to customers, absorptive capacity, and innovation in high–tech firms: The dark face of geographical proximity [J]. Journal of Small Business Management, 2017.

[202] Ramírez–Pasillas M. International trade fairs as amplifiers of permanent and temporary proximities in clusters [J]. Entrepreneurship & Regional Development, 2010, 22 (2): 155–187.

[203] Ravn I., Elsborg S. Facilitating learning at conferences [J]. International Journal of Learning & Change, 2011, 5 (1): 84–98.

[204] Reagans R., McEvily B. Network structure and knowledge transfer: The effects of cohesion and range [J]. Administrative Science Quarterly, 2003, 48 (2): 240–267.

[205] Redner S. How popular is your paper? An empirical study of the citation distribution [J]. The European Physical Journal B, 1998, 4 (2): 131–134.

[206] Rigby D. L. Technological relatedness and knowledge space: Entry and exit of US cities from patent classes [J]. Regional Studies, 2015, 49 (11): 1922–1937.

[207] Ronde P., Hussler C. Innovation in regions: What does really matter? [J]. Research Policy, 2005, 34 (8): 1150–1172.

[208] Scott A. J., Storper M. Regions, globalization, development [J]. Regional Studies, 2003, 37 (6–7): 579–593.

[209] Silvestre B. S., Dalcol P.R.T. Geographical proximity and innovation: Evidences from the campos basin oil and gas industrial agglomeration –Brazil [J]. Technovation, 2009, 29 (8): 546–561.

[210] Singh J. Collaborative networks as determinants of knowledge diffusion patterns [J]. Management Science, 2005, 51 (5): 756–770.

[211] Singh J. Distributed R&D, cross–regional knowledge integration and quality of innovative output [J]. Research Policy, 2008, 37 (1): 77–96.

[212] Sorenson O., Rivkin J. W., Fleming L. Complexity, networks and knowledge flow [J]. Research Policy, 2006, 35 (7): 994–1017.

[213] Staber U. Collective learning in clusters: Mechanisms and biases [J]. Entrepreneurship and Regional Development, 2009, 21 (5–6): 553–573.

[214] Sternitzke C., Bartkowski A., Schramm R. Visualizing patent statistics by means of social network analysis tools [J]. World Patent Information, 2008, 30 (2): 115–131.

[215] Storper M., Venables A. J. Buzz: face–to–face contact and the urban economy [J]. Journal of Economic Geography, 2004, 4 (4): 351–370.

[216] Stuart T. E. Interorganizational alliances and the performance of firms: A study of growth and innovation rates in a high–technology industry [J]. Strategic Management Journal, 2000, 21 (8): 791–811.

[217] Sydow J., Lerch F., Staber U. Planning for path dependence? The case of a network in the Berlin–Brandenburg optics cluster [J]. Economic Geography,

2010, 86 (2): 173–195.

[218] Teixeira A.A.C., Santos P., Brochado A.O. International R&D cooperation between low-tech SMEs: The role of cultural and geographical proximity [J]. European Planning Studies, 2008, 16 (6): 785–810.

[219] Ter Wal A.L.J., Boschma R. A. Co-evolution of firms, industries and networks in space [J]. Annals of Regional Science, 2009, 43 (1): 1–15.

[220] Ter Wal A.L.J., Boschma R. Co-evolution of firms, industries and networks in space [J]. Regional Studies, 2011, 45 (7): 919–933.

[221] Ter Wal, Anne L. J. The structure and dynamics of knowledge networks: A proximity approach [D]. PhD thesis, Utrecht University, Utrecht, 2009.

[222] Thompson P., Fox-Kean M. Patent citations and the geography of knowledge spillovers: A reassessment [J]. American Economic Review, 2005, 95 (1): 450–460.

[223] Torre A., Gilly J.P. Debates and surveys: On the analytical dimension of proximity dynamics [J]. Regional Studies, 2000, 34 (2): 169–180.

[224] Torre A. On the role played by temporary geographical proximity in knowledge transmission [J]. Regional Studies, 2008, 42 (6): 869–889.

[225] Torre A. Rallet A. Proximity and localization [J]. Regional Studies, 2005, 39 (1): 47–59.

[226] Tsai W., Ghoshal S. Social capital and value creation: The role of intrafirm networks [J]. The Academy of Management Journal, 1998, 41 (4): 464–476.

[227] Uzzi B. The sources and consequences of embeddedness for the economic performance of organizations: The network effect [J]. American Sociological Review, 1996, 61 (4): 674–698.

[228] von Wartburg I., Teichert T., Rost K. Inventive progress measured by multi-stage patent citation analysis [J]. Research Policy, 2005, 34 (10): 1591–1607.

[229] Walker G., Kogut B., Shan W. Social capital, structural holes and the formation of an industry network [J]. Organization Science, 1997, 8 (2): 109–125.

[230] Wasserman S., Faust K. Social network analysis: Methods and applica-

tions [M]. New York: Cambridge University Press, 1994.

[231] Watts D. J. Small worlds: The dynamics of networks between order and randomness [M]. Princeton: Princeton University Press, 1999.

[232] Watts D. J., Strogatz S. H. Collective dynamics of "small-world" networks [J]. Nature, 1998, 393 (6684): 440-442.

[233] Weidenfeld A., Björk P. Williams A.M., Cognitive and cultural proximity between service managers and customers in cross-border regions: Knowledge transfer implications [J]. Scandinavian Journal of Hospitality and Tourism, 2016, 16 (1): 66-86.

[234] Williamson O. E. Markets and hierarchies: Analysis and antitrust implication [M]. New York: The Free Press, 1975.

[235] Williamson O. E. The economic institutions of Capitalism [M]. New York: The Free Press, 1985.

[236] Yli-Renko H., Autio E., Sapienza H. J. Social capital, knowledge acquisition, and knowledge exploitation in young technology-based firms [J]. Strategic Management Journal, 2001, 22 (6): 587-613.

[237] Zack M. Managing explicated knowledge [J]. Sloan Management Review, 1999, 40 (4): 45-58.

[238] Zucker L. G., Darby M. R., Armstrong J. Geographically localized knowledge: Spillovers or markets? [J]. Economic Inquiry, 1998, 36 (1): 65-86.

[239] 蔡虹，蒋仁爱，孙顺成. 国际性的技术外溢与中国经济增长 [J]. 世界经济研究，2007 (4): 21-26.

[240] 陈佳贵，王钦. 中国产业集群可持续发展与公共政策选择 [J]. 中国工业经济，2005 (9): 5-10.

[241] 邓线平. 波兰尼与胡塞尔认识论思想比较研究 [M]. 北京：知识产权出版社，2009.

[242] 段异兵，孔妍. 高影响力中国海外发明专利的引文分析 [J]. 科学学研究，2009，27 (5): 678-681.

[243] 戴维奇，林巧. 本地与超本地制度网络、公司创业与集群企业升级 [J]. 科学学与科学技术管理，2013，34 (1): 39-47.

[244] 邓丹，李南，田慧敏. 加权小世界网络模型在知识共享中的应用研究 [J]. 研究与发展管理，2006，18（4）：62–66.

[245] 戴维奇，林巧，魏江，本地和超本地业务网络、吸收能力与集群企业升级 [J]，科研管理，2013，34（4）：79–89.

[246] 邓颖翔，朱桂龙. 吸收能力在创新过程中的中介作用研究——来自珠三角企业的经验证据 [J]. 科学学与科学技术管理，2009，30（10）：85–89.

[247] 冯锋，王凯. 产业集群内知识转移的小世界网络模型分析 [J]. 科学学与科学技术管理，2007，28（7）：88–91.

[248] Freeman L. C. 社会网络分析发展史：一项科学社会学的研究 [M]. 张强，刘军，王卫东译. 北京：中国人民大学出版社，2008.

[249] 顾志刚. 发展中国家产业集群创新网络构建和技术能力提高 [J]. 经济地理，2007，27（6）：961–964.

[250] 高长元，何晓燕，基于 NK 模型的 HTVIC 知识创新适应性提升研究 [J]. 科学学研究，2014，32（11）：1732–1739，1746.

[251] 郭京京，吴晓波. 产业集群的演进：二次创新和组织学习 [J]. 科学学研究，2008，26（6）：1310–1315.

[252] 高启杰，姚云浩，董杲. 合作农业推广模式选择的影响因素分析——基于组织邻近性的视角 [J]. 农业经济问题，2015（3）：47–55.

[253] 龚凤祥，郑准. 知识守门者、超本地知识流动与产业集群升级 [J]. 北京工商大学学报（社会科学版），2014，29（5）：103–108.

[254] 黄静波. 国际技术转移 [M]. 北京：清华大学出版社，2005.

[255] 黄中伟，王宇露. 位置嵌入、社会资本和海外子公司的东道国网络学习 [J]. 中国工业经济，2008（12）：144–154.

[256] 胡一竑，朱道立，张建同，陈克东. 中外科研合作网络对比研究 [J]. 管理学报，2008，6（10）：1323–1329.

[257] 简兆权，吴隆增，黄静. 吸收能力，知识整合对组织创新和组织绩效的影响研究 [J]. 科研管理，2008，29（1）：80–86.

[258] 姜晨，赵良杰. 组织适应性学习联盟网络结构与网络外部性市场演化 [J]. 系统管理学报，2015，24（3）：421–427.

[259] 康宇航，苏敬勤. 基于专利引文的技术跟踪可视化研究——共引、互

引、他引、自引［J］. 情报学报，2009（2）：283-289.

［260］李海秋. 高品质集群企业迁移意愿形成机理研究——基于濮院羊毛衫产业集群的实证研究［J］. 软科学，2013，27（3）：106-110.

［261］刘军. 社会网络分析导论［M］. 北京：社会科学文献出版社，2004.

［262］刘军. 整体网分析讲义——UCINET 软件实用指南［M］. 上海：格致出版社，上海人民出版社，2009.

［263］罗家德. 社会网分析讲义［M］. 北京：社会科学文献出版社，2005.

［264］李琳. 多维邻近性与产业集群创新［M］. 北京：北京大学出版社，2014.

［265］罗纳德·伯特. 结构洞：竞争的社会结构［M］. 任敏，李璐等译. 上海：格致出版社，上海人民出版社，2008.

［266］李青. 知识溢出：对研究脉络的基本回顾［J］. 数量经济技术经济研究，2007，24（6）：153-160.

［267］吕卫文. 隐性知识与编码知识［J］. 科研管理，2007，28（6）：31-35.

［268］吕一博，程露，苏敬勤. "资源导向"下中小企业集群网络演进的仿真研究［J］. 科研管理，2013，34（1）：131-139，146.

［269］吕一博，程露，苏敬勤. "资源导向"下企业集群网络演进的多主体仿真研究［J］. 系统工程学报，2013，28（1）：1-11.

［270］马海涛，刘志高. 地方生产网络空间结构演化过程与机制研究——以潮汕纺织服装行业为例［J］. 地理科学，2012，32（3）：308-313.

［271］黎继子，刘春玲，蔡根女. 全球价值链与中国地方产业集群的供应链式整合——以苏浙粤纺织服装产业集群为例［J］. 中国工业经济，2005（2）：118-125.

［272］刘立，王耀德. 从专利引文看公共科学对技术创新的重要作用［J］. 科学学研究，2003，21（4）：428-432.

［273］李琳，杨田. 地理邻近和组织邻近对产业集群创新影响效应——基于对我国汽车产业集群的实证研究［J］. 中国软科学，2011（9）：133-143.

［274］罗家德，叶勇助. 中国人的信任游戏［M］. 北京：社会科学文献出版社，2007.

［275］吕国庆，曾刚，马双. 产业集群创新网络的演化分析［J］. 科学学研究，2014，32（9）：1423-1430.

[276] 马克·格兰诺维特. 镶嵌：社会网络与经济行为 [M]. 罗家德译. 北京：社会科学文献出版社，2007.

[277] 彭爱东. 关于专利引文分析中的引文数据修正 [J]. 情报学报，2008，27（1）：84-88.

[278] 邵云飞，欧阳青燕，孙雷. 社会网络分析方法及其在创新研究中的应用 [J]. 管理学报，2009，6（9）：1188-1193.

[279] 唐海燕，张会清. 中国崛起与东亚生产网络重构 [J]. 中国工业经济，2008（12）：60-70.

[280] 田颖杰，李南. 小世界网络（SWN）及其在经济管理领域的应用 [J]. 世界经济研究，2001（6）：83-86.

[281] 魏江. 小企业集群创新网络的知识溢出效应分析 [J]. 科研管理，2003，24（4）：54-60.

[282] 王庆喜. 多维邻近与我国高技术产业区域知识溢出——一项空间面板数据分析（1995~2010）[J]. 科学学研究，2013，31（7）：1068-1076.

[283] 魏欣仪. 厂商跨界学习能力——"邻近性"观点回顾与研究途径的建议 [J]. 世界地理研究，2005，14（4）：1-8.

[284] 吴义爽，蔡宁. 我国集群跨越式升级的"跳板"战略研究 [J]. 中国工业经济，2010（10）：55-64.

[285] 王建，胡珑瑛，马涛. 联盟网络中企业创新平衡模式选择的影响研究——基于网络结构的视角 [J]. 科学学研究，2014，32（2）：305-313.

[286] 吴波，贾生华. 企业间合作经验的学习效应研究述评 [J]. 研究与发展管理，2007，19（2）：14-19，49.

[287] 吴建祖，廖颖. NK 模型及其在组织与战略管理研究中的应用 [J]. 外国经济与管理，2010，32（10）：34-41.

[288] 王红领，李稻葵，冯俊新. FDI 与自主研发：基于行业数据的经验研究 [J]. 经济研究，2006，41（2）：44-56.

[289] 王松，盛亚. 不确定环境下集群创新网络合作度、开放度与集群增长绩效研究 [J]. 科研管理，2013，34（2）：52-61.

[290] 吴波，肖迪. 集群企业迁移理论述评——兼对区域政府"腾笼换鸟"政策的反思 [J]. 科学学研究，2011，29（1）：84-90.

［291］魏江，徐蕾. 集群企业知识网络双重嵌入演进路径研究——以正泰集团为例［J］. 经济地理，2011，31（2）：247–253.

［292］王春杨，张超. 地理集聚与空间依赖——中国区域创新的时空演进模式［J］. 科学学研究，2013，31（5）：780–789.

［293］徐占忱. 区域集群主体知识联结的社会生成机制研究［J］. 科学学与科学技术管理，2009，30（3）：117–123.

［294］向希尧，蔡虹. 跨国技术溢出网络结构分析与路径识别——基于专利引用的实证分析［J］. 科学学研究，2009，27（9）：1348–1354.

［295］肖小勇，李秋萍，中国农业技术空间溢出效应：1986~2010［J］. 科学学研究，2014，32（6）：873–881，889.

［296］薛求知，阎海峰. 跨国公司全球学习——新角度审视跨国公司［J］. 南开管理评论，2001，4（2）：36–39.

［297］杨晔，王佳妮. 长三角技术扩散与跨区域产业集群互动发展：问题与对策［J］. 同济大学学报（社会科学版），2012，23（2）：118–124.

［298］赵黎明，高杨. 专利引文分析在知识转移机制研究中的应用［J］. 科学学研究，2002，20（3）：297–300.

［299］郑勇军，汤筱晓. 沿海地区产业集群跨区域整合的动因分析与模式比较［J］. 浙江社会科学，2006（3）：17–23.

［300］张钢，于小涵. 组织网络化发展中的学习机制与创新效率［J］. 科研管理，2005，26（6）：87–93.

［301］庄丽娟，庄立. 技术转移与技术扩散的概念界定和关系辨析［J］. 科技管理研究，2006，26（8）：225–226.

［302］赵延东，张文霞. 集群还是堆积——对地方工业园区建设的反思［J］. 中国工业经济，2008（1）：131–138.

［303］张少龙，周宁，吴佳鑫. 专利文献引用关联可视化系统的构建——以“美国专利数据库（USPTO）检索系统”为例［J］. 现代图书情报技术，2007，2（2）：64–66.

后　记

敲完正文最后一个字的时候，感觉又回到了8年前博士论文完成的那一刻，内心没有感觉到如释重负的轻松，反而勾起了更强的好奇心。写到最后，发现未来还有更多未解之谜需要去探索。尽管全书终于完稿了，研究却还远未结束。

我对产业集群的关注始于2004年。当时，我正参与导师的一个研究课题，主要探讨产业集群的竞争优势来源。从那时起，我开始全面地接触集聚理论、五力模型、增长极、资源基础理论以及新经济地理学等解释集群形成的主要理论。基于产业层面的分析是当时国内外集群研究的主流，研究者们热衷于深入推进波特、克鲁格曼以及缪尔达尔等的理论在集群研究中的应用，忽视了作为集群构成单元的企业的竞争力来源。于是，我的研究兴趣锁定在从微观层面探讨产业集群的竞争优势形成机制与影响因素这一领域，并以之为基础完成了硕士学位论文。

进入博士阶段的学习后，我曾经以企业间知识共享机制为主要研究对象。然而，随着研究的进展，跨地域的网络组织这类与传统集群完全不同的创新实体引起了我的关注。与此同时，社会网络理论及其分析工具的大量应用使我发现了越来越多的有趣现象，例如跨地区的知识网络包含了诸多不同地方的集群企业，这意味着集群企业的知识网络并非如同Jaffe、Trajtenberg等所强调的封闭性地方网络，而更类似于Bathelt等所说的"本地蜂鸣"与"外部管道"相结合的半开放性网络。集群企业的超本地创新现象正式进入我的研究视野。

任职西安理工大学以后，我又回到了熟悉的集群研究领域，并接连主持完成了国家自然科学基金项目、教育部人文社科基金项目、陕西省自然基金项目和几个厅局级项目。在此期间，我去西安高新区下属的高科集团挂职，同时还广泛地收集了其他城市集群企业的相关数据，对产业集群的超本地创新过程以及接近性因素的作用机理进行了深入分析，发现了更为有趣的现象，如集群知识网络的外向拓展、集聚（关系视角）而分散（空间视角）的网络特性、多维接近性的不同效应等。本书就是这些年以来研究工作的阶段性成果。

感谢一直以来默默支持我的父母，他们对我的工作给予了最大程度的理解，并在生活上时时关心。感谢这些年给过我关心和帮助的人，没有老师和朋友们的鼓励，我也难以有信心去面对研究中的各类挑战。西安理工大学经管学院集聚了一大批毕业于国内一流高校管理学院的年轻博士，同事间的合作与激励让我有了继续前进的动力。感谢我的研究生张瑜、延安妮和张淑娴等对本书稿所付出的努力。

向希尧

2018 年 5 月 24 日于西安